Christine Lachmund

Der alte Straftäter

D1718833

Studien zu
Kriminalität – Recht – Psyche

herausgegeben von

Prof. Dr. Dirk Fabricius
(Universität Frankfurt)

und

Dr. Jens Dallmeyer
(Universität Frankfurt)

Band 4

LIT

Christine Lachmund

Der alte Straftäter

Die Bedeutung des Alters
für Kriminalitätsentstehung
und Strafverfolgung

LIT

Gedruckt auf alterungsbeständigem Werkdruckpapier entsprechend
ANSI Z3948 DIN ISO 9706

D 30

Bibliografische Information der Deutschen Nationalbibliothek
Die Deutsche Nationalbibliothek verzeichnet diese Publikation in der
Deutschen Nationalbibliografie; detaillierte bibliografische Daten sind
im Internet über http://dnb.d-nb.de abrufbar.

ISBN 978-3-643-11381-8
Zugl.: Frankfurt am Main, Univ., Diss., 2011

© LIT VERLAG Dr. W. Hopf Berlin 2011
Verlagskontakt:
Fresnostr. 2 D-48159 Münster
Tel. +49 (0) 2 51-620 320 Fax +49 (0) 2 51-23 19 72
e-Mail: lit@lit-verlag.de http://www.lit-verlag.de

Auslieferung:
Deutschland: LIT Verlag Fresnostr. 2, D-48159 Münster
Tel. +49 (0) 2 51-620 32 22, Fax +49 (0) 2 51-922 60 99, e-Mail: vertrieb@lit-verlag.de
Österreich: Medienlogistik Pichler-ÖBZ, e-Mail: mlo@medien-logistik.at

Inhaltsverzeichnis

1. Teil: Einführung: Alte Menschen als Opfer – Ein überholtes Rollenbild? 11
   A. Ausgangspunkt: Die Kriminalität alter Menschen als „Stiefkind" der Kriminalwissenschaften und der Rechtsprechung in einer vergreisenden Gesellschaft 19
   B. Vorgehensweise, grundlegende Fragestellungen und Ziel der Studie 25
2. Teil: Auswertung der Statistiken: Entwicklung und derzeitiger Stand der Kriminalität alter Menschen 27
   A. Festlegung der Altersgruppe 27
   B. Umfang der Kriminalität alter Menschen 33
     I. Kriminalität alter Menschen in Deutschland gemäß den Angaben der Polizeilichen Kriminalstatistik 34
        1. Die Aussagekraft der Polizeilichen Kriminalstatistik 34
        2. Allgemeine Entwicklung der Kriminalität alter Menschen 35
        3. Analyse der PKS nach Delikten 37
        4. Kriminalität älterer Ausländer 39
        5. Geschlechterspezifische Unterschiede in der Kriminalität älterer Menschen 41
     II. Straßenverkehrsdelikte 44
     III. Strafverfolgungsstatistik 50
     IV. Strafvollzugsstatistik 54
     V. Das Dunkelfeld bei der Kriminalität alter Menschen 55
     VI. Abschließende Überlegungen und Fazit 56
3. Teil: Eigene statistische Erhebungen 59
   A. Verteilung der Delikte innerhalb der Untersuchungsgruppe 61
   B. Verteilung der Beendigungsarten 66
     I. Alle Beendigungsarten 66
     II. Anklage 71
   C. Diebstahl 74
     I. Verhältnis von Ladendiebstahl zu Diebstahl im Übrigen 74
     II. Alter der Beschuldigten 75
     III. Vorstrafen 76
     IV. Diebstahlsobjekt 79
        1. Art des Diebstahlsobjektes 79
        2. Durchschnittswert des Diebstahlsobjektes 84
     V. Familienstand 86
     VI. Beruf 87
     VII. Vorgetragenes Diebstahlsmotiv 89
   D. Zusammenfassung der gewonnenen Erkenntnisse und Schlussbetrachtung 91
4. Teil: Das Alter als Moment der Kriminalitätsentstehung und der Strafverfolgung 93
   A. Ursachen der Kriminalität alter Menschen 93
     I. Vergleich mit Jugendlichen 94
        1. Veränderungsprozess 97
        2. Geringe finanzielle Möglichkeiten 100
        3. Fehlende Aufgabe 102
        4. Ausgrenzung, Jugend- und Altendiskriminierung 104
     II. Besonderheiten des Alters 107

| | | 1. | Absteigender Veränderungsprozess | 109 |

1. Absteigender Veränderungsprozess 109
2. Einsamkeit 112
3. Pathologisches Altern 114
III. Fazit und abschließende Betrachtung 117
B. Die Bedeutung des Alters für die Strafverfolgung 120
I. Einheitliche Strafzumessungsgrundsätze 120
II. Altersbedingter geistiger Abbau 123
1. Konkrete Anhaltspunkte 124
2. Hinzuziehung eines Sachverständigen 127
3. Erstmalige Begehung eines Sexualdeliktes im Alter 129
4. Fazit und abschließende Betrachtung 131
5. Teil: Praktische Anwendung der gewonnenen Erkenntnisse 135
A. Fall 1: Sicherungsverfahren; Landgericht Darmstadt, Urteil vom
8.10.2010 – 542 Js 18578/1012 - KLS 135
B. Fall 2: Beginn mit einzelnen Straftaten nach Erreichen des 65.
Lebensjahrs; OLG Köln, Beschluss v. 3.4.1990 - Ss 123/90 140
C. Fall 3: Erstmalige Strafverfolgung wegen einer Sexualstraftat in
fortgeschrittenem Alter; BGH, Beschluss v. 6.11.1992 – 2 StR 480/92 145
Gesamtergebnis der Studie 147
Anhang 153
Literaturverzeichnis 155

Tabellenverzeichnis

Tabelle 1: Aufteilung der Bevölkerung der BRD in die drei großen Altersgruppen von 1950- 2010 in % 20

Tabelle 2: BRD: Prospektiver Anteil der „alten" Bevölkerung (60+) in den Jahren 2035 und 2070 bei unterschiedlichen Annahmen hinsichtlich Fertilität, Zuwanderung , Mortalität in % 21

Tabelle 3: Tatverdächtige ab 60 Jahre von 1987- 2006 35

Tabelle 4: Tatverdächtige unter 60 Jahre von 1987- 2006 36

Tabelle 5: Tatverdächtige (insgesamt) nach Delikten im Jahre 2006 37

Tabelle 6: Tatverdächtige insgesamt und deutsche Tatverdächtige ab 60 Jahre von 1987 bis 2006 39

Tabelle 7: Tatverdächtige insgesamt und deutsche Tatverdächtige unter 60 Jahre von 1987 bis 2006 40

Tabelle 8: Kriminalität der 60-und-mehr-jährigen, aufgeteilt nach Männern und Frauen, von 1987-2006 41

Tabelle 9: Prozentualer Frauenanteil an der TVBZ 42

Tabelle 10: Männliche Tatverdächtige nach Delikten 42

Tabelle 11: Weibliche Tatverdächtige nach Delikten 43

Tabelle 12: Verurteilungen wegen Straßenverkehrsdelikten von 1976-2006 in Zahlen, aufgeteilt in die zwei großen Altersgruppen 45

Tabelle 13: Verurteilungen wegen Straßenverkehrsdelikten nach Geschlecht 47

Tabelle 14: Verurteilungen wegen Straßenverkehrsdelikten im Jahre 2006 nach Delikt und Alter 48

Tabelle 15: Verurteilte 1976-2006 50

Tabelle 16: Verurteilte 50 J. und älter 1976-2006, nach Geschlecht 50

Tabelle 17: Verurteilung und zugrunde liegende Straftaten, 2008, absolute Zahlen 52

Tabelle 18: Verurteilung und zugrunde liegende Straftaten, 2008, in Prozent 53

Tabelle 19: Strafvollzug 31.3.2007, nach Art des Vollzuges, Alter und Geschlecht 54

Tabelle 20: Deliktsverteilung, Staatsanwaltschaft Darmstadt 2007, 60-und-mehr-jährige Beschuldigte 61

Tabelle 21: Deliktsverteilung (ausgewählte Delikte) innerhalb der Untersuchungsgruppe nach Geschlecht 63

Tabelle 22: Deliktsverteilung (ausgewählte Delikte) bei den Unter-60jährigen nach Geschlecht 64

Tabelle 23: Deliktsverteilung (ausgewählte Delikte) bei den Unter-24jährigen nach Geschlecht 65

Tabelle 24: Verteilung der Beendigungsarten innerhalb der Untersuchungsgruppe 66

Tabelle 25: Verteilung (vereinfacht) im Vergleich Diebstahl und sonstige Delikte innerhalb der Untersuchungsgruppe 66

Tabelle 26: Verteilung (vereinfacht) auf alle Jahrgänge 67

Tabelle 27: Verteilung (vereinfacht) auf Unter-60jährige 68

Tabelle 28: Zusammenfassende Übersicht 68

Tabelle 29: Beendigungsarten (vereinfacht) innerhalb der Untersuchungsgruppe, Geschlechter im Vergleich 69

Tabelle 30: Beendigungsarten Unter-60jährige, Geschlechter im Vergleich 70

Tabelle 31: Deliktsverteilung der angeklagten Taten bei den 60-und-mehr-jährigen 71

Tabelle 32: Alter der Angeklagten 73

Tabelle 33: Verteilung der Untersuchungsgruppe auf Ladendiebstahl und
sonstigen Diebstahl, Geschlechter im Vergleich 74
Tabelle 34: Vorstrafen beim Ladendiebstahl 76
Tabelle 35: Vorstrafen bei den übrigen Diebstahlsfällen 77
Tabelle 36: Diebstahlsobjekt beim Ladendiebstahl, Geschlechter im Vergleich 79
Tabelle 37: Durchschnittswert des Diebstahlsobjektes, Geschlechter im Vergleich 84
Tabelle 38: Familienstand (alle Diebstahlsfälle), Geschlechter im Vergleich 86
Tabelle 39: Angaben zum erlernten Beruf 87
Tabelle 40: Angaben zum derzeitig ausgeübten Beruf 87
Tabelle 41: Vorgetragenes Diebstahlsmotiv, alle Diebstahlsfälle 89
Tabelle 42: Prozentuale Verteilung der TVBZ auf die zentralen Deliktsarten im
Jahre 2006, Altersgruppen im Vergleich 96

Schaubildverzeichnis

Schaubild 1: Alterspyramide der BRD von 1910- 2005 19

Schaubild 2: Prozentualer Anteil der Altersgruppen an der Bevölkerung der BRD
in den Jahren 1950, 2000 und 2050 im Vergleich 22

Schaubild 3: Entwicklung der „jungen" und der „alten" Bevölkerung in der BRD
von 1970-2050 22

Schaubild 4: BRD-Alterspyramide im Jahre 2050 nach der Vorausberechnung
des Statistischen Bundesamtes 23

Schaubild 5: Verurteilungen wegen Straßenverkehrsdelikten von 1976-2006,
aufgeteilt in die zwei großen Altersgruppen, in der
Kurvendarstellung 44

Schaubild 6: Alter der Angeklagten, Graphische Darstellung 73

Schaubild 7: Alter der Beschuldigten nach Geschlecht, Ladendiebstahl 75

Schaubild 8: Alter der Beschuldigten nach Geschlecht, alle Delikte 76

Schaubild 9: Graphische Darstellung des Durchschnittswertes der
Diebstahlsobjekte beim Ladendiebstahl 85

Schaubild 10: Graphische Darstellung des Durchschnittswertes der
Diebstahlsobjekte beim Ladendiebstahl, nach Geschlecht 85

Schaubild 11: Suizidrate der BRD im Jahre 2008, prozentual im Verhältnis zur
Größe der jeweiligen Bevölkerungsgruppe 108

1. Teil: Einführung: Alte Menschen als Opfer – Ein überholtes Rollenbild?

Von jeher wird kriminelles Verhalten zuvorderst der jüngeren und bestenfalls noch der mittleren Generation zugeschrieben[1]. Ein alter Mensch, der einen Raubüberfall begangen hat oder in eine Schlägerei verwickelt war, wird häufig als Kuriosum empfunden. Sieht man in einem alten Menschen doch eher ein potentielles Opfer von Straftaten skrupelloser junger Menschen[2]. Weitaus seltener traut man ihm hingegen zu, selbst gegen die Rechtsordnung verstoßen zu haben[3]. Hiervon ausgenommen sind die wenigen konstatierten Altersdelikte, zu denen häufig die Sexual[4]- und Ehrverletzungsdelikte gezählt werden, sowie Wirtschaftsstraftaten und Straftaten im Rahmen politischen Machtmissbrauchs. Kriminalität wird eher als eine Bedrohung wahrgenommen, welche gerade alte Menschen aufgrund ihrer verringerten Wehrhaftigkeit und hohen Vulnerabilität besonders empfindlich treffen kann[5]. Die ebenfalls mögliche, schlechthin begünstigende Wirkung des Alters für kriminelles Verhalten wird dagegen seltener diskutiert.

Auch die Kriminalwissenschaft hat sich bisher nur selten mit alten Straftätern beschäftigt. So schreibt *Schramke: „Das Interesse kriminologischer Forschung an alten Menschen gilt herkömmlich ihrer Eigenschaft als potentiellen Opfern strafbarer Handlungen."*[6] Zwar lassen sich Bemühungen, sich mit der anderen Seite des

---

[1] Vgl.: Amelunxen, 1960, S.5.

[2] Siehe hierzu: Legat, S.5; Bsp. für die Konzentration auf alte Menschen als Verbrechensopfer: Schneider/Schneider, S.119ff (S.121); Rothermund/Mayer, S.70; Görgen/Nägele, 2003; Görgen/Newig/Nägele/Herbst; Görgen, 2004(a); Görgen/Greve/Tesch-Roemer/Pfeiffer; Görgen/Nägele, 2005.

[3] Vgl. Keßler, S.1; Bleuler/Bleuler, S.651.

[4] Amelunxen, 1960, S.5,27; Hermanns, in: Seeberger/Braun, S.126; Legat, S.5.

[5] Alte Menschen selbst weisen zudem häufig eine erhöhte Viktimisierungsfurcht auf, siehe hierzu: Kühne, in: Kreuzer/Hürlimann, S.90,91.

[6] Schramke, S.1; siehe hierzu ebenso: Kreuzer/Hürlimann, in: Kreuzer/Hürlimann, S.13. Das Kriminologische Forschungsinstitut Niedersachsen widmete gar ein 4jähriges Forschungsprojekt dem Thema „Kriminalität und Gewalt im Leben alter Menschen", welches sich ausnehmend mit der Viktimisierung alter Menschen beschäftigte [siehe hierzu: Görgen/Herbst/Rabold; Görgen 2004(b)]. Ferner: Reuband, in: Lenz/Rudolph/Sickendiek, S.209ff.

11

Themenfeldes „Alte Menschen und Kriminalität", sprich der aktiven Rolle alter Menschen als Täter von Strafdelikten, auseinanderzusetzen, bis in die 1. Hälfte des 19. Jahrhunderts zurückverfolgen[7]. Auch kann nicht unterschlagen werden, dass die Kriminalität alter Menschen bereits Thema wissenschaftlicher Tagungen gewesen ist. Erwähnt sei an dieser Stelle z.B. das 22. Interdisziplinäre Symposium von Kriminologen, Psychiatern und Psychologen, welches 1991 unter dem Titel „Kriminalität und Kriminalitätskontrolle bei alten Menschen" stattfand[8]. Ein intensiver Diskurs, ähnlich der stets hitzigen Diskussion im Rahmen der Jugendkriminalität, hat sich bisher dennoch nicht entwickelt. *Keßler* spricht deshalb, leicht überspitzt, von der „*Alterskriminalität*' als „*'weißer Fleck' in der kriminologischen Landschaft*'[9]. Neben den Versäumnissen in der Alterskriminologie gilt selbiges ebenso für die Thematik der strafrechtlichen Reaktion auf die Taten alter Delinquenten.

Die Kriminalität alter Menschen ist das Thema weniger Wissenschaftler geblieben, denen es größtenteils zu genügen scheint, die Existenz derselbigen zu bestätigen und mögliche Motive, sowie eventuelle Schwierigkeiten bei der strafrechtlichen Reaktion, nur äußerst grob anzureißen[10]. Wie der Staat tatsächlich auf einen alten Straftäter reagieren soll, bzw. ob er überhaupt einen Unterschied zur strafrechtlichen Reaktion bei jüngeren Delinquenten machen darf, bleibt dabei stets offen. Verglichen mit einem jugendlichen Straftäter, scheint in den Augen der Wissenschaft die Strafzumessung bei einem betagten Delinquenten nicht besonders diskussionswürdig zu sein.

Bereits im Jahre 1941 schrieb der Sozialwissenschaftler *Otto Pollak*:

> „*Old criminals offer an ugly picture and it seems as if even scientists do not like to look at it for any considerable amount of time.*"[11]. *Kreuzer/ Hürlimann* fordern: „*Die theoretisch und in der empirischen Forschung vorzugsweise an Jugendverhalten und Umgang mit Jugend ausgerichtete Kriminologie sollte die 'vergessene Minderheit' der Alten einbeziehen.*"[12]

---

[7] So z.B.: Friedreich, 1842; später: Aschaffenburg, 1908; von Hentig, 1927; Pollak, 1941; Amelunxen, 1960 und Bürger-Prinz/Lewrenz, 1961.

[8] Siehe hierzu: Kreuzer/Hürlimann, in: Kreuzer/Hürlimann, S.9,10.

[9] Keßler, S.1.

[10] Beispielhaft sind zu nennen: Kreuzer/Hürlimann, in: Kreuzer/Hürlimann; Kreuzer; Albrecht/Dünkel (ferner auch schon: Bürger-Prinz/Lewrenz; Amelunxen).

[11] Pollak, S.231.

[12] Kreuzer/Hürlimann, in: Kreuzer/Hürlimann, S.9; dementsprechend: Albrecht/ Dünkel, Zeitschrift für Gerontologie 1981, S.259; von betagten Straftätern als „vergessene Minderheit" spricht ebenso Fronmüller.

Während etwa in den USA bereits eine Gesellschaft zur interdisziplinären Forschung über alte Straftäter gegründet wurde[13], lassen sich derzeit keine Anzeichen ausmachen, dass sich in der deutschen Kriminalpolitik, Kriminologie und Rechtsprechung fühlbar etwas an der stiefmütterlichen Behandlung der Thematik ändert.

Etwas anders verläuft dies im Rahmen der politischen und rechts- bzw. sozialwissenschaftlichen Auseinandersetzung mit dem Strafvollzug. Hier gewinnt die Thematik „Alte Menschen und Kriminalität", wenn wohl auch nur notgedrungen und noch etwas zaghaft, langsam an Bedeutung[14]. Angesichts der ansteigenden Zahl alter Strafvollzugsinsassen ist auch hier eine Auseinandersetzung mit den Besonderheiten der „grauen Kriminalität"[15] und den Bedürfnissen älterer Insassen zunehmend erforderlich. Der diesbezügliche Vorsprung in der thematischen Auseinandersetzung mag wohl darauf zurückzuführen sein, dass im Strafvollzug etwaige Unterschiede zu anderen Altersgruppen, aufgrund der direkten Konfrontation mit den jüngeren Vollzugsinsassen, offensichtlicher zu Tage treten als beim Richterspruch. Sicherlich liegen der Thematisierung von Alter und Freiheitsstrafe ebenso, allen voran der Diskussion um einen alterskonzentrierten Strafvollzug, nicht unwesentlich finanzielle Erwägungen zu Grunde[16].

Das StGB erwähnt das Alter, im Sinn eines höheren Lebensalters, an keiner Stelle explizit. Bisher existiert keine mit dem Regelungsniveau des Jugendstrafrechts vergleichbare einheitliche Handhabung der strafrechtlichen Berücksichtigung des Alters betagter Täter. Nur selten findet innerhalb der Rechtsprechung eine reflektierte Auseinandersetzung mit den Zusammenhängen „Alter- Schuldfähigkeit" oder „Alter- gerechte Strafe" statt. Es ist zwar eine deutliche Tendenz hin zu einer grundsätzlich milderen Bestrafung alter Menschen erkennbar, es mangelt jedoch überwiegend an einer zweifelsfreien Einordnung der Berücksichtigung des Alters des Angeklagten in die geltende Strafrechtsdogmatik.

Ältere Delinquenten werden zudem vergleichsweise häufig, ohne eine tiefergehende Begründung, für schuldunfähig oder vermindert schuldfähig

---

13 Siehe hierzu: Kreuzer, S.69.
14 So u.a. bei: Schramke; Legat; Görgen, 2007; Görgen/ Greve; Muthmann, 1981; ders., 1982; Rotthaus.
15 Angelehnt an „Greying Criminality" [Kreuzer/ Hürlimann, in: Kreuzer/ Hürlimann, S.23].
16 Denn bei älteren Insassen ist der Sicherungsbedarf geringer, vgl. Schramke, S.399; anderer Ansicht ist hier Legat, S.75; zur Außenvollzugsstelle in Singen bei Konstanz (altenzentrierter Vollzug) siehe ferner: Rennhak, S.19ff; zur Sonderabteilung nur für ältere Insassen in der JVA Schwalmstadt siehe: Porada, S.23ff.

erklärt[17]. Auch hier wird der alte Mensch, trotz seiner nachgewiesenen Täterschaft, wieder zum Opfer stilisiert. Man unterstellt ihm, dass er nicht mehr wusste, was er tut. Dies offenbart ein vorherrschendes Bild von der Kriminalität alter Menschen als Delinquenz des geistigen Abbaus.

Es erscheint dabei zunächst denkbar, die unzureichende Auseinandersetzung mit der Kriminalität alter Menschen auf die starke „Lobby der Alten" zurückzuführen. Ein alter Mensch als Straftäter könnte ein Thema sein, mit welchem sich nur äußerst widerwillig auseinandergesetzt wird. Abgesehen von dem Bedürfnis, die eigene Generation als rechtschaffen darzustellen, mag dies auch daran liegen, dass die Auseinandersetzung mit alten Tätern und deren strafrechtlicher Behandlung, gerade für ältere Menschen eine Assoziation mit altersbedingtem Abbau und Entmündigung darstellt. Die Tabuisierung der Kriminalität älterer Menschen geht deshalb oftmals mit einer Furcht älterer Menschen vor dem eigenen Alterungsprozess einher[18].

Desgleichen ist es nicht fern liegend, die Versäumnisse von Kriminalpolitik und Rechtswissenschaft auf eine primär auf Jugend und Jungsein ausgerichtete Gesellschaft zurückzuführen[19], welche die Fehltritte alter Menschen schlichtweg ignoriert. Diese Jugendorientierung muss nicht im Widerspruch zur starken Stimme der älteren Generation stehen, sondern kann schlichtweg deren Folge sein. Zur „Lobby der Alten" wird sicherlich nur gehören, wer noch geistig und körperlich fit ist. Diese sog. „Jungen Alten"[20] streben nicht selten das „ideale Altern" im Sinne eines möglichst langen Jungbleibens an, zu welchem Straffälligkeit im Alter sicherlich ebenso wenig gehört, wie Krankheiten. Über mögliche Krankheiten, Alter und Tod wird allerdings häufiger gesprochen, da der Eintritt dieser Ereignisse als wahrscheinlicher eingeschätzt wird, bzw. unausweichlich ist. Im Alter kriminelles Verhalten an den Tag zu legen, erscheint hingegen der Mehrheit für ihre eigene Person als äußerst fern liegend. Es herrscht überwiegend die Auffassung, auf die Rechtschaffenheit des persönlichen Lebenswandels im Alter vollständig Einfluss zu haben.

Vermutlich ist ebenso die verminderte Gefahr, welche einem alten Straftäter für die Zukunft zugeschrieben wird, von immenser Bedeutung für die Säumnisse der Kriminalpolitik in Sachen „Altenkriminalprävention". Kaum jemand hat Angst davor, Opfer eines betagten Wiederholungstäters zu

---

[17] Siehe hierzu u.a.: BGH, Beschluss, v. 25.11.1988 – 4 StR 523/88; BGH, Urteil, v. 24.8.1993 – 4 StR 452/93; BGH, Beschluss, vom 12.07.1995 – 5 StR 297/95; siehe ferner: Bürger-Prinz/Lewrenz, S.47.

[18] Vgl. Kreuzer/Hürlimann, in: Kreuzer/Hürlimann, S.13; Amelunxen, 1960, S.5, Legat, S.5.

[19] Kreuzer/Hürlimann, in: Kreuzer/Hürlimann, S.13.

[20] Angelehnt an: Neugarten, S.187: „Young-Old"; siehe ferner: Rosenmayr, S.464; Rohlfs; Reimann/Reimann sprechen von den „neuen Alten", in: Reimann/ Reimann, S.3.

werden. Ausgemalte Horrorszenarien, in denen eine überbordende Gruppendelinquenz jugendlicher Gewalttäter die Hauptrolle spielt, sind hingegen häufiger. Dieser Selbstschutzgedanke führt möglicherweise zu einer etwaigen Einschätzung, auf „Altenkriminalprävention" bezogene Kriminalpolitik lohne sich einfach nicht, während gleichzeitig der Frage nach der optimalen Kriminalprävention in Sachen Jugendkriminalität eine übergroße Bedeutung zuteil wird. Ferner ist es denkbar, dass die Einstellung vorherrscht, ein alter Straftäter sei mangels entsprechender psychischer Bereitschaft bzw. Fähigkeit meist ohnehin nicht mehr resozialisierbar.

Eine nicht unbedeutende Rolle bei der geringen Beachtung der Kriminalität alter Menschen und der gleichzeitig übermäßigen Konzentration auf die Delinquenz Jugendlicher[21], spielt sicherlich desgleichen die Existenz einer tief greifenden gesellschaftlichen Auffassung vom „jungen Rebellen" und vom „angepassten Alten". Laut *Heinz* sind die Klagen über die *„nicht angepasste, auffällige, randalierende und rebellierende Jugend [...] so alt wie die Menschheit"*[22]. Die Kriminalität alter Menschen könnte sonach darum so wenig diskutiert werden, weil sie erst gar nicht vermutet wird. Dieses idealisierte Bild vom alten rechtschaffenen Menschen, unterdrückt die notwendige Erkenntnis, dass auch alte Menschen zu sozial negativem Verhalten imstande sind.

Abgesehen von der *„offensichtlich geringe(n) quantitative(n) Bedeutung"*[23] der Kriminalität alter Menschen, spielt überdies die Angst der nicht mehr jungen Gesellschaft vor der als übermächtig empfundenen Jugend eine Rolle. Innerhalb dieses Generationenkontexts ist unter anderem der Versorgungsgedanke anzuführen. Möglicherweise wird jede Abweichung im Sozialverhalten der Jugendlichen von den Älteren als ungleich schlimmer empfunden, da letztere im kinderarmen Deutschland um ihre Altersversorgung fürchten und in die wenigen jungen Menschen all ihre Hoffnungen gesteckt haben[24]. Vermutlich empfinden auch die, die nicht mehr jung sind, Eifersucht und Missgunst gegenüber den Jüngeren[25] und schreiben deshalb schlechte Eigenschaften, wie z.B. Kriminalität, vornehmlich jungen Menschen zu.

Amelunxen führte die geringe Beschäftigung mit der Delinquenz älterer Menschen ebenso auf die Unsicherheit der Gesellschaft im Umgang mit den Problemen alter Menschen zurück. Diese rühre aus der Tatsache, dass die Wenigsten das Alter bereits seit längerem erreicht, hingegen die Meisten die Jugend bereits durchlebt haben. Ferner führte *Amelunxen* zutreffend aus,

---

21   Vgl. auch: Amelunxen, 1960, S.5.
22   Heinz, S.6.
23   Schramke, S.1.
24   Vgl. hierzu: Fabricius, 2001, S.75.
25   Amelunxen, 1960, S.12.

dass eine nähere Beschäftigung auch durch die Unauffälligkeit der grauen Kriminalität verhindert wird. Ältere Menschen fallen weniger auf. Sie ziehen sich aus der Öffentlichkeit zurück. Dies prägt auch ihre Kriminalität[26]. Ein Ladendiebstahl ist weniger sichtbar, als eine lautstarke gewalttätige Auseinandersetzung unter jungen Menschen, die in aller Regel öffentlich erfolgt.

Zugleich gründet die geringe Beachtung des rechtswidrigen Verhaltens alter Menschen auch in der häufigen Bagatellhaftigkeit ihrer Taten. Denn begehen alte Menschen schwere Delikte, verläuft die mediale Berichterstattung zuweilen sogar intensiver als bei vergleichbaren Taten jüngerer Menschen[27]. Ungeachtet dessen, werden die meisten Delikte alten Menschen ohnehin nicht zugetraut. Hat man doch vornehmlich den Eindruck, dass diese im Alltag eher überfordert und vielmehr bevorzugte Opfer von Trickbetrügern sind.

Für die geringe Beachtung der Kriminalität alter Menschen besteht sonach eine Vielzahl möglicher Ursachen. Untersuchungen existieren zu dieser Thematik bisher nicht. Zweifellos ist von einer dominierenden Bedeutung der *„mangelnde(n) kriminalstatistische(n) Relevanz der Kriminalität alter Menschen"*[28]- welche letztendlich auch das Bild vom „jungen Rebellen" und vom „angepassten Alten" geprägt hat- sowie des dargestellten Selbstschutzgedankens auszugehen. Alte Menschen gelten als harmlos und werden im Kriminalitätskontext, wenn, dann überhaupt nur als Opfer eingeordnet. Für Politiker und Rechtswissenschaftler bedeutet all dies, dass die Auseinandersetzung mit der Delinquenz alter Menschen und den strafrechtlichen Folgen, aufgrund des allgemein äußerst geringfügigen Interesses, ein „undankbarer Job" ist. Polemische Thesen zur Kriminalität alter Menschen können, anders als solche zur Jugendkriminalität, deutlich schwerer die Allgemeinheit zur Diskussion anregen.

Auch im Rahmen der medialen Berichterstattung hinsichtlich der Kriminalität alter Menschen muss man zunächst feststellen, dass eine diesbezügliche Berichterstattung überwiegend nicht stattfindet, bzw. nicht als solche etikettiert wird. Im Wahlkampf für den 17. Hessischen Landtag genügte der hessischen CDU im Dezember 2007/ Januar 2008 eine einzige Gewalttat zweier ausländischer Jugendlicher gegen einen Rentner in einer Münchener

---

[26] A.a.O., S.6.

[27] So geschehen z.B. bei der sog. „Opa-Bande", bei welcher es sich um drei Männer jenseits der 60 Jahre, zum Teil über 70 Jahre, handelte, welche zusammen mehr als ein Dutzend Banken ausraubten. Hier standen nicht die Tatausführungen als solche, sondern die Tatsache, dass die Männer trotz ihres hohen Alters einen Bankraub begingen, im Vordergrund. Die Frankfurter Allgemeine Sonntagszeitung titelte dementsprechend „Die Methusalem-Komplizen" [5.6.05, Nr.22, S.16].

[28] Kreuzer/Hürlimann, in: Kreuzer/Hürlimann, S.13.

U-Bahnstation, um die Reizthemen „Jugendkriminalität" und „Jugendausländerkriminalität" zu den Aufhängern ihres Wahlkampfes zu machen. Die mediale Berichterstattung über diesen Fall war ausufernd, das Thema wurde allseits hitzig diskutiert. Die Tat eines 70jährigen Rentners Anfang Juni 2008, welcher in München ein 13jähriges Mädchen gegen eine heranfahrende U-Bahn stieß, fand hingegen nur als Randmeldung ihren Weg in die Zeitungen[29] und schon gar nicht unter dem Blickwinkel „Alte Menschen und Kriminalität"[30].

Wenn jedoch kriminelles Verhalten alter Menschen ausnahmsweise als solches wahrgenommen wird, wird es überwiegend als Abnormalität, bzw. perverses Verhalten gebrandmarkt. Sogar Kriminalwissenschaftlicher erwähnen gerne den Begriff „Phänomen", wenn sie ausnahmsweise die Delinquenz alter Menschen thematisieren[31]. Dementsprechend wurde auch vereinzelt versucht, mit der Behauptung, es habe einen kontinuierlichen Anstieg der Zahl alter Straftäter gegeben, Ängste vor einer angeblich drohenden Verwahrlosung der Gesellschaft zu schüren[32].

Im Zusammenhang mit demographischen Prognosen kann jedoch nicht unterschlagen werden, dass die Zahl der älteren Straftäter langfristig vermutlich in jedem Fall ansteigen wird. *Kreuzer/ Hürlimann* äußern diesbezüglich:

> *„Zwar sind alte Menschen weniger kriminalitätsbelastet als junge. Aber da ihr Bevölkerungsanteil rasant zunimmt, dürften auch mehr betagte Menschen vor allem wegen Diebstahls- und Straßenverkehrsdelikten auffallen."*[33]

> *„Je mehr alte Menschen es gibt, um so mehr werden sich natürlich auch abweichendes Verhalten wie Selbstmord und Suchtmittelmißbrauch oder Kriminalität zeigen und darum verfolgt werden."*[34]

Sprich: Selbst wenn man nicht davon ausgeht, dass alte Menschen als solche künftig anfälliger für die Begehung von Strafdelikten sein werden, muss

---

[29] Frankfurter Rundschau, v. 20.10.2008, S.31; erneut viel Aufsehen bekam sodann im Sommer 2009 der medial hochgeschaukelte Fall des Dominik Brunner, in dem ein mögliches Fehlverhalten des erwachsenen Opfers lange missachtet wurde [u.a.: Die Welt, 18.7.2010].

[30] Mely Kiyak formulierte in der Frankfurter Rundschau v. 28.3.2009, Nr.74, S.13, in Erinnerung an Roland Kochs Wahlkampf provokativ: „Ein Rentner hat drei Nachbarn erschlagen. Hätte er einen Migrationshintergrund, hätte man eine Debatte".

[31] Siehe z.B. Schramke, S.1.

[32] So z.B.: Berliner Zeitung, v. 10.12.2004, S.17.

[33] Kreuzer/Hürlimann, in: Kreuzer/Hürlimann, S.9; siehe auch: Amelunxen, 1960, S.7; Pfeiffer in: FAZ, v. 6.6.2005.

[34] Kreuzer/Hürlimann, in: Kreuzer/Hürlimann, S.17.

allein wegen der steigenden Anzahl alter Menschen zwangsläufig, sei es auch nur geringfügig[35], von einem Anstieg der Zahl der älteren Straftäter ausgegangen werden. Denn die Alterung der Gesellschaft lässt sich selbst bei Zugrundelegung günstigster Prognosen nicht verleugnen. Alte Straftäter weiterhin als vollends unbedeutende Tätergruppe zu betrachten, erscheint deshalb schon allein angesichts des sich vollziehenden demographischen Wandels nicht mehr zeitgemäß.

---

[35] Ebenda.

A. Ausgangspunkt: Die Kriminalität alter Menschen als „Stiefkind" der Kriminalwissenschaften und der Rechtsprechung in einer vergreisenden Gesellschaft

Die geringe Beachtung der Thematik „Alte Menschen und Kriminalität" steht in einem Spannungsverhältnis zu der immer deutlicher erkennbaren Überalterung unserer Gesellschaft.

Schaubild 1: Alterspyramide der BRD von 1910- 2005[36]

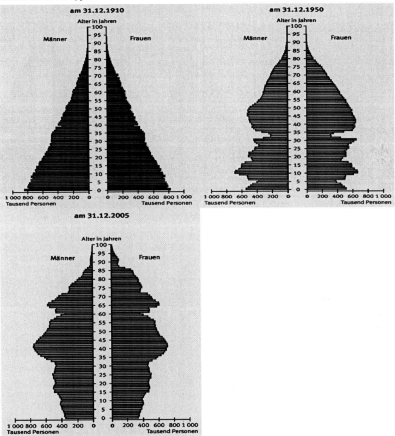

Vergleicht man die in *Schaubild 1* dargestellten drei Alterspyramiden der BRD aus einem Zeitraum von rund 100 Jahren miteinander, so ist deutlich

---

36   Schaubilder entnommen aus: Bevölkerung Deutschlands bis 2050, 11. koordinierte Bevölkerungsvorausberechnung, Presseexemplar des Statistischen Bundesamtes Deutschland, S.16 [Für alle, auch nachfolgenden, Angaben des Statistischen Bundesamtes Deutschland gilt: 1871 bis 1939 Reichsgebiet, ab 1950 Gebietsstand seit dem 3. Oktober 1990].

19

zu erkennen, dass lediglich die Alterspyramide von 1910 ihrem Namen noch gerecht wird, während die späteren Alterspyramiden die Pyramidenform nach und nach verlieren und sich eher der Form eines Baumes bzw. einer Pilzform annähern[37]. Sie weisen ein kontinuierlich deutlicher werdendes Anschwellen im oberen Altersbereich, bei gleichzeitiger Abnahme im unteren Altersbereich auf.

Tabelle 1: Aufteilung der Bevölkerung der BRD in die drei großen Altersgruppen von 1950- 2010 in %[38]

	1950	1960	1970	1980	1990	2000	2010
0-20 („junge" Bevölkerung)	30,9	28,6	30,0	26,7	21,8	21,1	18,7
21-60 („mittlere" Bevölkerung)	54,5	53,8	50,1	54,0	57,8	55,3	55,7
61+ („alte" Bevölkerung)	14,6	17,6	19,9	19,3	20,4	23,6	25,6
Summe	100	100	100	100	100	100	100

Aus *Tabelle 1* geht hervor, dass der Anteil der alten Bevölkerung an der Gesamtbevölkerung der BRD im Beobachtungszeitraum kontinuierlich angestiegen ist. Innerhalb der letzten 60 Jahre hat sich der prozentuale Anteil der alten Bevölkerung an der Gesamtbevölkerung um 75,3 % erhöht. Dieser Anstieg erfolgte gänzlich auf Kosten der Gruppe der jungen Bevölkerung. Der prozentuale Anteil der mittleren Bevölkerung an der Gesamtbevölkerung ist seit 1950 nahezu unverändert (lediglich geringfügiger, nicht konstanter Anstieg um 1,2 %).

Eine Stagnation des Vergreisungsprozesses ist auch künftig nicht zu erwarten. *Kaufmann* stuft dabei die „*Vorausschätzung der Zahl der Senioren*" als „*ziemlich zuverlässig*" ein: „*Weil ein weiterer Rückgang der Mortalität zum mindesten trendmäßig zu erwarten ist und die im Jahre 2050 über 60-Jährigen längst geboren sind, während die Zuwanderer meist jung sind [..].*"[39] Während sonach die *Zahl* der Über-60jährigen auch für die kommenden Jahrzehnte noch leicht auszumachen ist[40], hängt die Bestimmung des *prozentualen Anteils* dieser Gruppe an der Gesamtbevölkerung, von der weiteren Entwicklung der Fertilitätsrate und dem künftigen Ausmaß der Zuwanderung ab[41].

---

[37]   „[…] von einem ausgefransten Tannenbaum im Jahr 1960 zu einem Pilz im Jahr 2050." [Kröhnert/ Medicus/ Klingholz, S.5]. Der Bericht der Kommission »Familie und demographischer Wandel« prognostiziert für die Mitte des 21. Jahrhunderts eine "Urnenform" [Hrsg.: Biedenkopf/ Bertram/ Käßmann/ Kirchhof/ Niejahr/ Sinn/ Willekens, „Starke Familie. Bericht der Kommission »Familie und demographischer Wandel«", Robert Bosch Stiftung]. Siehe ferner: Fischer/ Brandlmeier, S.18; Legat, S.16ff.; Rohlfs, S.8; Schröder, S.1.

[38]   Daten entnommen aus: Kaufmann, S.41.

[39]   A.a.O., S.42.

[40]   Siehe hierzu auch: Hullen, in: Frevel, S.15.

[41]   Kaufmann, S.42,43.

Tabelle 2: BRD: Prospektiver Anteil der „alten" Bevölkerung (60+) in den Jahren 2035 und 2070 bei unterschiedlichen Annahmen hinsichtlich Fertilität, Zuwanderung , Mortalität in %[42]

Lebenserwartung Im Jahre 2070	Jährliche Zuwanderer	Fertilität: Geburten pro Frau (TFR)					
		Niedrig (1,4)		Mittel (1,6)		Hoch (2,1)	
		2035	2070	2035	2070	2035	2070
Niedrig:	0	40,2	42,9	38,7	38,6	36,5	30,1
Männer 81 Jahre	150 000	37,8	39,6	36,3	35,5	34,4	28,5
Frauen 87 Jahre	300 000	35,8	37,1	34,4	33,8	32,6	27,4
Hoch:	0	42,4	47,7	40,8	42,8	38,8	34,2
Männer 87 Jahre	150 000	40,0	43,9	38,4	39,8	36,5	32,3
Frauen 93 Jahre	300 000	37,9	41,4	36,5	37,8	34,6	31,0

Tabelle 2 zeigt deshalb den prognostizierten prozentualen Anteil der alten Bevölkerungsgruppe an der Gesamtbevölkerung in den Jahren 2035 und 2070, ausgehend von unterschiedlichen Annahmen hinsichtlich Mortalität, Fertilität und Zuwanderung, auf. Dabei ergibt sich selbst bei Heranziehung günstigster, jedoch höchst unwahrscheinlicher Annahmen [Niedrige Lebenserwartung, hohe Zuwanderungsrate, Fertilitätsrate auf Reproduktionsniveau (2,1)][43], zumindest keine Stagnation im bereits deutlich vorangeschrittenen Alterungsprozess der Bevölkerung der BRD. *Kaufmann* weist darauf hin, dass sogar der gegenwärtig bereits sehr hoch erscheinende Anteil der „alten" Bevölkerung an der Gesamtbevölkerung, angesichts der bisherigen Entwicklung von Fertilität und natürlicher Lebenserwartung, im Grunde noch äußerst niedrig ist. Dies kann hauptsächlich auf die Geburtenausfälle und Todesfälle infolge der beiden Weltkriege zurückgeführt werden[44].

Für das Jahr 2050 sagt das Statistische Bundesamt der Bundesrepublik Deutschland voraus, dass dann die alte Bevölkerung einen Anteil an der Gesamtbevölkerung von rund 39 %, die junge Bevölkerung hingegen lediglich noch einen Anteil von 16 % ausmachen wird[45]. Heute kommen auf 100 Menschen der mittleren Generation 46,25 Menschen der alten Generation[46]. Im Jahre 2050 werden auf 100 Menschen der mittleren Generation, aller Voraussicht nach gar 92 Menschen kommen, die der alten Generation angehören[47]. Dann werden vermutlich die Menschen zwischen 58 und 63

---

[42]   A.a.O., S.43.

[43]   Ebenda.

[44]   A.a.O., S.44; siehe ebenso: Dinkel, in: Baltes/Mittelstraß/Staudinger, S.65.

[45]   Daten entnommen aus: www.destatis.de; GENESIS-Online.

[46]   Daten entnommen aus: www.destatis.de; GENESIS-Online; Daten beziehen sich auf das Jahr 2006.

[47]   Daten entnommen aus: www.destatis.de; GENESIS-Online; → Berechnung nach Variante 1-W2 (Obergrenze der mittleren Bevölkerung): 87 Menschen der alten Bevölkerung auf 100 Menschen der mittleren Bevölkerung.

Jahren der am stärksten besetzte Jahrgang sein[48]. Heute ist dies noch die Gruppe der 25- bis 45-Jährigen[49].

Schaubild 2: Prozentualer Anteil der Altersgruppen an der Bevölkerung der BRD in den Jahren 1950, 2000 und 2050 im Vergleich[50]

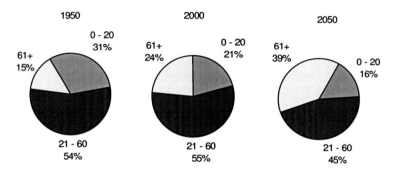

Schaubild 3: Entwicklung der „jungen" und der „alten" Bevölkerung in der BRD von 1970-2050[51]

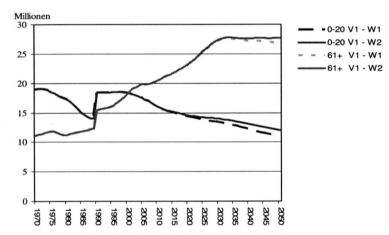

Geht man von den Angaben des Statistischen Bundesamtes aus, wird sich bei nahezu gleich bleibenden Bevölkerungszahlen[52], die Altersstruktur der

---

[48] Daten entnommen aus: www.destatis.de; GENESIS-Online.

[49] Daten entnommen aus: www.destatis.de; GENESIS-Online; Daten beziehen sich auf das Jahr 2006.

[50] Zur Erstellung benötigte Daten entnommen aus: www.destatis.de; GENESIS-Online. Für das Jahr 2050 wurden die Daten der Variante 1-W1 herangezogen. Die prozentualen Angaben wurden auf-, bzw. abgerundet. Vgl. ebenso: Velladics, S.20.

[51] Zur Erstellung benötigte Daten entnommen aus: www.destatis.de; GENESIS-Online.

[52] 1950 = 69 Mio. Menschen; 2050 = Berechnung nach Variante 1-W1 (Untergrenze der mittleren Bevölkerung): 69 Mio. Menschen - Berechnung nach Variante 1-W2

Bevölkerung der BRD innerhalb eines Jahrhunderts komplett umkehren. Während 1950 noch rund doppelt so viele Menschen unter 20 Jahre alt wie über 59 Jahre alt waren, werden indessen, nach derzeitiger Prognose, im Jahre 2050 mehr als doppelt so viele Menschen der alten Bevölkerung, wie der jungen Bevölkerung in der Bundesrepublik Deutschland leben[53].

Schaubild 4: BRD-Alterspyramide im Jahre 2050 nach der Vorausberechnung des Statistischen Bundesamtes[54]

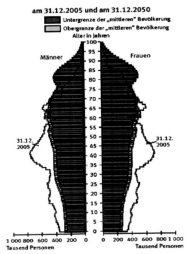

Das *Schaubild 4* weist eine starke Abnahme im Bereich der mittleren Altersgruppe auf. Gleichzeitig lässt sich eine Zunahme bei der Altersgruppe ab 75 Jahren erkennen. Die Alterspyramide wird sich im Jahre 2050 der prognostizierten Pilzform deutlich angenähert haben[55].

Betrachtet man anstatt der Fertilitätsrate (Geburten pro Frau) die Geburtenrate (Geburten je 1000 Einwohner), findet sich die BRD aufgrund der hohen Lebenserwartung weltweit auf dem letzten Platz wieder. Denn nirgendwo auf der Welt ist das Ungleichgewicht zwischen jung und alt größer als in der Bundesrepublik Deutschland. In keinem anderen Land ist die nachwachsende Generation im Vergleich zu der älteren Generation so klein[56].

(Obergrenze der mittleren Bevölkerung): 74 Mio. Menschen [Daten entnommen aus: Statistisches Jahrbuch des Statistischen Bundesamtes Deutschland 2007, S.34, 57].

[53] Daten entnommen aus: Bevölkerung Deutschlands bis 2050, 11. koordinierte Bevölkerungsvorausberechnung, Presseexemplar des Statistischen Bundesamts.

[54] Bevölkerung Deutschlands bis 2050, 11. koordinierte Bevölkerungsvorausberechnung, Presseexemplar des Statistischen Bundesamts, S.16.

[55] Vgl. ebenso: Velladics, S.18.

[56] Kröhnert/Medicus/Klingholz, S.8.

Angesichts dieses deutlichen bereits erfolgten, sowie prognostizierten Vergreisungsprozesses der Bevölkerung der Bundesrepublik Deutschland, wird die bisherige Vernachlässigung des Themenfeldes „Alte Menschen und Kriminalität" noch augenscheinlicher. Während in Nordamerika, u.a. innerhalb des Kontexts „Greying Criminality in a Greying Society", bereits seit einigen Jahren eine Auseinandersetzung mit dieser Thematik stattfindet[57], ist hingegen in der deutschen Rechtswissenschaft die Kriminalität alter Menschen, trotz des stetig zahlenmäßig dominanter werdenden Parts der Alten, relativ unerforscht.

Kreuzer/ Hürlimann stellen diesbezüglich fest:

„Müßte nicht ohnehin dies Feld aus Gründen wissenschaftlichen Erkenntnisdrangs bestellt werden, gäbe es doch eine Notwendigkeit dazu angesichts dramatischer, uns erst seit einigen Jahren recht bewusst werdender demographischer Umwälzungen."[58]

Obgleich in der Kriminologie noch *„keine Teildisziplin einer Alterskriminologie"* und *„allenfalls in Ansätzen gezielte alterskriminologische Forschung und Forschungsförderung"* existiert, zeigen sich *Kreuzer/ Hürlimann* zumindest hinsichtlich einer künftigen Entwicklung einer Alterskriminologie optimistisch.

„Das zeigt ein Vergleich zur Jugendkriminologie. Sie schälte sich heraus, als sich auch andere Disziplinen der Besonderheiten des Jugendalters annahmen: Jugendpsychiatrie, -psychologie, später -soziologie und zuletzt als Praxisdisziplin eine Jugendpolitik. Für Alter und Altern hat sich als wissenschaftliche Disziplin die Gerontologie gebildet. Unter ihrem Dach verstehen sich als Teildisziplinen bislang eine Geriatrie, Alternspsychologie, Gerontopsychiatrie, ferner eine Geragogik und Alterssoziologie."[59]

In diesem Sinne soll auch die vorliegende Studie einen Beitrag hin zur Entwicklung des Themenkomplexes „Alte Menschen und Straffälligkeit" als festen Bestandteil der deutschen Strafrechtswissenschaft leisten. In Rahmen dieser Studie wird deshalb die Thematik „Alte Menschen und Kriminalität" stärker in den Blickpunkt des wissenschaftlichen Interesses gerückt und dabei der Fokus dieses Interesses auf das in besonderem Maße vernachlässigte Feld der strafrechtlichen Reaktion auf die Kriminalität alter Menschen gelenkt.

---

[57] Kreuzer/Hürlimann, in: Kreuzer/Hürlimann, S.22,23.
[58] A.a.O., S.13.
[59] A.a.O., S.22.

B. Vorgehensweise, grundlegende Fragestellungen und Ziel der Studie

Die erste bedeutende Frage, der im sogleich anschließenden 2. Teil nachgegangen wird, ist die nach der tatsächlichen Höhe des Kriminalitätsaufkommens alter Menschen in der Bundesrepublik Deutschland. Neben dem quantitativen Ausmaß der Delinquenz alter Menschen, ist ferner Aufklärung darüber zu suchen, welche qualitative Dimension diese Kriminalität erreicht. Unterscheiden sich die favorisierten Delikte alter Menschen von denen jüngerer Straftäter? Im darauf folgenden 3. Teil wird eine eigene statistische Erhebung durchgeführt, um Angaben zu etwaigen strafverfolgungsrechtlichen Selektierungsprozessen und konkretere Hinweise auf die alltägliche Ausformung der Delinquenz betagter Menschen zu erhalten.

Aufbauend auf den diesbezüglich gewonnenen Erkenntnissen über Ausmaß und Ausformung der Delinquenz alter Menschen, wird sodann im 4. Teil den grundlegenden Fragestellungen dieser Studie nachgegangen:

- Können aus den gewonnenen Erkenntnissen, als Grundlage für die weitere wissenschaftliche Auseinandersetzung mit der Thematik der „Alterskriminalität", erste (nicht thesenorientierte) Schlüsse gezogen werden, welchen Einfluss Altern und Alter auf kriminelles Verhalten haben? Welche Rolle spielen dabei altersbedingte geistige Abbauerscheinungen?

- Inwiefern dürfen das Alter und mit ihm zusammenhängende Umstände überhaupt ein Kriterium der Strafzumessung sein?

- Ist es möglich, trotz der heterogenen Lebensverhältnisse alter Menschen und der daraus resultierenden Heterogenität der Kriminalität dieser Altersgruppe, eine allgemeingültige Vorgehensweise für die Urteilsfindung bei älteren Straftätern zu entwickeln?

Am Ende der vorliegenden Untersuchung soll sodann dementsprechend die Frage beantwortet werden, welche Bedeutung dem höheren Lebensalter für Kriminalitätsentstehung und Strafverfolgung zu Teil wird, bzw. zu Teil werden darf. In den wenigen rechtswissenschaftlichen Auseinandersetzungen, in denen über die Bedeutung des Alters für Kriminalitätsentstehung und Strafverfolgung reflektiert wird, ist die Tendenz hin zu einer gesonderten, stets milderen Behandlung alter Straftäter zu erkennen. So wird mitunter die Einführung eines gesonderten Altenstrafrechts als Pendant zum Jugendstrafrecht, welches das Konzept einer gesonderten Altengerichtsbarkeit und eine mildere Strafverfolgung betagter Straftäter beinhaltet, verlangt[60]. Ferner wird zugunsten der betagten Delinquenten eine Erweiterung des Wortlautes der §§ 20, 21 StGB, bzw. eine erweitere Auslegung selbiger Paragraphen[61], die Einrichtung einer Altengerichtshilfe[62] und die Normierung eines § 49a StGB, zwecks Gewährung einer konkreten Chance auf Wiedererlangung der Freiheit trotz geringer Lebenserwartung, gefordert[63]. Den älteren Angeklagten wird aufgrund ihres Alters, bzw. auch aufgrund der hieraus resultierenden geringen Lebenserwartung, grundsätzlich eine erhöhte Strafempfindlichkeit unterstellt, die stets strafmildernd berücksichtigt werden soll[64]. Zuweilen soll dies sogar zur Annahme eines minder schweren Falles führen[65]. Es fragt sich, woraus sich eine derartige Sonderbehandlung alter Delinquenten rechtfertigen lässt.

Im abschließenden 5. Teil werden sodann die gewonnenen Erkenntnisse auf bereits entschiedene Fälle der Gerichtspraxis angewandt.

---

[60] Siehe hierzu: Schramke, S.346ff.; Bürger-Prinz/Lewrenz, S.49; Kreuzer, S.69; Amelunxen, 1960, S.40ff.

[61] Siehe z.B.: Bürger-Prinz/Lewrenz, S.47.

[62] Legat, S.146ff.

[63] Dalquen, S.207.

[64] So: BGHR § 46 I StGB, Schuldausgleich 20; Schönke/ Schröder, § 46, Rn.54; Theue, NStZ 1987, S.162; Schäfer/ Sander, Gemmeren/ Redeker/ Busse, Teil 3, Rn.416; BGH, Urteil vom 28.03.2001 – 3 StR 463/00 (hier wurde allerdings das vorliegende Alter von 50 Jahren, trotz Bypassoperation, noch nicht als ausreichend hoch angesehen); BGH, Urteil vom 20.1.1999 – 2 StR 137/98, erschienen in: NStZ-RR 1999, S.136; siehe ferner: Dalquen, S.4.

[65] Siehe hierzu u.a.: Nobis, S.492.

„Der Beginn des Alters
ist weitaus schwieriger zu bestimmen
als der Beginn jeder anderen menschlichen Lebensphase."

[Zarncke, S. 181].

2. Teil: Auswertung der Statistiken: Entwicklung und derzeitiger Stand der Kriminalität alter Menschen

A. Festlegung der Altersgruppe

Bei den erfolgten Ausführungen zum demographischen Wandel wurde stellvertretend für den älteren Teil der Bevölkerung die Altersgruppe ab 61 Jahren aufwärts betrachtet. Dies geschah in Anlehnung an die bei demographischen Untersuchungen übliche Dreiteilung in „junge", „mittlere" und „alte" Bevölkerung. Mittels der Aufgliederung in lediglich drei große Altersgruppen, anstatt in viele kleine, konnte der Prozess der Überalterung der Bevölkerung der Bundesrepublik Deutschland in besonderem Maße veranschaulicht werden. Durch diese grobe Aufteilung war es insbesondere möglich, den Anstieg bei den Älteren zum Nachteil der jungen Generation deutlich hervorzuheben. Ob die Altersgruppe der „61-und-mehr-jährigen" allerdings bereits die für die vorliegende Studie relevante Gruppe ist und man diese Einteilung deshalb für die Auswertung der amtlichen Kriminalstatistiken beibehalten sollte, muss jedoch erst noch geklärt werden.

Fraglich ist, wie der Begriff „Alter" zu definieren ist. Unzweifelhaft kann „*das* Alter" nicht allein im Erreichen eines bestimmten chronologischen Alters liegen[66]. Zwar ist der Vorgang des Alterns eine unwiderlegbare naturwissenschaftliche Tatsache, der Beginn des „Alters" ist hingegen kein ausschließlich messbarer, naturwissenschaftlicher Wert, sondern vor allem ein gesellschaftliches Konstrukt[67]. Dieses setzt sich aus einer Vielzahl an gesellschaftlichen Wertungsfaktoren zusammen. Solche Faktoren sind z.B. die nur schwer bestimmbaren und grundsätzlich von Heterogenität geprägten Kriterien des äußerlichen Erscheinungsbildes, insbesondere des äußerlich erkennbaren Gesundheitszustandes, der Lebensweise, bzw. auch des Lebensstandards[68], sowie die gegenwärtige durchschnittliche Lebenserwartung[69]. Überhaupt werden die späteren Lebensjahre künftig immer stärker durch Heterogenität geprägt sein. Insbesondere wird mit der *„Ausweitung der Altersphase aufgrund steigender Lebenserwartung eine zunehmende Differenzierung des*

---

[66]   Siehe hierzu auch: Schramke, S.3; Sieverts/Schneider, Nachtragsband, S.239.
[67]   Vgl.: Schramke, S.5; siehe auch: Thieme, S.29.
[68]   Siehe hierzu auch: Beauvoir, S.38.
[69]   Legat, S.12.

Alters" einhergehen[70]. Erreichen immer mehr Menschen ein hohes Alter, werden demnächst zeitlich weit auseinander stehende Generationen gleichzeitig alt sein.

Für Anfang und Ende früherer Lebensphasen stellt der Gesetzgeber mittels § 1 Abs.2 JGG Legaldefinitionen zur Verfügung. So bestehen keinerlei Zweifel, welche Altersgruppe gemeint ist, wenn der Gesetzgeber oder die Rechtssprechung die Begriffe „Jugendliche" bzw. „Heranwachsende" verwenden. Für eine Skizzierung des Altersbegriffs fehlen derartige gesetzlich normierte Anhaltspunkte[71]. Denn insbesondere strafrechtlich hat das „Alter" bisher noch keine besondere Bedeutung erlangt, weshalb auch eine Definition desselbigen bislang nicht notwendig erschien. Auch innerhalb der Rechtsprechung hat sich noch keine einheitliche Definition des Alters herauskristallisiert[72]. So wurde in manchen Urteilen ein Lebensalter von 64, 67 oder 69 Jahren als „*hoch*" eingestuft[73], während wiederum in einem anderen Fall bei einer Verurteilung zu 9 Jahren Freiheitsstrafe bereits 46 Jahre als „*relativ hoch*" bezeichnet wurden[74]. Hingegen wurde in einem weiteren Fall ein Lebensalter von 50 Jahren als noch nicht ausreichend hoch für eine Strafmilderung erachtet[75].

Unter anderem wurde der Versuch unternommen, das Alter im Sinne des sog. „*Defizit-Modells*" zu definieren und es demnach als ein „*Prozeß des Verlusts*" zu verstehen[76]. Altern stellt für Vertreter dieses Modells „*im wesentlichen einen Prozess der Veränderung*"[77] dar, „*der im allgemeinen in der Reduzierung körperlicher und physischer Leistungsmöglichkeiten oder Leistungsgrenzen besteht [...].*"[78] Der amerikanische Gerontologe *Lansing* beschrieb das Altern als „*Ein fortschreitender nachteiliger, gewöhnlich vom Ablauf der Zeit abhängiger Veränderungsprozess, der nach der Reife eintritt und stets zum Tode führt.*"[79] Das Defizit-Modell und daran angelehnte Altersdefinitionen grundsätzlich abzulehnen, weil allein schon die Gleichsetzung von Alter und Abbau diskriminieren könnte, wäre überzogen. Die Tatsache der Vergänglichkeit des Lebens und mithin der schleichende Abbau menschlicher Fähigkeiten können nicht geleugnet werden.

Gleichwohl kann das Älterwerden jedoch nicht ausschließlich durch schwindende körperliche und geistige Fähigkeiten charakterisiert werden.

---

[70] Keßler, S.134.
[71] Vgl. auch: Schramke, S.2; Legat, S.6.
[72] Siehe hierzu: Nobis, NStZ 2006, S.489.
[73] OLG Hamm VRS 33, 344; BGH StV 90, 303; RG DR 43, 754.
[74] BGH StV 1991, 206,207.
[75] BGH Urt. v. 28.3.2001 – 3 StR 463/00.
[76] Sie hierzu: Schramke, S.15; Legat, S.8; Botwinick, S.239ff.
[77] Schramke, S.4.
[78] Weinert, in: Baltes/Mittelstraß, S.183.
[79] Zitiert in: Beauvoir, S.15.

So muss schon die Skizzierung des Alterungsprozesses als ausschließlich „nachteilig", deutlich abgelehnt werden. In den späteren Lebensjahren kann aufgrund der stetig größer werdenden Masse an Wissen und Erfahrungen, trotz physischen und psychischen Abbaus, gleichwohl von einem Zugewinn gesprochen werden[80]. *Schramke* spricht sich darum für eine klare Unterscheidung zwischen *„altersunabhängigen oder im Alter verbesserten Leistungsmöglichkeiten"*, und *„den durch Abbauerscheinungen geprägten Funktionen"* aus. Dem entspricht auch die gängige Differenzierung zwischen *„fluid"* und *„crystallized intelligence"*. So nimmt im Alter die so genannte *„fluide Intelligenz"* durchaus ab. Hierzu zählen Fähigkeiten wie Orientierung, Wendigkeit und Kombinationsvermögen. Demgegenüber hat sich die so genannte *„kristalline Intelligenz"*, unter welche das Allgemein- und Erfahrungswissen, der Wortschatz und das Sprachverständnis fallen, als *„relativ altersstabil"* erwiesen[81]. Die gesellschaftliche Ablehnung des Defizitmodells erschließt sich auch aus Begriffen wie z.B. „Altersweisheit" oder dem immer noch hohen Ansehen, welches betagte Intellektuelle und/ oder vormals aus Wirtschaft und Politik bekannte Menschen, in der hiesigen Gesellschaft genießen.

Darüber hinaus ist es nicht möglich, ein konkretes Lebensalter allgemeingültig für den Beginn deutlicher Abbauerscheinungen auszumachen. Dies ist jedoch erforderlich, um aus der Defizit-Theorie einen praktikablen Nutzen ziehen zu können. Denn ebenso wie die Lebensverhältnisse älterer Menschen von Heterogenität geprägt sind[82], ist dies auch der Alterungsprozess[83]. Schließlich ist die physische und psychische Verfassung im fortgeschritten Alter unter anderem auch von den zur Verfügung stehenden finanziellen Mitteln, sowie dem eigenen Lebenswandel abhängig. *Lietz* schreibt:

„[..] z.B. haben Kategorien wie ‚körperliche Gesundheit' oder ‚Schuldbildung' einen deutlich moderierenden Effekt und können - für sich alleine gesehen – die kognitive Leistungsfähigkeit von älteren Menschen sogar besser vorhersagen als das Lebensalter"[84].

Die soziale Sphäre kann sich auf den individuellen Alterungsprozess fördernd bzw. hemmend auswirken. Der amerikanische Gerontologe *Howell*

---

[80]   Vgl. auch: Amelunxen, 1960, S.9.

[81]   Schramke, S.5,16. Siehe ebenso: Littmann, in: Kreuzer/ Hürlimann, S.122; Lehr, in: Reimann/Reimann, S.212.

[82]   Keßler, S.7; siehe auch: S.134 zur Entwicklung einer neuen Bevölkerungsgruppe, der sog. Jungen Alten.

[83]   Schramke, S.3,5; Amelunxen, 1960, S.9.

[84]   Lietz, in: Kreuzer/Hürlimann, S.102.

schreibt: „*Das Altern ist nicht ein Abhang, den alle mit der gleichen Geschwindigkeit hinuntergehen*"[85].

Auch wirft die Beantwortung der Frage, ab wann Altersabbauerscheinungen denn erheblich sind, Schwierigkeiten auf. Mitunter kann der physische Verfall eines Menschen bereits stark fortgeschritten sein, während er bis zu seinem Tode geistig nur unmerklich abbaut. Andersherum belegen die alltäglichen Meldungen von aus dem Altersheim entschwundenen älteren Menschen, dass auch ein Demenzkranker körperlich noch äußerst agil sein kann. *De Beauvoir* beschreibt zutreffend: „*Trotz ihrer gegenseitigen Abhängigkeit durchlaufen Physis und Geist keine streng parallele Entwicklung*". Und wirft anschließend die berechtigte Frage auf:

„*Welchem Vorgang messen wir höheren Wert bei? Jeder wird eine andere Antwort geben, je nachdem, ob er den körperlichen oder den geistigen Fähigkeiten oder einem glücklichen Gleichgewicht zwischen beiden eine größere Bedeutung beimisst.*"[86]

Die Defizit-Theorie ist sonach als Mittel zur Bestimmung des Alters abzulehnen.

Auch kann die gesuchte Altersgruppe nicht über den allmählich etablierten Begriff der „Alterskriminalität" bestimmt werden. Alterskriminalität wird definiert als die Straftaten alter Menschen, welche auf den geistigen, körperlichen und sozialen Prozess des Alterns bzw. auf die altersspezifischen Lebensbedingungen zurückzuführen sind[87]. Eine solche Etikettierung der Taten betagter Täter ist bereits mangels diesbezüglich benötigter Angaben über Täter und Tathintergrund nicht möglich und deshalb zur Gewinnung statistischer Erkenntnisse vollends unbrauchbar[88].

Die eigene Überlegung, die im Nachfolgenden zu untersuchende Altersgruppe über einen eventuellen kriminalstatistischen Abflauungspunkt im Alter zu ermitteln, erscheint ebenfalls unbrauchbar. Auf der Suche nach einem prägnanten Punkt in der Statistik, welcher sich als durchschnittlicher Abflauungspunkt der kriminellen Karriere im hohen Alter ausmachen lassen könnte, wird man in der Polizeilichen Kriminalstatistik (PKS) nicht fündig. Ein starker Abflauungspunkt lässt sich lediglich in den jungen Jahren erkennen. So ergibt sich aus der PKS 2006 im Hinblick auf die Tatverdächtigenbelastungszahl (TVBZ) der männlichen Tatverdächtigen, dass nach der kriminellen Hochzeit im Alter zwischen 21 und 24 Jahren, ab dem

---

[85]   Zitiert in: Beauvoir, S.38.

[86]   A.a.O., S.17.

[87]   So z.B. bei Bürger-Prinz/Lewrenz, S.3; Jäckle, S.3.

[88]   Vgl. Kreuzer/Hürlimann, in: Kreuzer/Hürlimann, S.21; ebenso: Legat, S.15.

30. Lebensjahr ein stetiges Abflauen der begangenen Straftaten zu erkennen ist[89].

Unter Rückbesinnung auf das Alter als ein überwiegend gesellschaftliches Konstrukt, erscheint es vorzugswürdig das Alter am durchschnittlichen Renteneintrittsalter auszumachen[90]. *Kohli* begreift das Ausscheiden aus der Erwerbstätigkeit als eine der deutlichsten Zäsuren im Leben eines alternden Menschen und somit als Beginn des Alters. Er unterstreicht dabei die herausragende Bedeutung der Erwerbstätigkeit in den westlichen „*Arbeitsgesellschaften*"[91]:

> „*Die moderne Altersordnung hängt eng mit der modernen (kapitalistischen bzw. industriellen) gesellschaftlichen Organisation der Arbeit und ihrem Verhältnis zu den übrigen Bereichen der Gesellschaft zusammen. Dies ist der strukturelle Grundtatbestand, von dem aus heute auch das höhere Alter (als ,Ruhestand') zu begreifen ist*"[92]

So schreibt auch *Weber*, mit dem Eintritt in den Ruhestand, würden „*die von der Gesellschaft ausgehenden desintegrierenden Mechanismen*" ausgelöst[93]. Es erfolgen Veränderungen hinsichtlich der familiären Rolle und deutliche Aktivitätsverlagerungen[94].

Ausgehend von *Kohlis* Vorgehensweise, entscheidet sich deshalb *Schramke*, die Altersgrenze anhand der gesetzlichen Regelung des Arbeits- und Sozialrechts bezüglich Ruhestand und Vorruhestand genau auszurechnen. Bei dieser Berechnung berücksichtigt er zudem einen geschätzten fiktiven Teil derer, welche aufgrund von Krankheit oder Arbeitslosigkeit vorzeitig aus dem Berufsleben ausscheiden[95]. 2005 lag das durchschnittliche Renteneintrittsalter bei 63,0 Jahren. Berücksichtigt man die Erwerbsminderungsrenten (ab 50 Jahre), so liegt das durchschnittliche Renteneintrittsalter bereits bei 62,3 Jahren[96]. Unter Berücksichtigung aktueller Erwerbslosenzahlen, um insbesondere Langzeitarbeitslose zu erfassen, und mittels einer praxisbedingten Abrundung (der Einfachheit halber und zugunsten einer höheren

---

[89]   Daten entnommen aus: Polizeiliche Kriminalstatistik; Aufgliederung der Tatverdächtigen (insgesamt) nach Alter ab 1987.

[90]   So auch: Legat, S.15,16; Kreuzer/Hürlimann, in: Kreuzer/Hürlimann, S.21.

[91]   Kohli, in: Baltes/Mittelstraß, S.233. Auf das Ausscheiden aus der Erwerbstätigkeit stellt auch Simone de Beauvoir bei ihrer Definition des Alters ab. Siehe: Beauvoir, S.18. Vgl. ebenso: Thieme, S.32; Rohlfs, S.12.

[92]   Kohli, in: Baltes/Mittelstraß, S.238; siehe auch: Kohli/Künemund, S.18,20.

[93]   Weber, S.59.

[94]   Siehe Kreuzer/Hürlimann, in: Kreuzer/Hürlimann, S.21,22; Legat, S.16.

[95]   Schramke, S.9.

[96]   Daten entnommen aus: Hans-Böckler-Stiftung, Altersübergangs-Report, Ausgabe 2006-02.

Erfassungsquote), würde man sonach nach *Kohlis* Herangehensweise auf einen derzeitigen Beginn des Alters mit ca. 60 Jahren kommen.

Für die gesellschaftliche Altersdefinition könnte ebenso die durchschnittliche Lebenserwartung eine Rolle spielen. Angesichts der gestiegenen Lebenserwartung könnte deshalb überlegt werden, die Altersgrenze auf 65 Jahre anzuheben. Hiergegen spricht jedoch, dass der Eintritt in den Ruhestand für die gesellschaftliche Unterscheidung zwischen „alt" und „noch nicht alt" prägender ist. Denn die Gesellschaft sieht den Einzelnen, ganz gleich welch hohes Alter er erreichen wird, ab dem Ausscheiden aus dem Erwerbsleben als alt an. So wird trotz der gestiegenen Lebenserwartung, der Beginn des Alters nicht über den durchschnittlichen Renteneintritt hinausgehen. Die Menschen sind sodann eben lediglich „länger" alt.

Auch ein Vergleich mit den Begriffsbestimmungen „Jugendlicher" und „Heranwachsender" spricht für eine Orientierung am derzeitigen durchschnittlichen Rentenneintrittsalter. Zweifellos sind zwar das Jugend- und das Heranwachsendenalter eingrenzbarere Begriffe. Denn die Lebenssituationen älterer Menschen sind deutlich heterogener als die der jüngeren Menschen. Die Unterschiede in der menschlichen Entwicklung sind zu Beginn des Lebens noch nicht so sehr ausgeprägt. Erst im Laufe des Lebens verästeln sich die einzelnen Lebensläufe stetig mehr, so dass mit der Zeit die Lebensverhältnisse immer deutlicher voneinander abweichen. Altersabbauerscheinungen treten im Vergleich der Menschen untereinander zeitlich deutlich versetzter auf, als dies bei den Reifeerscheinungen junger Menschen der Fall ist. Dementsprechend ist der Zeitraum des Pubertätsbeginns um wenige Jahre eingrenzbar, während bei älteren Menschen Jahrzehnte zwischen dem Beginn eines deutlichen Altersabbaus liegen können.

Gemeinsam ist beiden Altergruppen jedoch die Abhängigkeit von der arbeitenden Bevölkerung. Sowohl alte Menschen, als auch Jugendliche, tragen in der Regel außer ihrer Kaufkraft kaum etwas zum Funktionieren des Wirtschafts- und Sozialsystems bei. Jugendliche und Heranwachsende stehen überwiegend *vor* einem Leben mit einem aktiven gesellschaftlichen Beitrag, alte Menschen *nach* einem solchen Leben. Hierbei wird deutlich, dass auch die gesellschaftliche Abgrenzung zwischen der jungen und der mittleren Bevölkerung – und somit die gänzliche Altersdefinition- an der Erwerbstätigkeit ausgerichtet ist. Im Nachfolgenden wird sodann die Altersgruppe ab 60 Jahren aufwärts kriminalstatistisch untersucht.

B. Umfang der Kriminalität alter Menschen

Die mediale Berichterstattung über die Kriminalität alter Menschen kennt nur zwei Extreme. Entweder wird vollends außer Acht gelassen, dass auch betagte Menschen gegen die Rechtsordnung verstoßen können. Oder aber die Berichterstatter sehen sich in besonderem Maße dazu veranlasst, reißerische Artikel zu formulieren. So lauten Schlagzeilen in diesem Zusammenhang mitunter: *„Die Methusalem-Komplizen"*[97], *„Opa-Bande: Gefängnis statt Altenheim"*[98], *„Schlägerei im Altenheim"*[99], *„Knast für alte Gauner"*[100] oder verlustierend mit Akzentuierung *„Die »Rentnergang« vor Gericht"*[101].

Im Juni 2009 entführte eine Gruppe von fünf Rentnern einen Finanzberater aus Speyer und hielten ihn einige Tage in einem Keller gefangen. Auf diese Weise glaubten sie, das von ihnen bei ihm angelegte Geld zurückerlangen zu können, welches er vorgab durch die Wirtschaftskrise verloren zu haben. Die *Frankfurter Allgemeine Sonntagszeitung* titelte hierzu: *„Ein kurioser Fall von Selbstjustiz"*[102]. Die *Frankfurter Rundschau* schrieb:

> *„Die Anklage klingt skurril, fast wie das Drehbuch einer Vorabendserie. Und ginge es nicht um eine so ernste Sache wie „mittäterschaftliche Geiselnahme" zur Selbstjustiz, mancher Zuhörer im Sitzungssaal des Landgerichts Traunstein würde der Verhandlung Unterhaltungswert zugestehen, vielleicht sogar den Angeklagten ein gerüttelt Maß Sympathie entgegenbringen."*[103]

Es ist kaum vorstellbar, dass die Presse, trotz einer grundsätzlich gegebenen Sympathie für Selbstjustiz, die von Opfern skrupelloser Finanzberater geübt wird, beim gleichen Sachverhalt mit lediglich jüngeren Tätern dieselben Worte gewählt hätte. Jüngeren Tätern wäre sicherlich bedeutend weniger Sympathie entgegengebracht und Unterhaltungswert wäre einem solchen Prozess wohl nicht öffentlich zugestanden worden.

Im Rahmen der eher reißerischen Berichterstattung über die Kriminalität älterer Menschen wird oftmals ein dramatischer Anstieg der Kriminalität alter Menschen konstatiert[104]. Nachfolgend wird deshalb versucht, Anhalts-

---

[97]   Frankfurter Allgemeine Sonntagszeitung, vom 05.06.2005, Nr.22, S.16.
[98]   Hamburger Abendblatt, vom 11.6.2005, zum selbigen Fall.
[99]   Berliner Zeitung, vom 10.12.2004.
[100] Süddeutsche Zeitung, vom 15.11.2004.
[101] ˋ Der Spiegel, Nr.8, vom 22.2.2010, S.4.
[102] Frankfurter Allgemeine Sonntagszeitung, vom 07.02.2010, Nr.5, S.54.
[103] Frankfurter Rundschau, vom 09.02.2010, Nr.33, 66. Jahrgang, S.38.
[104] Siehe u.a.: Frankfurter Rundschau, vom 15.08.2006, Nr.188, S.8; Der Spiegel, Nr.50, vom 6.12.2004, S.62. Gleichwohl fallen derartige Behauptungen auch im wissenschaftlichen Bereich. So z.B.: Dünkel, S.350, der von einer erheblichen Zunahme der Alterskriminalität spricht.

punke über den tatsächlichen Umfang der Kriminalität alter Menschen zu gewinnen.

I. Kriminalität alter Menschen in Deutschland gemäß den Angaben der Polizeilichen Kriminalstatistik

1. Die Aussagekraft der Polizeilichen Kriminalstatistik

Der Polizeilichen Kriminalstatistik (PKS) ist lediglich eine eingeschränkte Aussagekraft zuzusprechen. Denn wie alle anderen Statistiken unterliegt ebenso die PKS einigen Verzerrungen. So kann z.b. nicht stetig von einem verhältnismäßig gleichgroßen Dunkelfeld ausgegangen werden. Unter anderem können sich verbesserte Ermittlungsmethoden der Polizei, verstärkte polizeiliche Kontrolle oder auch eine veränderte Anzeigebereitschaft innerhalb der Bevölkerung (z.b. bei den Sexualdelikten) auf die Entwicklung der Tatverdächtigenbelastungszahl (TVBZ) ausgewirkt haben[105]. Des Weiteren kommt es bei den PKS-Zeitreihen an diversen Stellen zu deutlichen Veränderungen der TVBZ, welche weder auf die vorgenannten Faktoren noch auf ein verändertes Kriminalitätsaufkommen, sondern primär auf Änderungen des materiellen Rechts oder eine modifizierte statistische Erfassung zurückzuführen sind. So wurde z.b. 1984 die *„echte Tatverdächtigenzählung"* eingeführt[106]. Überdies wurde erst 1993 Ostdeutschland mit in die PKS aufgenommen (bereits seit 1992 wurde Gesamt-Berlin miterfasst).

„Die Polizeiliche Kriminalstatistik bietet demgemäß kein getreues Spiegelbild der Kriminalitätswirklichkeit, sondern eine je nach Deliktsart mehr oder weniger starke Annäherung an die Realität"[107]. Die PKS kann eine verlässliche Informationsquelle sein, wenn sie differenziert und mit der nötigen Distanz interpretiert wird. Geeignet erscheint es deshalb, so oft wie möglich, eine Bezugnahme zu den übrigen Altersgruppen vorzunehmen, da diese überwiegend denselben statistischen Verzerrungen unterworfen sind. Ein etwaiges Abweichen von den übrigen Alterskohorten könnte sodann die Besonderheiten der Kriminalität alter Menschen herauskristallisieren, bzw. für eine tatsächliche Veränderung des Kriminalitätsaufkommens der älteren Generation sprechen. Grundbedingung einer kritischen Auswertung ist es ferner, nur den eindeutigen Ergebnissen und nicht jeder mitunter zufälligen, geringfügigen Abweichung Beachtung zu schenken.

---

[105] Polizeiliche Kriminalstatistik 2006, S.7.

[106] Damit wurde eine Person im Berichtsjahr bei jedem betroffenen Straftatenschlüssel selbst dann nur noch einmal gezählt, wenn sie mehrmals als Tatverdächtiger aufgetreten ist. Die bisherige Mehrfachzählung hatte zu einer überhöhten TVBZ und einer Verzerrung der Tatverdächtigenstruktur geführt. Siehe: Polizeiliche Kriminalstatistik 2006, S.III.

[107] Polizeiliche Kriminalstatistik 2006, S.7.

Da die PKS keine Daten über Verkehrsdelikte enthält[108], wird die Frage des Kriminalitätsaufkommens alter Menschen im Straßenverkehr anschließend in einem gesonderten Teil abgehandelt.

2. Allgemeine Entwicklung der Kriminalität alter Menschen

Tabelle 3: Tatverdächtige ab 60 Jahre von 1987- 2006[109]

Jahr	1987	1988	1989	1990	1991	1992
Tatverdächtige ab 60 Jahre	73 009	77 907	82 614	80 305	81 078	83 741

Jahr	1993	1994	1995	1996	1997	1998
Tatverdächtige ab 60 Jahre	103 010	103 937	109 618	113 851	115 983	119 308

Jahr	1999	2000	2001	2002	2003	2004
Tatverdächtige ab 60 Jahre	119 252	130 524	136 785	141 297	147 251	151 532

Jahr	2005	2006
Tatverdächtige ab 60 Jahre	145 175	143 732

Tabelle 3 zeigt, dass die TVBZ der 60-und-mehr-jährigen seit 1987 um 96,87 % angestiegen ist. Dieser Anstieg lässt sich nicht allein, bzw. zumindest nicht unmittelbar, auf den Bevölkerungsanstieg in der Altersgruppe der 60-und-mehr-jährigen zurückführen[110]. Schließlich hat im selben Zeitraum in der Gruppe der 60-und-mehr-jährigen ein Bevölkerungsanstieg von nur 61,7 % stattgefunden[111].

---

[108]   Polizeiliche Kriminalstatistik 2006, S.8.
[109]   Zur Erstellung benötigte Daten entnommen aus: Polizeiliche Kriminalstatistik, Aufgliederung der Tatverdächtigen –(insgesamt) nach Alter ab 1987.
[110]   Zur Thematik der Auswirkungen des demographischen Wandels auf das Kriminalitätsaufkommen alter Menschen später mehr.
[111]   Daten entnommen aus: www.destatis.de; GENESIS-Online.

Tabelle 4: Tatverdächtige unter 60 Jahre von 1987- 2006[112]

Jahr	1987	1988	1989	1990	1991	1992
Tatverdächtige unter 60 Jahre	1 217 432	1 236 173	1 288 348	1 357 618	1 385 674	1 497 993

Jahr	1993	1994	1995	1996	1997	1998
Tatverdächtige unter 60 Jahre	1 948 765	1 933 792	2 008 486	2 099 442	2 157 577	2 200 587

Jahr	1999	2000	2001	2002	2003	2004
Tatverdächtige unter 60 Jahre	2 143 888	2 155 848	2 143 826	2 184 852	2 207 910	2 232 736

Jahr	2005	2006
Tatverdächtige unter 60 Jahre	2 167 961	2 139 395

Innerhalb der Gruppe der Tatverdächtigen unter 60 Jahren erfolgte im selben Zeitraum ein Anstieg der TVBZ um 75,73 %. Diesem stand ein Bevölkerungsanstieg bei den Unter-60jährigen von 27,07 % gegenüber[113]. Insgesamt, d.h. alle Altersgruppen zusammengefasst, ist die TVBZ von 1987 bis 2006 um 76,93 % angestiegen[114]. Innerhalb dieser Gesamt-TVBZ ist der Anteil der 60-und-mehr-jährigen seit dem Jahre 1987 von 5,66 % auf 6,3 % im Jahre 2006 angestiegen[115].

---

[112] Zur Erstellung benötigte Daten entnommen aus: Polizeiliche Kriminalstatistik, Aufgliederung der Tatverdächtigen –(insgesamt) nach Alter ab 1987.

[113] Daten entnommen aus: www.destatis.de; GENESIS-Online.

[114] Daten entnommen aus: Polizeiliche Kriminalstatistik, Aufgliederung der Tatverdächtigen – (insgesamt) nach Alter ab 1987.

[115] Daten entnommen aus: Ebenda.

3. Analyse der PKS nach Delikten

Tabelle 5: Tatverdächtige (insgesamt) nach Delikten im Jahre 2006[116]

Straftatengruppen	30 bis unter 60 Jahre Anzahl	In %	60 Jahre und älter Anzahl	In %
Mord und Totschlag	1 390	0,1	196	0,1
Vergewaltigung und sexuelle Nötigung	3 353	0,3	181	0,1
Raubdelikte	6 921	0,7	264	0,2
Gefährliche und schwere Körperverletzung	47 524	4,9	4 592	3,2
(Vorsätzliche leichte) Körperverletzung	140 581	14,4	12 983	9,0
Fahrlässige Körperverletzung	10 591	1,1	2 293	1,6
Straftaten gegen die persönliche Freiheit	78 808	8,0	9 177	6,4
Diebstahl ohne erschwerende Umstände	174 539	17,8	54 889	38,2
Diebstahl unter erschwerenden Umständen	28 861	2,9	1 489	1,0
Betrug	221 574	22,6	17 062	11,9
Veruntreuungen	19 558	2,0	2 361	1,6
Unterschlagung	31 548	3,2	2 442	1,7
Urkundenfälschung	25 054	2,6	1 822	1,3
Widerstand gegen die Staatsgewalt und Straftaten gegen die öffentliche Ordnung	44 893	4,6	5 563	3,9
Begünstigung, Strafvereitelung, Hehlerei und Geldwäsche	11 124	1,1	644	0,4
Brandstiftung und Herbeiführen einer Brandgefahr	4 995	0,5	1 337	0,9
Wettbewerbs-, Korruptions- und Amtsdelikte	4 305	0,4	343	0,2
Verletzung der Unterhaltspflicht	12 854	1,3	169	0,1
Beleidigung	83 517	8,5	16 144	11,2
Sachbeschädigung	43 476	4,4	5 582	3,9
Straftaten gegen die Umwelt	8 030	0,8	1 808	1,3
Straftaten gegen strafrechtliche Nebengesetze auf dem Wirtschaftssektor	22 354	2,3	2 390	1,7
Straftaten gegen das Aufenthalts-, das Asylverfahrens- und das Freizügigkeitsgesetz/EU	46 035	4,7	2 215	1,5
Straftaten gegen das Sprengstoff-, das WaffenG und das KriegswaffenkontrollG	13 144	1,3	2 690	1,9
Rauschgiftdelikte	51 308	5,2	417	0,3
Straftaten insgesamt[117]	979 232	100,0[118]	143 732	100,0

Aus der Aufspaltung der Kriminalität der Altersgruppen nach Delikten wird, vorbehaltlich des Kriminalitätsaufkommens im Straßenverkehr, deutlich, dass das „typische" Delikt der 60-und-mehr-jährigen der einfache

---

[116] Daten entnommen aus: Polizeiliche Kriminalstatistik 2006, S.91.

[117] „Werden einem Tatverdächtigen im Berichtszeitraum mehrere Fälle verschiedener Straftatenschlüssel zugeordnet, wird er für jede Gruppe gesondert, für die entsprechenden übergeordneten Straftatengruppen bzw. für die Gesamtzahl der Straftaten hingegen nur einmal gezählt. Die Tatverdächtigen bei den einzelnen Straftaten(-gruppen) lassen sich daher nicht zur Gesamtzahl der Tatverdächtigen addieren." [Polizeiliche Kriminalstatistik 2006, S.19, 91].

[118] Für sämtliche Prozentangaben in den Tabellen innerhalb dieser Studie wird im Übrigen darauf hingewiesen, dass es aufgrund von Auf- und Abrundungen geringfügige Abweichungen von den am Schluss stets angegebenen 100% geben kann.

Diebstahl ist. Mit 38,2 % stellt er mit deutlichem Abstand das am häufigsten verwirklichte Delikt älterer Straftäter dar. Dies ist u.a. darauf zurückzuführen, dass mit der grundlegenden Strafrechtsreform der 70er Jahre der gemeinhin als Mundraub bezeichnete § 370 Abs.1 Nr.5 StGB abgeschafft und seitdem als gewöhnlicher Diebstahl gehandhabt wird[119].

Auch der Betrug, die vorsätzliche leichte Körperverletzung und die Beleidigung kommen bei Tatverdächtigen ab 60 Jahren häufig vor. Als reines Antragsdelikt ist letztere in starkem Maße abhängig von der Milieuzugehörigkeit des Verletzten. Das Dunkelfeld ist hier aller Vermutung nach exorbitant hoch. *Schramke* schreibt: *„Gerade in diesem Bereich sind die Daten der Kriminalstatistik für eine Ermittlung der Deliktsverteilung wenig brauchbar".* Er schreibt zudem von den alten Menschen unterstellten Eigenschaften der *„erhöhten Reizbarkeit, Empfindlichkeit und Rechthaberei".*

„Zumindest könnten diese hier unterstellten Eigenschaften auch dazu führen, daß die Opfer, die zu einem beträchtlichen Teil derselben Altersgruppe angehören dürften, die Beleidigungen vergleichsweise häufiger zur Anzeige bringen und so zu einer Überrepräsentanz in der Kriminalstatistik beitragen."[120]

Möglich ist überdies, dass die tatsächliche Zahl begangener Beleidigungen beispielsweise bei Jugendlichen ebenso hoch ist wie bei älteren Menschen, hier jedoch aufgrund des den gesellschaftlichen Erwartungen entsprechenden Verhaltens seltener eine Strafanzeige erfolgt.

Betrug und leichte Körperverletzung liegen prozentual zum Gesamtaufkommen der 60-und-mehr-jährigen seltener vor, als dies entsprechend bei den jüngeren Beschuldigten der Fall ist. Die weitläufige Annahme von der Sexualstraftat als klassisches Altersdelikt findet in der PKS keine Grundlage[121]. Prozentual machen die Sexualdelikte innerhalb der Gruppe der 60-und-mehr-jährigen Straftäter lediglich einen unbeutenden Anteil aus. Innerhalb der TVBZ aus dem Jahre 2006 bezüglich der Straftaten gegen die sexuelle Selbstbestimmung stellt die Gruppe der 60-und-mehr-jährigen nur einen Anteil von 5,8% aller diesbezüglich Verdächtigten dar[122]. Betrachtet man allerdings die TVBZ hinsichtlich des sexuellen Missbrauchs von Kindern nach den §§ 176a, b StGB machen die 60-und-mehr-jährigen Straftäter

---

119   Vgl.: Kreuzer/Hürlimann, in: Kreuzer/Hürlimann, S.35.
120   Schramke, S.31.
121   Siehe hierzu auch: Keßler, S.71; Kreuzer/Hürlimann in: Kreuzer/Hürlimann, S.20.
122   Daten entnommen aus: Polizeiliche Kriminalstatistik, Tatverdächtige bis 2009, Aufgliederung der Tatverdächtigen nach Alter ab 1987, S.5.

im selben Jahr einen Anteil von 7,8 % der Tatverdächtigen aus[123]. Aufgrund der schwindenden körperlichen Kräfte und den zunehmenden Problemen alter Menschen, Sexualität mit erwachsenen Personen zu erleben, ist dies jedoch erwartungsgemäß[124].

Die Gesamtbetrachtung ergibt, dass die Kriminalität der Über-60jährigen weit überwiegend nicht im Bereich der schweren Kriminalität anzusiedeln ist[125]. *Dünkel* sieht dadurch das Bild der *„Kriminalität der Schwäche"* bestätigt, wonach alte Menschen insbesondere selten unter Gewaltanwendung Delikte begehen[126].

4. Kriminalität älterer Ausländer

Tabelle 6: Tatverdächtige insgesamt und deutsche Tatverdächtige ab 60 Jahre von 1987 bis 2006[127]

Jahr	Tatverdächtige insgesamt ab 60 Jahren und älter	Deutsche Tatverdächtige ab 60 Jahren und älter	Anteil der deutschen Tatverdächtigen in %
1987	73 009	68 624	93,99
1988	77 907	72 903	93,58
1989	82 614	76 851	93,02
1990	80 305	74 907	93,28
1991	81 078	76 122	93,89
1992	83 741	78 262	93,46
1993	103 010	95 598	92,80
1994	103 937	96 695	93,03
1995	109 618	101 795	92,86
1996	113 851	105 517	92,68
1997	115 983	106 960	92,22
1998	119 308	110 082	92,27
1999	119 252	109 436	91,77
2000	130 524	119 162	91,30
2001	136 785	124 800	91,24
2002	141 297	130 730	92,52
2003	147 251	135 513	92,03
2004	151 532	139 437	92,02
2005	145 175	132 597	91,34
2006	143 732	130 284	90,64

[123] Daten entnommen aus: Polizeiliche Kriminalstatistik, Tatverdächtige bis 2009, Aufgliederung der Tatverdächtigen nach Alter ab 1987, S.10.
[124] Siehe hierzu auch: Amelunxen, 1960, S.29.
[125] So auch Kreuzer, S.69; Dünkel, S.350.
[126] Dünkel, S.350; siehe auch: Amelunxen, 1960, S.19; Schwind, S.83, § 3, Rn.37.
[127] Daten entnommen aus: Polizeiliche Kriminalstatistik 1987-2006; Aufgliederung der Tatverdächtigen (insgesamt) nach Alter, Aufgliederung der deutschen Tatverdächtigen nach Alter.

Tabelle 7: Tatverdächtige insgesamt und deutsche Tatverdächtige unter 60 Jahre von 1987 bis 2006[128]

Jahr	Tatverdächtige insgesamt unter 60 Jahren	Deutsche Tatverdächtige unter 60 Jahren	Anteil der deutschen Tatverdächtigen in %
1987	1 217 432	963 491	79,14
1988	1 236 173	954 433	77,21
1989	1 288 348	958 100	74,37
1990	1 357 618	979 433	72,14
1991	1 385 674	985 085	71,09
1992	1 497 993	994 167	66,37
1993	1 948 765	1 266 257	64,98
1994	1 933 792	1 328 045	68,68
1995	2 008 486	1 412 814	70,34
1996	2 099 442	1 482 191	70,60
1997	2 157 577	1 533 121	71,06
1998	2 200 587	1 581 336	71,86
1999	2 143 888	1 552 483	72,41
2000	2 155 848	1 578 101	73,20
2001	2 143 826	1 587 428	74,05
2002	2 184 852	1 628 501	74,54
2003	2 207 910	1 665 898	75,45
2004	2 232 736	1 697 846	76,04
2005	2 167 961	1 660 950	76,61
2006	2 139 395	1 649 807	77,12

Bei den 60-und-mehr-jährigen Tatverdächtigen waren im Jahr 2006 6,01 % Nichtdeutsche. Bei den jüngeren Tatverdächtigen spielt die Ausländerkriminalität mit 20,86 % laut PKS eine bedeutendere Rolle. Hierbei ist allerdings zu berücksichtigen, dass in der Bevölkerungsgruppe der Unter-60jährigen 10,31 % Nichtdeutsche sind, in der Altersgruppe ab 60 Jahren lediglich 4,33 %[129]. Der Anteil der nichtdeutschen Tatverdächtigen unter den 60-und-mehr-jährigen ist seit 1987 gestiegen. In Anbetracht der geringen quantitativen Bedeutung der Kriminalität dieser Altersgruppe, ist das Ausmaß der Kriminalität der 60-und-mehr-jährigen Nichtdeutschen dennoch als eher gering einzustufen. Darüber hinaus kann aus einer deutschen Staatsangehörigkeit nicht zwingend auf einen migrationsfreien Hintergrund geschlossen werden. Auf diese Feststellung kommt es aber letztlich an, wenn man Aussagen über das Delinquenzverhalten der unterschiedlichen ethnischen Bevölkerungsgruppen in der Bundesrepublik Deutschland treffen will. Der Aussagewert einer statistischen Betrachtung der Ausländerkriminalität ist deshalb begrenzt.

---

[128] Daten entnommen aus: Polizeiliche Kriminalstatistik 1987-2006; Aufgliederung der Tatverdächtigen (insgesamt) nach Alter, Aufgliederung der deutschen Tatverdächtigen nach Alter.

[129] Daten entnommen aus: www.destatis.de; GENESIS-Online.

5. Geschlechterspezifische Unterschiede in der Kriminalität älterer Menschen

Tabelle 8: Kriminalität der 60-und-mehr-jährigen, aufgeteilt nach Männern und Frauen, von 1987-2006[130]

Jahr	1987	1988	1989	1990	1991
Männliche Tatverdächtige ab 60 Jahre	39 701	43 412	46 787	45 802	47 101
Weibliche Tatverdächtige ab 60 Jahre	33 308	34 495	35 827	34 503	33 977

Jahr	1992	1993	1994	1995	1996
Männliche Tatverdächtige ab 60 Jahre	49 351	61 063	62 914	67 743	71 611
Weibliche Tatverdächtige ab 60 Jahre	34 390	41 947	41 023	41 875	42 240

Jahr	1997	1998	1999	2000	2001
Männliche Tatverdächtige ab 60 Jahre	73 821	76 863	78 400	87 359	92 284
Weibliche Tatverdächtige ab 60 Jahre	42 162	42 445	40 852	43 165	44 501

Jahr	2002	2003	2004	2005	2006
Männliche Tatverdächtige ab 60 Jahre	95 942	101 878	104 696	101 908	100 810
Weibliche Tatverdächtige ab 60 Jahre	45 355	45 373	46 836	43 267	42 922

Einen weitaus deutlicheren Aussagewert bietet hingegen die Betrachtung der TVBZ der 60-und-mehr-jährigen Männer und Frauen im Vergleich. Hierbei offenbart sich, dass sich die TVBZ der Frauen ab 60 Jahre seit 1987 nicht erheblich verändert hat (den Anstieg im Jahre 1993 aufgrund der erstmaligen Erfassung von Gesamtdeutschland außer Betracht gelassen), während bei den Männern derselben Altersgruppe ein konstanter Anstieg der TVBZ stattgefunden hat. Im Jahre 1987 bestand bei der TVBZ lediglich ein geringfügiger Unterschied zwischen Männern und Frauen. Im Jahre 2006 hingegen ist die TVBZ der Männer mehr als doppelt so hoch wie die der Frauen gewesen. In Anbetracht der Tatsache, dass es aufgrund der höheren Lebenserwartung der Frauen zudem in der Bevölkerungsgruppe der 60-und-mehr-jährigen mehr Frauen als Männer gibt (57% der 60-und-mehr-jährigen waren im Jahre 2006 Frauen, im Jahre 1987 waren es mit 63,5 % Frauen nur unwesentlich mehr[131]), muss diesem Unterschied im Kriminalitätsaufkommen ein erhöhtes Maß an Aufmerksamkeit zu Teil werden. Die Annahme liegt deshalb auf der Hand, dass die noch zu finden-

---

[130]   Daten entnommen aus: Polizeiliche Kriminalstatistik, Aufgliederung der Tatverdächtigen (weiblich) nach Alter ab 1987; Polizeiliche Kriminalstatistik, Aufgliederung der Tatverdächtigen (männlich) nach Alter ab 1987.

[131]   Daten entnommen aus: Statistisches Jahrbuch 2007 [Bei den Unter-60-jährigen sind hingegen lediglich 49 % Frauen].

den Gründe, die zu einem Anstieg der Kriminalität älterer Menschen geführt haben, im Wesentlichen nur die Männer der Altersgruppe betreffen.

Tabelle 9: Prozentualer Frauenanteil an der TVBZ[132]

	Bis unter 30 Jahre	30 bis unter 60 Jahre	60 Jahre und älter
in %	23,26	24,23	29,86

Gleichwohl darf nicht allzu leichtfertig der Schluss gezogen werden, dass die Kriminalität der 60-und-mehr-jährigen ein ausschließlich männliches Problem darstelle. Denn wie aus *Tabelle 9* zu entnehmen ist, ist der prozentuale Anteil der tatverdächtigen Frauen mit dem Alter sogar ansteigend.

Tabelle 10: Männliche Tatverdächtige nach Delikten[133]

Straftatengruppen	30 bis unter 60 Jahre		60 Jahre und älter	
	Anzahl	in %	Anzahl	in %
Mord und Totschlag	1 184	0,2	155	0,2
Vergewaltigung und sexuelle Nötigung	3 311	0,4	179	0,2
Raubdelikte	6 168	0,8	213	0,2
Gefährliche und schwere Körperverletzung	39 742	5,4	3 679	3,6
(Vorsätzliche leichte) Körperverletzung	118 824	16,0	10 671	10,6
Fahrlässige Körperverletzung	7420	1,0	1 577	1,6
Straftaten gegen die persönliche Freiheit	69 004	9,3	8 084	8,0
Diebstahl ohne erschwerende Umstände	117 046	**15,8**	32 925	**32,7**
Diebstahl unter erschwerenden Umständen	25 330	3,4	1 245	1,2
Betrug	157 644	**21,2**	12 339	**12,2**
Veruntreuung	14 975	2,0	1 902	1,9
Unterschlagung	23 350	3,1	1 774	1,8
Urkundenfälschung	20 221	2,7	1 412	1,4
Widerstand gegen die Staatsgewalt und Straftaten gegen die öffentliche Ordnung	36 419	4,9	4 245	4,2
Begünstigung, Strafvereitelung, Hehlerei und Geldwäsche	9 107	1,2	517	0,5
Brandstiftung und Herbeiführen einer Brandgefahr	3 871	0,5	826	0,8
Wettbewerbs-, Korruptions- und Amtsdelikte	3 696	0,5	304	0,3
Verletzung der Unterhaltspflicht	12 327	1,7	164	0,2
Beleidigung	60 810	8,2	11 553	**11,5**
Sachbeschädigung	36 273	4,9	4 411	4,4
Straftaten gegen die Umwelt	7 123	1,0	1 565	1,6
Straftaten gegen strafrechtliche Nebengesetze auf dem Wirtschaftssektor	18 205	2,5	2 069	2,1
Straftaten gegen das Aufenthalts-, das Asylverfahrens- und das Freizügigkeitsgesetz/EU	32 484	4,4	1 066	1,1
Straftaten gegen Sprengstoff-, Waffen- und KriegswaffenkontrollG	12 005	1,6	2396	2,4
Rauschgiftdelikte	44 906	6,1	322	0,3
Straftaten insgesamt	741 970	100	100 810	100

---

[132] Daten entnommen aus: Polizeiliche Kriminalstatistik 2006, S.72.
[133] Daten entnommen aus: Polizeiliche Kriminalstatistik 2006, S.91.

Tabelle 11: Weibliche Tatverdächtige nach Delikten[134]

Straftatengruppen	30 bis unter 60 Jahre Anzahl	in %	60 Jahre Und älter Anzahl	in %
Mord und Totschlag	206	0,1	41	0,1
Vergewaltigung und sexuelle Nötigung	42	0,0	2	0,0
Raubdelikte	753	0,3	51	0,1
Gefährliche und schwere Körperverletzung	7 782	3,3	913	2,1
(Vorsätzliche leichte) Körperverletzung	21 757	9,2	2 312	5,4
Fahrlässige Körperverletzung	3 180	1,3	716	1,7
Straftaten gegen die persönliche Freiheit	9 804	4,1	1 093	2,5
Diebstahl ohne erschwerende Umstände	57 493	**24,2**	21 964	**51,2**
Diebstahl unter erschwerenden Umständen	3 531	1,5	244	0,6
Betrug	63 930	**26,9**	4 723	11,0
Veruntreuungen	4 583	1,9	459	1,1
Unterschlagung	8 198	3,5	668	1,6
Urkundenfälschung	4 833	2,0	410	1,0
Widerstand gegen die Staatsgewalt und Straftaten gegen die öffentliche Ordnung	8 474	3,6	1 318	3,1
Begünstigung, Strafvereitelung, Hehlerei und Geldwäsche	2 017	0,9	127	0,3
Brandstiftung und Herbeiführen einer Brand-gefahr	1 124	0,5	511	1,2
Wettbewerbs-, Korruptions- und Amtsdelikte	609	0,3	39	0,1
Verletzung der Unterhaltspflicht	527	0,2	5	0
Beleidigung	22 707	9,6	4 591	10,7
Sachbeschädigung	7 203	3	1 171	2,7
Straftaten gegen die Umwelt	907	0,4	243	0,6
Straftaten gegen strafrechtliche Nebengeset-ze auf dem Wirtschaftssektor	4 149	1,7	321	0,7
Straftaten gegen das Aufenthalts-, das Asyl-verfahrens- und das Freizügigkeitsgesetz/EU	13 551	5,7	1 149	2,7
Straftaten gegen das Sprengstoff-, das Waf-fenG und das KriegswaffenkontrollG	1 139	0,5	294	0,7
Rauschgiftdelikte	6 402	2,7	95	0,2
Straftaten insgesamt	237 262	100	42 922	100

Die Aufspaltung nach Delikten im Vergleich zwischen den männlichen und den weiblichen Tatverdächtigen bringt zum Vorschein, dass der quantitative Unterschied zwischen Männern und Frauen bei den Rohheitsdelikten auch im Alter bestehen bleibt. Bei den 60-und-mehr-jährigen weiblichen Tatverdächtigen lässt sich ein extremer Anstieg des prozentualen Anteils der TVBZ beim einfachen Diebstahl verzeichnen. Mit 51,2% stellt er bei den weiblichen 60-und-mehr-jährigen Tatverdächtigen deutlich das am häufigsten verwirklichte Delikt dar[135]. Bei den jüngeren Frauen schlägt der einfache Diebstahl hingegen mit 24,2 % zu Buche.

---

[134]   Daten entnommen aus: Polizeiliche Kriminalstatistik 2006, S.91.
[135]   Siehe hierzu auch: Dünkel, S.350; Legat, S.20.

II. Straßenverkehrsdelikte

Für die Auswertung der Straßenverkehrskriminalität stehen lediglich die Zahlen der Strafverfolgungsstatistik zur Verfügung. Da diese jedoch im Zeitverlauf von 1976 bis 2006 einer anderen Altersgruppeneinteilung folgt als die PKS, können für die Gruppe der Älteren ausschließlich die Zahlen der Gruppe der 50-und-mehr-jährigen analysiert werden, so weit es um Betrachtungen innerhalb dieses Zeitraumes geht. Angaben für die Altersgruppe ab 60 Jahren aufwärts stehen lediglich für das Jahr 2006 zur Verfügung.

Schaubild 5: Verurteilungen wegen Straßenverkehrsdelikten von 1976-2006, aufgeteilt in die zwei großen Altersgruppen, in der Kurvendarstellung[136]

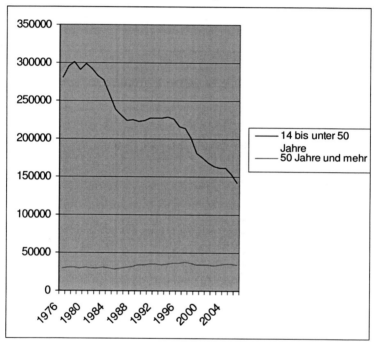

---

[136]   Zur Erstellung benötigte Daten entnommen aus: www.destatis.de, GENESIS-Online.

Tabelle 12: Verurteilungen wegen Straßenverkehrsdelikten von 1976-2006 in Zahlen, aufgeteilt in die zwei großen Altersgruppen[137]

Jahr	14 - unter 50 Jahre	50 Jahre und mehr
1976	280 739	29 833
1977	294 892	30 854
1978	301 056	30 988
1979	291 046	29 867
1980	298 398	30 902
1981	291 892	29 722
1982	283 131	29 374
1983	277 022	30 542
1984	258 111	29 497
1985	238 658	28 975
1986	230 227	29 675
1987	223 650	30 133
1988	224 758	32 166
1989	223 010	33 657
1990	224 102	34 579
1991	227 674	34 782
1992	226 842	34 757
1993	227 456	34 572
1994	228 536	35 475
1995	225 905	36 149
1996	215 939	35 933
1997	213 277	36 942
1998	201 085	36 337
1999	180 120	34 097
2000	175 423	34 471
2001	167 884	33 700
2002	163 853	32 982
2003	160 969	34 309
2004	161 073	35 411
2005	153 661	35 641
2006	141 753	34 482

Die Delinquenz im Straßenverkehr ist in den letzten 30 Jahren allgemein rückläufig, bei den 50-und-mehr-jährigen seit 15 Jahren annähernd konstant. Im Vergleich zum Jahre 1976 ist die Straßenverkehrskriminalität der Älteren sogar leicht angestiegen. Die Verurteiltenzahl hat seit 1987 nicht mehr die 30.000er Marke unterschritten. Ist der sichtbare Anstieg bei den 50-und-mehr-jährigen im *Schaubild 5* wegen der starken Beteiligung der unter-50-jährigen zwar nur geringfügig, belegen die Verurteiltenzahlen dennoch einen Anstieg von 1976 bis 2006 um 15,6 % (bei den Unter-50jährigen hat sich die Zahl der Verurteilungen wegen Verkehrsdelikten im gleichen Zeitraum um 50,5 % verringert.).

Im Jahr 2006 hat es in der Altersgruppe der 50-und-mehr-jährigen insgesamt 95.728 Verurteilungen gegeben. 36,02 % hiervon erfolgten aufgrund von Straßenverkehrsdelikten. Bei der Gruppe der Unter-50jährigen betrug die Gesamtzahl aller Verurteilungen 655.659. Hier waren lediglich 21,62 % auf Straßenverkehrsdelikte zurückzuführen[138].

Kreuzer/ Hürlimann schreiben zur Beteiligung der Älteren an der Verkehrskriminalität bereits Anfang der 90er:

„Sie sind ähnlich wie junge Verkehrsteilnehmer als Fahrer – übrigens auch als Fußgänger – stärker unfallbeteiligt im Vergleich zu mittleren Altersgruppen. Entfallen auf ältere Menschen nur 3 – 4 % aller verfolgten Straßenverkehrsdelik-

---

[137] Zur Erstellung benötigte Daten entnommen aus: www.destatis.de; GENESIS-Online.

[138] Daten entnommen aus: www.destatis.de; GENESIS-Online.

45

te [..], so ist dieser Anteil gleichwohl relativ hoch, bedenkt man ihre geringere Beteiligung am motorisierten Straßenverkehr."[139]

Die hohe Beteiligung der 50-und-mehr-jährigen im Bereich der Verkehrsdelikte kann wohl überwiegend auf *„die Überschätzung der eigenen Leistungs- und Wahrnehmungsfähigkeit für das Geschehen"* zurückgeführt werden. Denn im Alter lassen nicht nur Seh- und Hörvermögen (insbesondere räumliches Zuordnen von Geräuschen), sondern auch die Reaktionsfähigkeit nach. Dies führt nicht selten dazu, dass ältere Menschen komplexen Verkehrssituationen nicht mehr gewachsen sind[140].

Für die Zukunft dürfte bei den Straßenverkehrsdelikten auch weiterhin in der Gruppe der 50-und-mehr-jährigen zumindest kein Rückgang der Verurteilungen zu erwarten sein. Die Gründe für diese Annahme liegen zum einen in den demographischen Veränderungen. Denn wenn es mehr ältere Menschen gibt und diese zudem länger mobil sind, liegt der Schluss nahe, dass auch mehr ältere Menschen Straßenverkehrsdelikte begehen werden. Zum anderen lässt dies ebenso die fortschreitende Zunahme des übrigen Kriminalitätsaufkommens älterer Menschen erwarten. Forschungsergebnisse belegen einen engen Zusammenhang zwischen der Verwirklichung allgemein-strafrechtlicher Delikte und Verkehrsauffälligkeiten[141]. Umso mehr allgemein-strafrechtliche Delikte ein Täter begangen hat, umso stärker ist er gefährdet darüber hinaus noch Verkehrsdelikte zu begehen. Es ist davon auszugehen, dass Personen, die außerhalb des Straßenverkehrs wenig Rücksicht auf allgemeine Verhaltensregeln und Gesetze nehmen, sich auch beim Fahren leicht über Verkehrsregeln hinwegsetzen. In anderen Worten gesagt: Es ist vorstellbar, dass es einem älteren Menschen, der außerhalb des Straßenverkehrs mitunter rabiates Verhalten an den Tag legt oder Eigentumsgrenzen missachtet, gleichfalls im Straßenverkehr schwer fallen kann, sich an die für alle geltenden Regeln zu halten. Überdies hat Straßenverkehrsdelinquenz letztlich ebenso mit Risikobereitschaft zu tun[142], die gleichfalls bei einem Ladendiebstahl gegeben sein muss. Vermutlich kommt dem

---

[139] Vgl. Kreuzer/Hürlimann, in: Kreuzer/Hürlimann, S.32. Erwähnt sei an dieser Stelle eine Meldung der Frankfurter Rundschau, vom 17.6.2009, Nr.137, S.39. Demnach fuhr ein 75jähriger PKW-Fahrer einem 72jährigen gehörlosen Fußgänger in die Hacken, nachdem dieser und ein weiterer gehörloser Mann beim Überqueren der Straße nicht auf das Hupen des PKW-Fahrers reagiert hatten. Ferner ein Artikel der Offenbach Post vom 21.11.2008: „Senioren im Rhein-Main-Gebiet sind immer häufiger in schwere Verkehrsunfälle verwickelt." Hier wird berichtet, dass ältere Menschen vermehrt für die Ursachen der Straßenverkehrsunfälle verantwortlich sind, u.a. auch als Fußgänger (Siehe hierzu auch: Legat, S.22).

[140] Vgl. hierzu: Wolfram, S.118; Limbourg/Reiter, in: Steins, S.221; Schramke, S.33.

[141] Moser, S.465ff.

[142] Vgl.: Limbourg/Reiter, in: Steins, S.221.

alten KFZ-Führer entgegen, dass er trotz schwindender physischer Kräfte mittels des Fahrzeugs seinen Willen durchsetzen kann. Da es auch hier nicht zu einer direkten körperlichen Täter-Opfer-Konfrontation kommt und, wie nachfolgend noch dargestellt, Fahrlässigkeit eine bedeutende Rolle spielt, widerspricht die hohe Straßenverkehrsdelinquenz alter Menschen auch nicht der Theorie von der Kriminalität alter Menschen als überwiegende *„Kriminalität der Schwäche"*.

Tabelle 13: Verurteilungen wegen Straßenverkehrsdelikten nach Geschlecht[143]

Jahr	Männlich		Weiblich	
	14 bis unter 50 Jahre	50 Jahre und mehr	14 bis unter 50 Jahre	50 Jahre und mehr
1976	256 862	27 070	23 877	2 763
1977	268 997	27 909	25 895	2 945
1978	273 499	28 023	27 557	2 965
1979	264 996	27 031	26 050	2 836
1980	271 309	28 082	27 089	2 820
1981	265 242	26 990	26 650	2 732
1982	256 789	26 694	26 342	2 680
1983	249 883	27 595	27 139	2 947
1984	232 435	26 688	25 676	2 809
1985	214 087	26 132	24 571	2 843
1986	206 425	26 733	23 802	2 942
1987	199 981	27 179	23 669	2 954
1988	200 163	28 785	24 595	3 381
1989	198 512	30 152	24 498	3 505
1990	199 475	31 016	24 627	3 563
1991	203 959	31 203	23 715	3 579
1992	203 271	30 937	23 571	3 820
1993	203 943	30 693	23 513	3 879
1994	204 593	31 505	23 943	3 970
1995	201 535	31 954	24 370	4 195
1996	192 017	31 590	23 922	4 343
1997	188 853	32 419	24 424	4 523
1998	177 360	31 736	23 725	4 601
1999	157 811	29 456	22 309	4 641
2000	153 091	29 575	22 332	4 896
2001	146 720	28 654	21 164	5 046
2002	142 740	27 873	21 113	5 109
2003	139 670	28 762	21 299	5 547
2004	139 796	29 565	21 277	5 846
2005	133 132	29 856	20 529	5 785
2006	122 342	28 684	19 411	5 798

Des Weiteren wird es in der künftigen Gruppe der 50-und-mehr-jährigen, aufgrund der gestiegenen Motorisierung der Frauen, deutlich mehr Führerscheinbesitzer geben, was sodann vermutlich ebenso zu mehr Verkehrsunfallbeteiligungen älterer Menschen führen wird[144]. Letzteres lässt sich bereits aus *Tabelle 13* erkennen. Ähnliches gilt für das Fahrradfahren, welches ebenfalls stetig verbreiteter unter den 50-und-mehr-jährigen Frauen und häufige Ursache von Verkehrsunfällen ist.

Während die Verurteilungen wegen Verkehrsdelinquenz auch bei den unter-50jährigen Frauen abnehmen, sind selbige bei der Gruppe der 50-und-mehr-jährigen Frauen innerhalb von 30 Jahren um 109,8 % angestiegen. Bei den 50-und-mehr-jährigen Männern hat im selben Zeitraum ein geringfügiger Anstieg der Verurteilungen um 6 % stattgefunden.

143   Zur Erstellung benötigte Daten entnommen aus: www.destatis.de; GENESIS-Online.

144   Siehe auch: Kreuzer/Hürlimann, in: Kreuzer/Hürlimann, S.30.

Tabelle 14: Verurteilungen wegen Straßenverkehrsdelikten im Jahre 2006 nach Delikt und Alter[145]

	insgesamt	14 bis unter 60 Jahre	60 Jahre und mehr
Straftaten im S t r a ß e n v e r k e h r	176 235	161 656	14 579
Verkehrsdelikte in Trunkenheit	95 341	88 813	6 528
... mit Unfall	26 078	24 066	2 012
... ohne Unfall	69 263	64 747	4 516
Verkehrsdelikte ohne Trunkenheit	80 887	72 837	8 050
... mit Unfall	37 346	30 852	6 494
... ohne Unfall	43 541	41 985	1 556
Straftaten im Straßenverkehr nach dem StGB	134 190	121 073	13 117
Unerlaubtes Entfernen vom Unfallort	29 304	24 181	5 123
... vor Feststellung der Unfallbeteiligung	29 202	24 090	5 112
... in Trunkenheit	6 414	5 923	491
... ohne Trunkenheit	22 788	18 167	4 621
... ohne nachträgl. Meldung der Unfallbeteiligung	102	91	11
... in Trunkenheit	9	8	1
... ohne Trunkenheit	93	83	10
Fahrlässige Tötung im Straßenverkehr	772	688	84
... in Trunkenheit	121	116	5
... ohne Trunkenheit	651	572	79
Fahrlässige Körperverletzung im Straßenverkehr	15 391	13 548	1 843
... in Trunkenheit	3 922	3 667	255
... ohne Trunkenheit	11 469	9 881	1 588
Gefährliche Eingriffe in den Straßenverkehr	992	955	37
Straßenverkehrsgefährdung[146]	15 507	14 226	1 281
... mit Unfall	10 351	9 437	914
... ohne Unfall	5 156	4 789	367
... infolge Trunkenheit	12 651	11 624	1 027
... mit Unfall	9 029	8 261	768
... infolge Mängeln des Fahrers	586	506	80
... mit Unfall	396	345	51
... durch Vorfahrtfehler	401	365	36
... mit Unfall	175	158	17
... durch falsches Überholen	1 641	1 533	108
... mit Unfall	645	584	61
... an Fußgängerüberwegen	43	37	6
... mit Unfall	14	12	2
... an unübersichtlichen Stellen zu schnell	112	110	2
... mit Unfall	50	48	2
... Nichteinhalten der rechten Fahrbahnseite	18	17	1
... mit Unfall	9	9	-
Verbotenes Wenden, Rückwärtsf. o. Fahren entg. Fahrtricht.	53	32	21
... mit Unfall	32	19	13
Nichtkenntlichm. haltender o. liegen gebliebener Fahrzeuge	2	2	-
... mit Unfall	1	1	-
Trunkenheit im Verkehr ohne Fremdschaden (Personensch.)[147]	71 669	66 951	4 718
... mit Unfall	6 028	5 567	461
... ohne Unfall	65 641	61 384	4 257
Vollrausch in Verbindung mit Verkehrsunfall	555	524	31
Straftaten nach dem Straßenverkehrsgesetz	42 045	40 583	1 462

---

145   Zur Erstellung benötigte Daten entnommen aus: Statistisches Bundesamt, Fachserie 10, Reihe 3, 2006.
146   Soweit nicht in Verbindung mit §§ 142, 222 oder 229 StGB.
147   Soweit nicht in Verbindung mit § 142 StGB.

Tabelle 14 bestätigt die Vermutung, dass Alkohol im Zusammenhang mit Verkehrsdelikten bei den 60-und-mehr-jährigen eine geringere Rolle spielt. Jedoch ist dieser Unterschied zwischen der Gruppe der 60-und-mehr-jährigen und den unter-60jährigen Verkehrsteilnehmern (gemessen am Gesamtaufkommen der jeweilige Altersgruppe im Straßenverkehr, bestimmen die Trunkenheitsdelikte bei den 60-und-mehr-jährigen 44,78 %, bei den Unter-60jährigen 54,94 %) nicht so stark, wie er beim Unerlaubten Entfernen vom Unfallort ist. Bei den Unter-60jährigen betreffen lediglich 14,96 % des Gesamtaufkommens dieser Altersgruppe im Straßenverkehr das Unerlaubte Entfernen vom Unfallort. Bei den 60-und-mehr-jährigen sind es hingegen 35,14 %. Nahe liegend ist auch hier, dass ältere Verkehrsteilnehmer sich häufiger mit der komplexen Situation eines Verkehrsunfalls und der anschließend Regelung dieser Situation überfordert fühlen. Ist der Unfallverursacher jahrelang unfallfrei gefahren, hat er zudem möglicherweise stärkere Angst vor einem öffentlichen Gesichtsverlust als ein Fahrer, der eine derartige Situation schon einmal regeln musste. In vielen Fällen wird überdies die Furcht, die Fahrerlaubnis entzogen zu bekommen, den Antrieb zum unerlaubten Entfernen vom Unfallort geben. Insbesondere für körperlich eingeschränkte oder mit öffentlichen Verkehrsmitteln unerfahrene Menschen zieht der Verlust der Fahrerlaubnis, der bis hin zur völligen Aufgabe bisheriger Aktivitäten oder der Pflege sozialer Kontakte führen kann, eine erhebliche Einbuße an Lebensqualität nach sich.

Schlussendlich darf der Anteil der 60-und-mehr-jährigen an den Straßenverkehrsdelikten kriminologisch dennoch nicht überbewertet werden. Mittlerweile sind rund ein Viertel aller PKW-Besitzer über 60 Jahre alt[148]. Desto älter die Menschen in der Bundesrepublik Deutschland werden, desto länger nehmen sie auch am Straßenverkehr als Kraftfahrzeugführer teil. Mit dem Anstieg der Teilnahme alter Menschen am Straßenverkehr muss es ganz zwangsläufig auch einen Anstieg ihrer Unfallbeteiligungen geben. Dies gilt zuvorderst für die 60-und-mehr-jährigen Frauen, die infolge der Emanzipation zunehmend am Straßenverkehr teilnehmen. Möglich ist, dass sich die Emanzipation ebenso in der Zunahme an aggressivem, womöglich auch an alkoholisiertem Verkehrsverhalten, weiblicher Straßenverkehrsteilnehmer niederschlägt.

---

[148] Frankfurter Rundschau, vom 30.1.2009, Nr.25, S.46; siehe hierzu ebenso: Offenbach Post, vom 26.11.2008, S.5.

III. Strafverfolgungsstatistik

Tabelle 15: Verurteilte 1976-2006[149]

Jahr	14 bis unter 50 Jahre	50 Jahre und mehr
1976	632353	66986
1977	654665	68301
1978	669416	69628
1979	651695	67084
1980	662912	69569
1981	678387	69076
1982	701229	70965
1983	710944	73713
1984	680872	72525
1985	648651	71273
1986	634417	70931
1987	620119	71275
1988	627293	75501
1989	615772	77727
1990	612616	79747
1991	616095	79023
1992	633753	78860
1993	681175	79617
1994	683617	81780
1995	677678	82311
1996	680556	83134
1997	694807	85723
1998	702778	88771
1999	672373	87288
2000	646799	85934
2001	632895	85807
2002	634120	85631
2003	646710	89587
2004	679990	95812
2005	682226	98433
2006	655659	95728

Tabelle 16: Verurteilte 50 J. und älter 1976-2006, nach Geschlecht[150]

Jahr	männlich, 50 Jahre und mehr	weiblich, 50 Jahre und mehr
1976	48586	18400
1977	49800	18501
1978	50598	19030
1979	48937	18147
1980	50656	18913
1981	49999	19077
1982	51464	19501
1983	53836	19877
1984	53858	18667
1985	53331	17942
1986	53937	16994
1987	54767	16508
1988	58116	17385
1989	60199	17528
1990	62062	17685
1991	61825	17198
1992	61666	17194
1993	62585	17032
1994	64795	16985
1995	65650	16661
1996	66462	16672
1997	69107	16616
1998	71226	17545
1999	69550	17738
2000	68277	17657
2001	68239	17568
2002	68124	17507
2003	71018	18569
2004	75730	20082
2005	77912	20521
2006	75726	20002

Bei den unter-50jährigen war die Anzahl der jährlich Verurteilten fortwährenden Schwankungen unterworfen, so dass die Gesamtschau der letzten 30 Jahre keinen Anstieg der Verurteiltenzahl offenbart. Bei den 50-und-mehr-jährigen erfolgte hingegen über den gleichen Zeitraum ein kontinuierlicher Anstieg der Verurteiltenzahl. Für das Jahr 2006 sind auch die Verurteiltenzahlen für die Gruppe der 60-und-mehr-jährigen ermittelbar, so dass hier ein direkter Vergleich mit der PKS möglich ist.

Hieraus ergibt sich, dass im Jahre 2006 4,6 % aller Verurteilten 60 Jahre und älter waren[151], während es bei den Tatverdächtigen im selben Jahr noch

---

[149] Zur Erstellung benötigte Daten entnommen aus: www.destatis.de, GENESIS-Online.

[150] Zur Erstellung benötigte Daten entnommen aus: Ebenda.

[151] Daten entnommen aus: Statistisches Bundesamt, Fachserie 10, Reihe 3, 2006.

6,3% gewesen sind[152]. Und dies, obgleich die Strafverfolgungsstatistik im Unterschied zur PKS die Straßenverkehrsdelinquenz enthält und hier die Über-50jährigen sogar eine besonders hohe Beteiligung aufweisen. Ein 60-und-mehr-jähriger Tatverdächtiger wird sonach seltener verurteilt als ein Tatverdächtiger jüngeren Alters.

Aus der geringeren Verurteilungsquote der 60-und-mehr-jährigen lässt sich jedoch nicht zwingend schließen, dass die älteren Tatverdächtigen von den Strafverfolgungsbehörden durchweg milder behandelt werden. Ihre geringere Verurteilungsquote kann ebenso darauf zurückzuführen sein, dass die von den 60-und-mehr-jährigen Tätern verwirklichten Delikte im Schnitt eine deutlich geringere Schwere aufweisen als die der jüngeren Straftäter. Ferner kann auch vermutet werden, dass bei älteren Straftätern, von denen konstatiert wird, dass sie häufiger ohne Vorstrafen sowie stärker sozial integriert sind, häufiger bereits von der Erhebung der öffentlichen Klage abgesehen wird[153].

---

[152] Daten entnommen aus: Polizeiliche Kriminalstatistik 2006, S.77.
[153] Siehe hierzu auch: Keßler, S.356.

Tabelle 17: Verurteilung und zugrunde liegende Straftaten, 2008, absolute Zahlen[154]

Straftat	unter 60 Jahre	60 Jahre und mehr	unter 60 Jahre männlich	60 Jahre und mehr männlich	unter 60 Jahre weiblich	60 Jahre und mehr weiblich
Straftaten gegen den Staat, die öffentliche Ordnung, im Amt	25 052	1033	20 335	829	4 717	204
Straftaten gegen die sexuelle Selbstbestimmung	8 458	661	8 194	659	264	2
Beleidigung	21 183	1362	18 649	1185	2 534	177
Mord- u. Totschlag, Fahrlässige Tötung	943	67	811	58	132	9
Körperverletzung	87 882	1929	79 724	1671	8 158	258
Straftaten gegen die persönliche Freiheit	11 751	601	11 050	571	701	30
Sonstige Straftaten gegen den Personenstand, Ehe und Familie sowie Verletzung des persönlichen Lebens- und Geheimnisbereichs	3 421	31	3 219	29	202	2
Diebstahl und Unterschlagung	**143 494**	**8802**	109 161	**5482**	**34 333**	**3320**
Raub und Erpressung, räuber. Angriff auf Kraftfahrer	10 777	63	10 057	59	720	4
Begünstigung und Hehlerei	5 303	104	4 404	90	899	14
Betrug und Untreue	**169 093**	**4644**	119 486	**3544**	**49 607**	**1100**
Urkundenfälschung	20 366	543	16 064	450	4 302	93
Sonstige Straftaten gegen das Vermögen	20 136	568	18 741	486	1 395	82
Gemeingefährliche Straftaten	4 389	168	3 921	150	468	18
Straftaten gegen die Umwelt	1 353	152	1 249	143	104	9
Straßenverkehrsstraftaten (StGB)	**139 417**	**15644**	118 384	**12544**	**21 033**	**3100**
StVG-Straftaten	48 118	1763	43 446	1610	4 672	153
Sonstige Nebengesetze	112 666	2754	97 321	2297	15 345	457
Insgesamt	833 802	40889	684 216	31857	149 586	9032

---

[154] Zur Erstellung benötigte Daten entnommen aus: Statistisches Bundesamt, Rechtspflege, Fachserie 10, Reihe 3, 2009.

52

Tabelle 18: Verurteilung und zugrunde liegende Straftaten, 2008, in Prozent[155]

Straftat	unter 60 Jahre	60 Jahre und mehr	unter 60 Jahre männlich	60 Jahre und mehr männlich	unter 60 Jahre weiblich	60 Jahre und mehr weiblich
Straftaten gegen den Staat, die öffentliche Ordnung, im Amt	3,00	2,53	2,97	2,60	3,15	2,26
Straftaten gegen die sexuelle Selbstbestimmung	1,01	1,62	1,20	2,07	0,18	0,02
Beleidigung	2,54	3,33	2,73	3,72	1,69	1,96
Mord- u. Totschlag, Fahrlässige Tötung	0,11	0,16	0,12	0,18	0,09	0,10
Körperverletzung	10,54	4,72	11,65	5,25	5,45	2,86
Straftaten gegen die persönliche Freiheit	1,41	1,47	1,61	1,79	0,47	0,33
Sonstige Straftaten gegen den Personenstand, Ehe und Familie sowie Verletzung des persönlichen Lebens- und Geheimnisbereichs	0,41	0,08	0,47	0,09	0,14	0,02
Diebstahl und Unterschlagung	**17.21**	**21.53**	**15.95**	**17.21**	**22.95**	**36.76**
Raub und Erpressung, räuber. Angriff auf Kraftfahrer	1,29	0,15	1,47	0,19	0,48	0,04
Begünstigung und Hehlerei	0,64	0,25	0,64	0,28	0,60	0,16
Betrug und Untreue	**20.28**	**11.36**	**17.46**	**11.12**	**33.16**	**12.18**
Urkundenfälschung	2,44	1,33	2,35	1,41	2,88	1,03
Sonstige Straftaten gegen das Vermögen	2,41	1,39	2,74	1,53	0,93	0,91
Gemeingefährliche Straftaten	0,53	0,41	0,57	0,47	0,31	0,20
Straftaten gegen die Umwelt	0,16	0,37	0,18	0,45	0,07	0,10
Straßenverkehrsstraftaten (StGB)	**16.72**	**38.26**	**17.30**	**39.38**	**14.06**	**34.32**
StVG-Straftaten	5,77	4,31	6,35	5,05	3,12	1,69
Sonstige Neben gesetze	13,51	6,74	14,22	7,21	10,26	5,06
Insgesamt	100,00	100,00	100,00	100,00	100,00	100,00

Während bei den Unter-60-jährigen Betrug und Untreue am häufigsten einer Verurteilung zugrunde liegen, sind dies bei den 60-und-mehr-jährigen die StGB-Straßenverkehrsdelikte. Der Verurteilung lagen sowohl bei den 60-und-mehr-jährigen Männern als auch bei den Frauen der Altersgruppe hauptsächlich drei Deliktsbereiche zugrunde: Diebstahl und Unterschlagung, Betrug und Untreue, sowie Straßenverkehrsstraftaten nach dem

---

[155] Zur Erstellung benötigte Daten entnommen aus: Statistisches Bundesamt, Rechtspflege, Fachserie 10, Reihe 3, 2009 [Die Prozentzahlen stellen den Anteil in der jeweiligen Kategorie dar].

StGB. Nach den bisherigen Erkenntnissen, über Diebstahl, Unterschlagung und Straßenverkehrsdelikte als bevorzugte Kriminalitätsfelder alter Straftäter, überrascht dies nicht.

Betrug- und Untreue sind prozentual stärker vertreten als noch im Ermittlungsverfahren, da hier seltener als bei Diebstahl und Unterschlagung das Ermittlungsverfahren eingestellt wird. Bei den Männern der Altersgruppe der 60-und-mehr-jährigen weisen die StGB-Straßenverkehrsdelikte deutlich die höchsten Fallzahlen auf. Bei den 60-und-mehr-jährigen Frauen stehen sie nahezu gleichauf mit Diebstahl und Unterschlagung.

IV. Strafvollzugsstatistik

Tabelle 19: Strafvollzug 31.3.2007, nach Art des Vollzuges, Alter und Geschlecht[156]

Alter	Freiheitsstrafe		Jugendstrafe		Prozentualer Anteil an der entsprechenden Bevölkerungsgruppe
	Männlich	Weiblich	Männlich	Weiblich	
14 – 18	-	-	741	39	0,02
18 – 21	204	22	3 203	137	0,12
21 – 30	17 635	832	2 741	128	0,24
30 – 40	17 797	999			0,17
40 – 50	11 952	766			0,09
50 – 60	4 821	338			0,05
60 u. mehr	1 803	115			0,01

Lediglich 3,1 % aller Strafgefangenen sind 60 Jahre und älter. Von den 60-und-mehr-jährigen Strafgefangenen sind nur knapp 6 % Frauen. Der Geschlechteranteil entspricht dabei jedoch annährend dem sonstigen Geschlechterverhältnis. So beträgt der Frauenanteil bei den Gefängnisinsassen unter 60 Jahren 5,2 %. In den Angaben zu der 60-und-mehr-jährigen Insassenpopulation sind jedoch auch die Straftäter enthalten, die erst im Strafvollzug die 60 Jahre-Marke überschritten haben.

Interessanter ist für die vorliegende Studie, wie viele der bereits während der Verurteilung 60-und-mehr-jährigen zu einer Freiheitsstrafe verurteilt werden. Dies waren im Jahre 2007 2,1 %, während insgesamt mehr als 8,6 % aller Verurteilten eine Haftstrafe antreten mussten[157]. Alte Straftäter werden somit deutlich seltener zu Freiheitsstrafen verurteilt als jüngere Straftäter. Dies kann zum Einen auf die geringere Schwere der von 60-und-mehr-jährigen Tätern verwirklichten Delikte und die in der Regel besseren Sozialprognose der älteren Täter, zum Anderen auf einer besondere richterlich geübte Milde gegenüber den betagten Rechtsbrechern zurückzuführen sein.

---

[156] Zur Erstellung benötigte Daten entnommen aus: Statistisches Bundesamt, Fachserie 10, Reihe 4.1., Stichtag: 31.3.2007 (deliktsspezifische Angaben sind hier für die höhere Altersgruppe nicht enthalten).

[157] Daten entnommen aus: Statistisches Bundesamt, Fachserie 10, Reihe 3, 2006.

V. Das Dunkelfeld bei der Kriminalität alter Menschen

Aufgrund des im Verhältnis zum Gesamtkriminalitätsaufkommen dennoch geringen Ausmaßes der Kriminalität älterer Menschen und der fehlenden hinreichenden Dunkelfeldforschung bezüglich der Kriminalität dieser Altersgruppe, stellt sich die Frage, ob das Dunkelfeld eventuell größer ist als bei der Kriminalität jüngerer Menschen. Möglicherweise können die gewonnenen Ergebnisse zum Umfang der Kriminalität alter Menschen an das in den anderen Altersgruppen höhere Kriminalitätsaufkommen angeglichen werden. Dunkelfeldforschung basiert naturgemäß jedoch überwiegend auf Annahmen, so dass deshalb nachfolgend lediglich Vermutungen in den Raum gestellt werden können.

Für ein großes Dunkelfeld spricht zunächst, dass die von älteren Tätern verübten Straftaten, Delikte von geringer Sichtbarkeit sind, da sie sich seltener offen gegen andere Personen richten[158]. Alte Menschen begehen z.B. seltener Schlägereien und weniger Gruppendelikte. Möglicherweise prahlen ältere Täter zudem weniger mit ihren Taten. Überdies werden ältere Menschen seltener als Täter verdächtigt, weil sie zumeist noch nicht einmal als potentielle Täter vermutet werden.

Und selbst wenn ein alter Mensch einer Straftat überführt wird, lassen die Anzeigeerstatter vermutlich häufiger Milde walten als bei jugendlichen Straftätern[159]. So ist zu bedenken, dass eines der favorisierten Delikte der Kriminalität älterer Menschen der Ladendiebstahl ist. Dieser erscheint Mitmenschen, insbesondere wenn der Täter ein „armer alter Mensch" ist, oftmals als Bagatelle. Zudem existiert beim Ladendiebstahl grundsätzlich ein überdurchschnittlich großes Dunkelfeld. *Schramke* vermutet überdies, dass auch die Strafverfolgungsorgane ihre Ermittlungstätigkeit auf ein jüngeres Klientel konzentrieren und somit ihren Beitrag dazu leisten, dass ältere Menschen in den Kriminalstatistiken weniger häufig erscheinen, als dies ihrem tatsächlichen Aufkommen entspricht[160].

Auch kann die Tatsache, dass sich alte Menschen „*oft außerhalb des 'normalen' sozialen Lebens, etwa durch Heimaufenthalte oder fehlenden Kontakt zur Außenwelt*" befinden, das Dunkelfeld der Kriminalität alter Menschen fördern[161]. Insbesondere deshalb, „*weil geschlossene Institutionen im allgemeinen dazu tendieren, Normbruch intern disziplinarisch zu regulieren*"[162] oder weil jüngere Familienmitglieder bemüht sind, „*abweichendes Verhalten der älteren Angehörigen zu vertuschen*"[163]. Ferner ist es denkbar, dass Sexualdelikte innerhalb des strafbaren

---

158   Keßler, S.359.
159   Ebenda; siehe ferner: Woll-Schumacher, S.19.
160   Vgl. Schramke, S.49.
161   Keßler, S.359.
162   Kreuzer/Hürlimann, in: Kreuzer/Hürlimann, S.31.
163   Schramke, S.51.

Verhaltens alter Menschen trotz mangelnder statistischer Untermauerung dennoch eine gewichtigere Rolle spielen. Schließlich herrscht bei Sexualstraftaten grundsätzlich eine verminderte Anzeigebereitschaft der Opfer[164]. Es ist überdies davon auszugehen, dass sich ältere Sexualtäter aufgrund ihres physischen Abbaus überwiegend ihnen bekannte kindliche Opfer aussuchen[165]. Eine bestehende soziale Beziehung zum Täter mindert zusätzlich die Anzeigebereitschaft der Opfer, insbesondere wenn diese Kinder sind[166].

Den genannten Aspekten stehen jedoch wiederum Aspekte gegenüber, die gegen ein überdurchschnittlich großes Dunkelfeld sprechen. So ist zu vermuten, dass sich Taten, welche durch ältere Täter begangenen werden, leichter verfolgen lassen. Ältere Täter könnten weniger in der Lage sein, bedenke man eventuelle Abbauerscheinungen, ihre Taten zu verdecken. *Pfeiffer* äußert sich diesbezüglich: *„Die Polizei wird besser. Die Alten sind weniger trickreich"*[167]. Denkbar ist ferner, dass dann, wenn das Tatmotiv durch Erlangung von Aufmerksamkeit geprägt wird, ein Entdecktwerden möglicherweise nicht unerwünscht ist. Es ist davon auszugehen, dass dieser sog. Appellcharakter nicht nur bei der Jugenddelinquenz, sondern auch bei älteren Straftätern von Bedeutung ist, da alte Menschen eine gleichsam gesellschaftlich ausgegrenzte Gruppe darstellen wie Jugendliche[168].

Angesichts gewichtiger Argumente auf beiden Seiten, reicht es für die Annahme eines überdurchschnittlich großen Dunkelfeldes bei der Kriminalität alter Menschen, und somit für eine Angleichung des Kriminalitätsaufkommens alter Menschen an das der jüngeren Alterskohorten, nicht aus. In Anbetracht des demographischen Wandels stellt sich jedoch die Frage, ob sich die bisher den alten Menschen entgegengebrachte Toleranz und die damit einhergehende verminderte Anzeigebereitschaft im Wege des sich anbahnenden Generationenkonflikts verändern werden[169].

VI. Abschließende Überlegungen und Fazit

Die Kriminalität der 60-und-mehr-jährigen ist überwiegend von geringer Schwere und wird, trotz Anstiegs des Frauenanteils mit zunehmendem Alter, mehrheitlich von Männern verübt. Lässt man die Verkehrsdelikte außer Acht, hat sich der Kriminalitätsanstieg bei den 60-und-mehr-jährigen nahezu ausschließlich bei den Männern abgespielt. Die Ursachen für den Anstieg im Kriminalitätsaufkommen alter Menschen scheinen außerhalb des

---

[164]   Siehe hierzu auch: Keßler, S.128,129.
[165]   Bürger-Prinz/Lewrenz, S.36; vgl. Amelunxen, 1960, S.35.
[166]   Siehe: Glombik, S.18.
[167]   Frankfurter Allgemeine Sonntagszeitung, vom 5.6.05, Nr.22, S.16.
[168]   Vgl. Kreuzer/Hürlimann, in: Kreuzer/Hürlimann, S.27; hierzu ferner mehr im 4. Teil der vorliegenden Studie.
[169]   Vgl. a.a.O., S.31.

Straßenverkehrs sonach überwiegend solche zu sein, die vornehmlich Männer betreffen.

Das Prädilektionsdelikt alter Straftäter, sprich das Delikt mit der höchsten TVBZ, ist sowohl bei den männlichen als auch bei den weiblichen 60-und-mehr-jährigen Tatverdächtigen der einfache Diebstahl. Er nimmt im Rahmen der Delinquenz betagter Täter eine bedeutende Stellung ein. Ferner kommen Beleidigung und Betrug, zudem bei den männlichen 60-und-mehr-jährigen Tatverdächtigen die leichte Körperverletzung, häufig vor.

Ebenso spielen die Straßenverkehrsdelikte beim strafrechtlich relevanten Verhalten älterer Menschen eine zentrale Rolle. Hier sind es vor allem die Frauen, die aufgrund ihrer zugenommenen Mobilisierung dem allgemein rückläufigen Trend im Rahmen der Verkehrsdelinquenz entgegenwirken. Von der Tatverdächtigung, über die Verurteilung, bis hin zum Strafvollzug, nimmt der prozentuale Anteil der 60-und-mehr-jährigen ab. Die strafrechtlichen Folgen für das rechtswidrige Verhalten der 60-und-mehr-jährigen sind demnach im Schnitt vergleichsweise milder.

Trotz Mängeln in der Aussagekraft der Kriminalstatistiken lassen die angeführten Ergebnisse einen konstanten Anstieg der Kriminalität alter Menschen während der letzten Jahrzehnte erkennen. Letztlich sind alle Altersgruppen denselben statistischen Verzerrungen unterworfen. Der erkennbare Anstieg bei den Älteren kann deshalb nicht ignoriert werden. Er ist zu groß, als dass man ihn alleinig auf die typischen statistischen Ungenauigkeiten und Zufallserhebungen zurückführen könnte. Der Kriminalitätsanstieg bei den 60-und-mehr-jährigen verhält sich überproportional zum Bevölkerungswachstum in derselben Altersgruppe. Der im selben Zeitraum erfolgte Kriminalitätsanstieg bei den Unter-60jährigen ist geringer, jedoch ist hier gleichwohl ebenso der zahlenmäßige Zuwachs in der Bevölkerungsgruppe der Unter-60jährigen deutlich geringer.

Inwiefern dennoch von einem stärkeren Anstieg der Delinquenz der 60-und-mehr-jährigen ausgegangen werden kann, da in dieser weniger kriminalitätsbelasteten Altersgruppe mit dem gleichen Bevölkerungszuwachs ein wesentlich geringerer Anstieg der TVBZ einhergehen müsste, als bei den Unter-60jährigen, kann dahingestellt bleiben. Rein rechnerisch ist dies nicht ermittelbar. Mit der ansteigenden Zahl alter Menschen potenzieren sich auch überproportional mögliche kriminalitätsbegünstigende Faktoren für alte Menschen. So gehen mit dem demographischen Wandel negative wirtschaftliche und soziale Veränderungen einher. Dies ist jedoch ein Bereich, der sich jeglicher Messbarkeit entzieht. Eindeutige Aussagen über Ursache-Wirkung-Zusammenhänge sind nur schwer möglich.

Am Beispiel Japans wird der Zusammenhang zwischen der Alterung der Gesellschaft und dem Anstieg der Kriminalität alter Menschen allerdings überdeutlich. So hat Japan nicht nur die im Durchschnitt älteste Bevölkerung, sondern auch mit klarem Abstand die weltweit höchste Kriminalitäts-rate alter Menschen. Auch dort ist der Kriminalitätsanstieg der alten Menschen weit überproportional zur rein demographischen Entwicklung[170]. Dies legt angesichts der ausgeführten demographischen Prognose nahe, dass die Thematik „Alte Menschen und Kriminalität" zunehmend an Brisanz gewinnen wird.

---

[170]   Miyazawa, S.975,976; siehe ebenso: Taz, vom 21.7.2006; Süddeutsche Zeitung, vom 15.11.2004.

> „Wahrscheinlich werden jedenfalls bei Bagatell-
> taten alter Menschen Verfahren in erhöhtem Maße nach den
> §§ 153, 153a StPO staatsanwaltlich oder wenigstens gerichtlich
> eingestellt."
>
> [Kreuzer/ Hürlimann, in: Kreuzer/ Hürlimann, S.56].

3. Teil: Eigene statistische Erhebungen

Wie die vorangegangene Auswertung der zur Verfügung stehenden anerkannten Kriminalstatistiken ergeben hat, werden 60-und-mehr-jährige Tatverdächtige gemessen an ihrer TVBZ verhältnismäßig seltener verurteilt als
Tatverdächtige jüngeren Alters. Vielfach wird vermutet, dass dies im Wesentlichen auf eine bereits staatsanwaltschaftlich ausgeübte Milde, bzw. eine
erhöhte Einstellungsquote gegenüber betagten Rechtsbrechern zurückzuführen ist[171]. Die PKS sowie die Verurteilten- und Vollzugsstatistiken beinhalten jedoch keine Angaben darüber, bei wie vielen Verfahren tatsächlich
bereits durch die Staatsanwaltschaft von der weiteren Verfolgung abgesehen wird, sprich inwiefern etwaige vorgeschobene „*Ausfilterungs- und Selekti-
onsvorgänge*" stattfinden[172]. Eine anerkannte landes- oder bundesweite Statistik über den Abschluss der staatsanwaltschaftlichen Ermittlungsverfahren
existiert bisher nicht.

Um erste Anhaltspunkte für das staatsanwaltschaftliche Einstellungsverhal-
ten gegenüber älteren Beschuldigten gewinnen zu können, war dementsprechend eine eigenständige Auswertung erforderlich. Hierfür wurden im
Rahmen einer umfassenden Untersuchung sämtliche bei der Staatsanwaltschaft Darmstadt elektronisch erfassten Daten (d.h.: Alter, Delikt und Art
des Verfahrensausgangs) bzgl. aller dortigen Eingänge mit 60-und-mehr-
jährigen Beschuldigten im Jahre 2007 ausgewertet. Die Beschuldigten, die
im Untersuchungszeitraum 60 Jahre und älter waren, stellen somit die
Hauptuntersuchungsgruppe in den nachfolgenden Statistiken dar[173]. Um die
dadurch gewonnenen Daten interpretieren zu können, wurden darüber hinaus ebenso die verfügbaren Datensätze (Alter, Delikt und Art des Verfahrensausgangs) der im Jahre 2007 bei der Staatsanwaltschaft Darmstadt an-

---

[171] So z.B.: Dünkel, S.351; Legat, S.35; bzgl. der Vermutung einer allgemein milderen
       Behandlung betagter Rechtsbrecher: Mayer/ Rothermund, in: Beelmann/ Jonas,
       S.226.

[172] Dünkel, S.350.

[173] Wenn dementsprechend im Nachfolgenden vom „Untersuchungszeitraum" die
       Rede ist, betrifft dies stets das Jahr 2007. Der Begriff „Untersuchungsgruppe"
       meint stets alle Beschuldigten, die im Jahre 2007 60 Jahre und älter waren.

hängigen Verfahren gegen unter-60jährige Beschuldigte als Vergleichsmaterial entsprechend ausgewertet.

So lange keine anderweitigen vergleichbaren Untersuchungen über das Ermittlungsverfahren vorliegen, können die nachfolgenden Ergebnisse als erste Anhaltspunkte herangezogen werden. Die gewonnenen Erkenntnisse sind insoweit repräsentativ, da es im Jahre 2007 zu keinen außergewöhnlichen Vorkommnissen im Bezirk der Staatsanwaltschaft Darmstadt gekommen ist, die zu einer völligen Verzerrung des üblichen Kriminalitätsumfangs der 60-und-mehr-jährigen hätten führen können. Ferner erfolgten weder im Untersuchungszeitraum, noch unmittelbar davor oder danach, bedeutende strafprozessuale bzw. ermittlungstechnische Veränderungen. Der Landgerichtsbezirk Darmstadt setzt sich aus einer unauffälligen Durchmischung an städtischen und eher ländlichen Gebieten zusammen. Auch liegen keinerlei Anhaltspunkte dafür vor, dass die Staatsanwaltschaft Darmstadt ein erheblich von anderen Staatsanwaltschaften abweichendes Ermittlungsvorgehen an den Tag legt.

Überdies ist ein Blick auf die Verteilung der Delikte innerhalb der Untersuchungsgruppe geworfen worden. Aufgrund der immensen quantitativen Bedeutung des Diebstahls, insbesondere des Ladendiebstahls, für die Kriminalität der 60-und-mehr-jährigen, erfolgte anschließend eine ausführlichere und individuelle Betrachtung aller Verfahren wegen Diebstahlsverdacht gegen Beschuldigte der Untersuchungsgruppe. Hierfür wurden 542 Akten selbstständig eingesehen und ausgewertet. Die Auswertung erfolgte anhand des im Anhang befindlichen Erfassungsbogens. Ausgewertet wurden demnach die Angaben hinsichtlich Geschlecht, Vorstrafen, Diebstahlsobjekt (Art und Preis), Familienstand, erlernter bzw. ausgeübter Beruf und Tatmotivation. Ziel war die Erlangung eines konkreteren Bildes über die sozialen Hintergründe und die Tatantriebe der alten Delinquenten. Die zweifellos geringeren Fallzahlen wurden mit aller gebotenen Zurückhaltung ausgewertet. Nur eindeutige Tendenzen wurden berücksichtigt, so dass auch hier wieder die Repräsentativität der gewonnenen Erkenntnisse gegeben ist.

A. Verteilung der Delikte innerhalb der Untersuchungsgruppe

Für das Jahr 2007 sind bei der Staatsanwaltschaft Darmstadt 4206 Fälle mit 60-und-mehr-jährigen Beschuldigten registriert. Insgesamt, sprich alle Altersgruppen umfassend, waren es 63.993 Ermittlungsverfahren. Somit bezogen sich im Untersuchungszeitraum 6,57 % der Ermittlungsverfahren auf Beschuldigte, die 60 Jahre und älter waren. Dies entspricht auch dem aus der PKS zu entnehmenden relativen Verhältnis der Altersgruppen.

Tabelle 20: Deliktsverteilung, Staatsanwaltschaft Darmstadt 2007, 60-und-mehr-jährige Beschuldigte

Missachtetes Gesetz/ Vorschrift/ Deliktsgruppe	Anzahl	%
§ 6 PflVG	145	3,45
Arbeits- und Wirtschaftsektor (außerhalb StGB)	100	2,38
§ 12 JuSchG	1	0,02
StVG und StVO	173	4,11
BtMG	11	0,26
Verstoß gegen WaffG	146	3,47
Straftaten gegen öffentliche Ordnung und demokratischen Rechtsstaat	68	1,62
Verstoß gegen AufenthG/ AuslG	14	0,33
Geld- und Wertzeichenfälschung	34	0,81
Aussagedelikte	31	0,74
Falsche Verdächtigung	31	0,74
Störung der Totenruhe	1	0,02
Straftaten gegen Personenstand, Ehe und Familie	4	0,10
Straftaten gegen die sexuelle Selbstbestimmung	63	1,50
Beleidigung	177	4,21
Lebens- und Geheimnisbereich	4	0,10
Mord und Totschlag (§§ 212, 222 StGB)	11	0,26
Vorsätzliche Körperverletzung	250	5,94
Fahrlässige Körperverletzung	505	12,01
Straftaten gegen die persönliche Freiheit	149	3,54
Diebstahl	651	15,48
Unterschlagung, § 248b, § 248c	3	0,07
Erpressung und räuberische Erpressung	6	0,14
Begünstigung und Hehlerei	23	0,55
Betrug und Untreue	375	8,92
Bestechung	1	0,02
Urkundenfälschung	26	0,62
Insolvenzstraftaten (StGB) und InsO	51	1,21
Strafbarer Eigennutz	9	0,21
Sachbeschädigung	90	2,14
Brandstiftung	23	0,55
Verkehrsdelikte (StGB)	258	6,13
Unerlaubtes Entfernen vom Unfallort	622	14,79
Unterlassene Hilfeleistung	3	0,07
Umweltstraftaten	19	0,45
Straftaten im Amt	8	0,19
§ 370 AO (Steuerhinterziehung)	35	0,83
OwiG	6	0,14
Sonstige Nebengesetze	66	1,57
Ohne Deliktsangabe registrierte Verfahren	13	0,31
Insgesamt	4206	100,00

Eine direkte Vergleichbarkeit mit den Daten der PKS (*Tabelle 5, Tatverdächtigenbelastungszahlen nach Delikten im Jahre 2006*) ist nicht gegeben, da, im Gegensatz zur PKS, Gegenstand der vorliegenden Datenerhebung auch Verkehrsdelikte waren. Dies hat zur logischen Konsequenz, dass alle übrigen prozentualen Anteile geringer als in der PKS ausfallen. In beiden Tabellen weisen gleichwohl Diebstahl, Betrug und Untreue hohe Fallzahlen auf. Die vorsätzliche Körperverletzung ist zwar ebenfalls prozentual gewichtig, sie hat jedoch nicht die gleiche relative Bedeutung wie im Kriminalitätsaufkommen der jüngeren Altersgruppen[174]. Bei den Gewaltdelikten wird es sich mehrheitlich um Konflikttaten im familiären Bereich handeln[175]. Ältere Menschen haben im Alltag außerhalb ihrer Familie wenig derart enge und aggressive Berührungspunkte mit anderen Menschen, dass es gehäuft zu gewalttätigen Auseinandersetzungen kommen könnte. Zu körperlichen Angriffen kommt es nach *Amelunxen* durch ältere Menschen nur dann, wenn sie für gewisse Dauer und in erheblichem Maße gereizt wurden; *„dann können sich aufgestaute Haß- und Rachegefühle in einem Affektsturm entladen, der die geringe Körperkraft überspielt"*. Angriffe gegen Personen und Sachen würden von älteren Menschen mehrheitlich *„in Formen begangen, die ein Minimum an Körperkraft und äußerer Aktivität voraussetzen"*[176]. Neben der Familie entwickelt sich jedoch das Altersheim als Familiensurrogat zum Konfliktherd zwischenmenschlicher Beziehungen. Hier kommt es aufgrund der erhöhten Wehrlosigkeit und Vulnerabilität der alten Menschen, trotz des Minimums an eingesetzter Körperkraft, verhältnismäßig schnell zu schweren Tatfolgen.

Im Begutachtungszeitraum wurde kein einziger 60-und-mehr-jähriger beschuldigt, einen Raub begangen zu haben. Zu Beschuldigungen wegen Erpressung und räuberischer Erpressung kam es nur in sechs Fällen. Diebstahl und Verkehrsdelikte machen im Beobachtungszeitraum deutlich den größten Anteil aus. Zur Delinquenz im Straßenverkehr sind vermutlich auch ein Großteil der rund 12 % an Beschuldigungen wegen Fahrlässiger Körperverletzung zu rechnen, da es außerhalb des Straßenverkehrs deutlich seltener zu fahrlässig begangenen Körperverletzungen kommt. Sehr hoch sind die Fallzahlen beim Unerlaubten Entfernen vom Unfallort. Rund 15 % der 4.206 Eingänge entfielen allein auf dieses Delikt. Sprich nahezu jedem siebten 60-und-mehr-jährigen Beschuldigten wurde im Begutachtungszeitraum vorgeworfen, sich unerlaubt vom Unfallort entfernt zu haben. Zieht man die Fallzahlen der StGB-Verkehrsdelikte, des Unerlaubten Entfernens vom Unfallort sowie, recht konservativ berechnet, zumindest die Hälfte der Fallzahlen der Fahrlässigen Körperverletzung zusammen, kommt man auf

---

[174] Hierzu mehr in Tabelle 21 und 22.
[175] Vgl. Dünkel, S.353.
[176] Amelunxen, 1960, S.19.

rund 27 %. Dies bedeutet, dass in nahezu fast jedem 3. Fall die Beschuldigung sich auf eine Tat bezog, die in direktem Zusammenhang mit dem Straßenverkehr stand.

Die geringen Fallzahlen der Raub- und Erpressungsdelikte und das vergleichsweise niedrige Aufkommen im Bereich der vorsätzlichen Körperverletzung verdeutlichen, dass die Kriminalität älterer Menschen selten im Rahmen einer direkten Täter-Opfer-Konfrontation erfolgt. Über die Identität des Unfallopfers macht sich der Verursacher eines Verkehrsunfalls vor dem Unfall in aller Regel keine Gedanken - zumal ein Verkehrsunfall ohnehin selten vorsätzlich herbeigeführt wird. Ein sich unerlaubt vom Unfallort Entfernender möchte gerade die direkte Konfrontation mit dem Unfallopfer vermeiden. Beim Ladendiebstahl wird überhaupt kein Kontakt zu einem Opfer in Person hergestellt. Auch in der Vorstellungswelt des Täters erscheint hier das Opfer überwiegend nicht in der Identität einer bestimmten Person. Die Behauptung *Dünkels*, alte Menschen würden vor allem weniger gefährliche und weniger schadensintensive Delikte begehen[177], kann im Hinblick auf die Häufigkeit von Straßenverkehrsdelikten innerhalb der Untersuchungsgruppe nicht bestätigt werden. Hier kommt es für gewöhnlich zu sehr gefährlichen und schadensintensiven Geschehen. Diese erheblichen Gefahren und schweren Schäden werden von den alten Tätern jedoch überwiegend, wie üblich bei Straßenverkehrsdelikten, nicht vorsätzlich verwirklicht.

Tabelle 21: Deliktsverteilung (ausgewählte Delikte) innerhalb der Untersuchungsgruppe nach Geschlecht

Delikt	Männlich %	Weiblich %
Beleidigung	4,17	4,32
Vorsätzliche Körperverletzung	6,54	4,02
Fahrlässige Körperverletzung	11,30	14,27
Diebstahl	13,39	19,20
Betrug und Untreue	9,69	6,43
Verkehrsdelikte	6,54	4,82
Unerlaubtes Entfernen vom Unfallort	13,73	18,19

Von den Ermittlungsverfahren gegen 60-und-mehr-jährige Beschuldigte richteten sich 3211 (76,34 %) gegen männliche Personen und 995 (23,66 %) gegen weibliche Personen. Anhand der Delikte mit den häufigsten Fallzahlen wurde in *Tabelle 21* ein Vergleich zwischen den Männern und den Frauen der Untersuchungsgruppe vorgenommen. Die prozentualen Angaben beziehen sich dabei nur auf das jeweilige Geschlecht. Dies bedeutet, dass z.B. 19,20 % aller Frauen der Untersuchungsgruppe eines Diebstahls verdächtigt wurden. Sprich fast jede 5. Frau. Bei den Männern ist der Diebstahl mit 13,39 % prozentual geringer vertreten. Somit wurde nur jeder 7. männliche Tatverdächtige eines Diebstahls verdächtigt. Bei den Frauen fällt

---

[177]   Dünkel, S.350.

auf, dass schwerpunktmäßig drei Deliktsarten am häufigsten verwirklicht wurden: Diebstahl, Fahrlässige Körperverletzung und Unerlaubtes Entfernen vom Unfallort. Bei allen drei Deliktsarten war der prozentuale Anteil höher als bei den Männern. Sieht man die Fallzahlen der Fahrlässigen Körperverletzung wieder in Zusammenhang mit Verkehrsunfällen, sind dies schlechthin *die* Bereiche klassischer Alterskriminalität. Bei den Männern liegen zwar dieselben drei Delikte am häufigsten vor, doch nähern sich hier die Fallzahlen unter den Delikten stärker aneinander an. Die Deliktstypen bei den verdächtigten Männern der Untersuchungsgruppe waren demnach etwas breiter gefächert als bei den Frauen.

Es muss gleichwohl berücksichtigt werden, dass die absoluten Fallzahlen (s.o.) der Männer erheblich höher waren als die der Frauen. So dass zwar bei den Frauen der Diebstahl das klar favorisierte Delikt war, die Diebstahlsverdächtigungen gegen Frauen innerhalb der gesamten Untersuchungsgruppe (d.h. der 60-und-mehr-jährigen insgesamt, Männer und Frauen) jedoch lediglich 30,76 % der Diebstahlsverdächtigungen ausmachten. Die Männer wurden mit 69,24 % mehr als doppelt so häufig eines Diebstahls verdächtigt.

Tabelle 22: Deliktsverteilung (ausgewählte Delikte) bei den Unter-60jährigen nach Geschlecht

Delikt	Männlich %	Weiblich %
Vorsätzliche Körperverletzung	7,89	6,41
Fahrlässige Körperverletzung	4,00	8,45
Diebstahl	10,97	18,93
Betrug und Untreue	27,46	23,16
Verkehrsdelikte	7,41	3,42
Unerlaubtes Entfernen vom Unfallort	3,01	4,63
BtMG	7,10	3,14
StVG	4,93	3,65

In *Tabelle 22* wurde die geschlechterspezifische Deliktsverteilung bei den im Untersuchungszeitraum durch die Staatsanwaltschaft Darmstadt verdächtigten unter-60jährigen Personen ermittelt. Auch hier beziehen sich die prozentualen Angaben nur auf das jeweilige Geschlecht. Die Beleidigung spielte prozentual eine derart geringe Rolle, dass sie, anders als bei den 60-und-mehr-jährigen Tätern, nicht in die Tabelle aufgenommen wurde. Die vorsätzliche Körperverletzung war in dieser Altersgruppe prozentual stärker, die Fahrlässige Körperverletzung deutlich seltener als bei den 60-und-mehr-jährigen vertreten. Allerdings war ebenso bei den unter-60jährigen Verdächtigten der prozentuale Anteil der Fahrlässigen Körperverletzung bei den Frauen höher als bei den Männern. Die prozentualen Angaben für den Diebstahl sind bei beiden Geschlechtern niedriger als bei den 60-und-mehr-jährigen, bei den Frauen jedoch nur geringfügig. Betrug und Untreue machten hingegen einen deutlich größeren Anteil aus. Der Anteil der Verkehrsdelikte war bei den unter-60jährigen Männern höher als bei den 60-und-mehr-jährigen Männern, bei den Frauen spielen die Verkehrsdelikte hingegen bei den 60-und-mehr-jährigen eine bedeutendere Rolle. Das Unerlaubte Entfernen vom Unfallort ist bei beiden Geschlechtern unter den 60-und-mehr-jährigen prozentual erheblich stärker vertreten. Anders als bei den 60-und-mehr-jährigen Verdächtigen spielt bei den unter-60jährigen Verdächtigen, insbesondere bei den männlichen (mit 7,10 %), die Betäubungsmittelkriminalität eine nicht unbedeutende Rolle.

Tabelle 23: Deliktsverteilung (ausgewählte Delikte) bei den Unter-24jährigen nach Geschlecht

Delikt	Männlich %	Weiblich %
Vorsätzliche Körperverletzung	10,50	7,95
Fahrlässige Körperverletzung	3,30	7,44
Diebstahl	18,50	32,98
Betrug und Untreue	14,65	20,61
Verkehrsdelikte	7,67	2,42
Sachbeschädigung	4,52	2,22
BtMG	11,00	3,79
StVG	7,88	3,73

In der hier aufgeführten Tabelle wurden sodann die Unter-24jährigen, die bereits in der vorangegangen Tabelle mitberücksichtigt wurden, angesichts der These von den Gemeinsamkeiten früher und später Kriminalität[178], nochmals gesondert erfasst. Auch hier beziehen sich die prozentualen Angaben auf das jeweilige Geschlecht. Bei den unter-24jährigen Verdächtigen ist der prozentuale Anteil der vorsätzlichen Körperverletzung im Vergleich zu den späteren Lebensjahren größer. Die Fahrlässige Körperverletzung kommt hier ebenfalls bei den Frauen anteilig häufiger vor als bei den Männern. Die Zahlen der *Tabellen 21-23* belegen, dass der Diebstahl in keiner Altersgruppe so beliebt ist wie bei den Unter-24jährigen. Bei keinem anderen Delikt und in keiner anderen Altersgruppe ist zudem der geschlechterspezifische Unterschied derart groß. Nahezu jede 3. unter-24jährige Verdächtige wurde eines Diebstahls beschuldigt.

Betrachtet man die hohen Fallzahlen der Diebstahlsverdächtigungen gegenüber 60-und-mehr-jährigen Beschuldigten, könnte man versucht sein, die These aufzustellen, die Kriminalität im Alter sei nichts weiter als eine Annäherung an das Delinquenzverhalten der jungen Jahre. Der vergleichende Blick auf die Fallzahlen der Diebstahlsverdächtigungen kann diese These zumindest nicht widerlegen. Unterschiede ergaben sich allerdings bei der Sachbeschädigung, den Verstößen gegen das Betäubungsmittel- und das Straßenverkehrsgesetz. Die Sachbeschädigung ist ein favorisiertes Delikt früher Kriminalitätsbetätigungen, das in den anderen Altergruppen derart gering vertreten ist, dass es in den diesbezüglichen Tabellen keine Erwähnung gefunden hat. Bei den männlichen Unter-24jährigen spielen Verstöße gegen das Betäubungsmittel- und das Straßenverkehrsgesetz eine größere Rolle als in späteren Jahren.

---

[178] Siehe hierzu u.a.: Keßler, S.294; Gelking, S.31ff.

B. Verteilung der Beendigungsarten

I. Alle Beendigungsarten

Tabelle 24: Verteilung der Beendigungsarten innerhalb der Untersuchungsgruppe

Beendigungsart	Anzahl	%
Abg. an VB gem. § 43 OWiG als OWi gem. § 41 II, 43 OWiG	645	**15,34**
Abgabe an andere StA oder innerhalb StA	64	1,52
Ablehn. Ermittlungsverf. § 152 II StPO	57	1,36
Abtrennung der Person in StA	8	0,19
Anklage	287	**6,82**
Antrag sofortiger HVT (§ 417 StPO) - Beschleunigtes Verfahren -	24	0,57
Einstellung gem. § 153b I StPO, § 29 V BtMG	3	0,07
Einstellung gem. § 153 I S.1 u. 2 StPO Geringfügigkeit	699	**16,62**
Einstellung gem. § 154b I - III StPO Auslief./Ausweis.	1	0,02
Einstellung gem. § 170 II StPO	998	**23,73**
Einstellung gem. § 170 II StPO, wegen § 20 StGB	19	0,45
Einstellung gem. § 31a I BtMG	1	0,02
Einstellung gem. §§ 376 ff., § 170 II StPO Verw. Privatklageweg	296	**7,04**
Endg. Einstellung - § 153a StPO	363	**8,63**
Endg. Einstellung - § 154 I Nr.1 StPO	59	1,40
Endg. Einstellung - §§ 37 I / bzw. i.V.m. § 38 II BtMG	1	0,02
Sonstige Erledigungsart	9	0,21
Sonstige Erledigungsart – Tod	101	2,40
Strafbefehl	388	**9,22**
Verbindung mit anderer Sache	128	3,04
Vorläufige Einstellung gem. § 153a I S.2 StPO	1	0,02
Vorl. Einstellung § 154 I Nr.1 StPO - unwesentliche Nebenstraftat	7	0,17
Vorl. Einstellung § 154d StPO - Frist z. Klärung Vorfrage	4	0,10
Vorl. Einstellung entspr. § 205 StPO	21	0,50
Keine Angabe	22	0,52
Insgesamt	4206	100,00

Tabelle 25: Verteilung (vereinfacht) im Vergleich Diebstahl und sonstige Delikte innerhalb der Untersuchungsgruppe

Beendigungsart	Gesamt		Diebstahl		übrige Delikte	
	Anzahl	%	Anzahl	%	Anzahl	%
Abg. An VB gem. § 43 OWiG als OWi gem. § 41 II,43 OWiG	645	15,34	0	0,00	645	17,99
Anklage	287	6,82	20	3,22	267	7,45
Einst. § 153 I S.1 u. 2 StPO Geringfügigkeit	699	16,62	280	**45,09**	419	**11,69**
Einst. § 170 II StPO	1294	30,77	57	9,18	1237	**34,50**
Einst. § 170 II StPO wegen § 20 StGB	19	0,45	11	1,77	8	0,22
Einst. - § 153a StPO	364	8,65	122	**19,65**	242	6,75
Strafbefehl	388	9,22	69	**11,11**	319	8,90
Insgesamt	3696	87,87	559	90,02	3137	87,50

In *Tabelle 25* wurden die im Beobachtungszeitraum am häufigsten gewählten Erledigungsarten nochmals herausgegriffen und darüber hinaus gesondert für den Diebstahl sowie die übrigen Delikte innerhalb der Untersuchungsgruppe dargestellt. Die Prozentzahlen beziehen sich jeweils auf die gesamte Zahl an Einstellungsmöglichkeiten. D.h. also nicht lediglich auf die am Häufigsten gewählten Erledigungsarten.

Angesichts der fehlenden Möglichkeit ein Verfahren wegen Diebstahlsverdacht gem. § 43 OwiG an eine Verwaltungsbehörde abzugeben, sind die Zahlen nur begrenzt vergleichbar. Dennoch lässt sich beim Diebstahl eine Tendenz, sprich jede zweite bis dritte Verfahrensbeendigung, zur Einstellung nach § 153 I 1 u. 2 StPO wegen Geringfügigkeit erkennen. Bei den übrigen Delikten spielt die Beendigung wegen Geringfügigkeit eine deutlich geringere Rolle. Hier fallen stattdessen 34,50 % auf die Einstellung wegen mangelnden Tatverdachts im Allgemeinen gem. § 170 II StPO. Diese kommt bei den Diebstahlsdelikten wesentlich seltener vor. Scheinbar ist die Sachlage bei einer Diebstahlsverdächtigung überwiegend eindeutig. Gerade beim Ladendiebstahl scheidet eine Beendigung der Strafverfolgung aufgrund mangelnden Tatverdachts überwiegend aus. Der Verdächtige wird für gewöhnlich dann überführt, wenn er mit der eingesteckten Ware den Kassenbereich passieren möchte, ohne die Ware zuvor bezahlt zu haben. Vorher wurde er in der Regel von einer Überwachungskamera gefilmt und/oder vom Ladendetektiv beim Einstecken der Ware beobachtet.

Die Einstellung nach § 170 Abs.2 StPO wegen Schuldunfähigkeit des Täters spielt mit 1,77 % zwar eine größere Rolle als bei den übrigen Delikten. Hier macht sie lediglich 0,22 % aus. Wirft man jedoch einen kurzen Blick auf die absoluten Fallzahlen (11 und 8), erscheint eine Betonung dieser Differenz gekünstelt. Die geringen Fallzahlen zur Einstellung der Strafverfolgung wegen Schuldunfähigkeit widerlegen eine etwaige Annahme, die Staatsanwaltschaft könnte einen betagten Dieb per se für schuldunfähig halten.

Tabelle 26: Verteilung (vereinfacht) auf alle Jahrgänge

Beendigungsart	Anzahl (63993)	%
Abg. an VB gem. § 43 OWiG	5006	7,82
Anklage	8673	**13,55**
Einst. § 153 I S.1 u. 2 StPO	5110	7,99
Einst. § 170 II StPO	22182	**34,66**
Einst. § 170 II StPO wegen § 20 StGB	103	0,16
Einst. - § 153a StPO	2315	3,62
Strafbefehl	5101	7,97
Insgesamt	48490	75,77

Tabelle 27: Verteilung (vereinfacht) auf Unter-60jährige

Beendigungsart	Anzahl (59787)	%
Abg. an VB gem. § 43 OWiG	4361	7,29
Anklage	8386	14,03
Einst. § 153 I S.1 u. 2 StPO	4411	7,38
Einst. § 170 II StPO	20888	34,94
Einst. § 170 II wegen § 20 StGB	84	0,14
Einst. - § 153a StPO	1951	3,26
Strafbefehl	4713	7,88
Insgesamt	44794	74,92

Tabelle 28: Zusammenfassende Übersicht

Beendigungsart	Alle Jahrgänge Anzahl (63993)	%	Unter-60jährige Anzahl (59787)	%	60 Jahre und älter Anzahl (4206)	%
Abg. an VB gem. § 43 OWiG	5006	7,82	4361	7,29	645	15,34
Anklage	8673	13,55	8386	14,03	287	6,82
Einst. § 153 I S.1 u. 2 StPO	5110	7,99	4411	7,38	699	16,62
Einst. § 170 II StPO	22182	34,66	20888	34,94	1294	30,77
Einst. § 170 II wegen § 20 StGB	103	0,16	84	0,14	19	0,45
Einst. - § 153a StPO	2315	3,62	1951	3,26	364	8,65
Strafbefehl	5101	7,97	4713	7,88	388	9,22
Insgesamt	48490	75,77	44794	74,92	3696	87,87

Die Annahme, die Staatsanwaltschaft klage alte Tatverdächtige wesentlich seltener an als jüngere Tatverdächtige, wird in der vergleichenden Anschauung deutlich bestätigt. Tatverdächtige aus der Untersuchungsgruppe wurden im Untersuchungszeitraum lediglich halb so oft angeklagt wie jüngere Tatverdächtige. Die Beendigungsarten auf die wesentlich häufiger als bei Tatverdächtigen jüngeren Alters zurückgegriffen wird, sind zum Einen die Einstellung des Ermittlungsverfahrens wegen Geringfügigkeit nach § 153 StPO und bei Erfüllung von Auflagen und Weisungen nach § 153a StPO und zum Anderen die Abgabe an eine Verwaltungsbehörde nach § 43 OwiG. Alle drei Beendigungsmöglichkeiten kommen prozentual mehr als doppelt so häufig vor wie bei den Tatverdächtigen geringeren Alters. Dass die Staatsanwaltschaft bei den Beschuldigten der älteren Altersgruppe wesentlich häufiger die Erfüllung von Auflagen, bzw. Weisungen, als Straftatfolge genügen oder auf die Tatbegehung überhaupt keine Konsequenzen folgen lässt, liegt sicherlich auch an der vorherrschenden Annahme, das Ermittlungsverfahren allein sei ein ausreichender Schock für die betagten Straftäter, die häufig Erstdelinquenten sind[179]. Gleichzeitig kann dies jedoch ebenso das Resultat dessen sein, dass die Staatsanwaltschaft bei einem hinreichend tatverdächtigen betagten Straftäter letztlich alle anderen Reaktionsmöglichkeiten für deutlich ungeeigneter hält.

---

[179]   Zur Anzahl der Vorstrafen siehe Tabelle 33.

Sicherlich besteht überdies ein enger Zusammenhang zwischen den häufigen Verfahrenseinstellungen gegenüber älteren Tatverdächtigen und denen von dieser Altersgruppe bevorzugt verwirklichten Delikten. Bei Diebstählen besteht gewöhnlich ein geringeres Strafbedürfnis als bei Körperverletzungsdelikten. Das durch den Diebstahl einer geringwertigen Sachen verwirklichte Unrecht kann bereits durch die Erteilung einer Auflage und/ oder Weisung abgegolten werden, während dies bei Körperverletzungsdelikten überwiegend als nicht ausreichend angesehen wird. Hinzu kommt, dass das Strafbedürfnis beim häufig vorkommenden Ladendiebstahl noch geringer ist, als bei einem Einbruchs- oder Straßendiebstahl. Der Ladendiebstahl spielt sich zumeist im geringwertigeren Vermögensbereich ab. Erschwerende Umstände kommen bei der Tatausführung in der Regel nicht hinzu.

Bei den Verkehrsdelikten ist es wiederum so, dass sie insbesondere bei den Fahrlässigkeitsdelikten eine Sonderstellung gegenüber den übrigen Straftatbeständen einnehmen. Resozialisierungsmaßnahmen in Form einer Kriminalstrafe werden hier, gerade bei einem betagten, fahrlässig handelnden Täter, eher nicht in Betracht gezogen. Darüber hinaus liegt gerade bei Verkehrsdelikten die Einstellungsquote in der Regel besonders hoch. Die Gründe für die seltenere Anklage sind hier in der mitunter schwierigeren Beweislage und der hohen Arbeitsbelastung der Staatsanwaltschaften zu finden[180].

Tabelle 29: Beendigungsarten (vereinfacht) innerhalb der Untersuchungsgruppe, Geschlechter im Vergleich

Beendigungsart	Gesamt in %		Diebstahl in %		Übrige Delikte in %	
	Männlich	Weiblich	Männlich	Weiblich	Männlich	Weiblich
Abg. an VB gem. § 43 OWiG	14,64	17,59	0,00	0,00	16,90	21,77
Anklage	7,32	5,23	3,72	2,09	7,87	5,97
Einst. § 153 I S.1 u. 2 StPO	14,92	22,11	40,70	54,97	10,93	14,30
Einst. § 170 II StPO	30,86	30,45	9,30	8,90	34,20	35,57
Einst. § 20 StGB	0,50	0,30	2,33	0,52	0,22	0,25
Einst. - § 153a StPO	8,16	10,25	20,93	16,75	6,18	8,71
Strafbefehl	9,78	7,44	10,70	12,04	9,64	6,34
Insgesamt	86,17	93,37	87,67	95,29	85,94	92,91

Auch in der *Tabelle 29* beziehen sich die prozentualen Angaben auf das jeweilige Geschlecht. Im Untersuchungszeitraum wurden 60-und-mehrjährige weibliche Beschuldigte prozentual seltener angeklagt als Männer derselben Altersgruppe. Auch Strafbefehle wurden prozentual weniger häufig gegen die weiblichen Verdächtigen der Untersuchungsgruppe erlassen. Gleichwohl kam es nicht häufiger als bei den Männern zu einer Einstellung

---

[180]   Siehe hierzu: Feltes, S.81ff.

wegen Fehlen eines hinreichenden Tatverdachts. Stattdessen erfolgte bei den Frauen prozentual häufiger die Abgabe an eine Verwaltungsbehörde gem. § 43 OwiG sowie die Einstellung nach § 153 Abs.1 S.1 u. S.2 und § 153a StPO. Die Einstellung nach § 153 Abs.1 S.1 und S.2 StPO geschah bei den Frauen gar um 7,19 % häufiger.

Dies könnte vermuten lassen, dass die Staatsanwaltschaft gegenüber den weiblichen 60-und-mehr-jährigen Tatverdächtigen eine größere Milde walten lässt. Es ist jedoch zu berücksichtigen, dass sich bei den weiblichen Beschuldigten nahezu jeder 5. Tatverdacht auf einen Diebstahl bezog. Hierbei handelt es sich in aller Regel um Ladendiebstähle von geringwertigen Waren durch nicht vorbestrafte Beschuldigte[181]. Wird eine nicht vorbestrafte 60-und-mehr-jährige Person des Diebstahls von geringwertigen Waren beschuldigt, liegt eine Einstellung des Ermittlungsverfahrens nach §153 Abs.1 S.1 u. S.2 oder § 153a StPO nahe und ist kein Ausdruck einer im Gegensatz zu den männlichen Beschuldigten besonders geübten Milde. Dass die Staatsanwaltschaft gegenüber älteren, insbesondere weiblichen Beschuldigten darüber hinaus Gefühle wie Mitleid oder Fürsorge in ihre Entscheidung mit einfließen lässt, kann zwar nicht ausgeschlossen, anhand der erhobenen Daten jedoch zumindest nicht belegt werden.

Tabelle 30: Beendigungsarten Unter-60jährige, Geschlechter im Vergleich

Beendigungsart	Gesamt in %		Diebstahl in %		Übrige Delikte in %	
	Männlich	Weiblich	Männlich	Weiblich	Männlich	Weiblich
Abg. an VB gem. § 43 OWiG	6,63	10,23	0,00	0,00	7,45	12,62
Anklage	14,91	10,12	24,11	12,36	13,77	9,60
Einst. § 153 I S.1 u. 2 StPO	6,42	11,63	6,59	11,06	6,40	11,76
Einst. § 170 II StPO	35,82	31,00	24,37	24,66	37,24	32,48
Einst. § 170 II StPO wegen § 20 StGB	0,15	0,12	0,17	0,24	0,14	0,09
Einst. - § 153a StPO	2,86	5,04	4,03	9,23	2,72	4,06
Strafbefehl	7,73	8,55	6,00	9,95	7,95	8,23
Insgesamt	74,52	76,69	65,28	67,50	75,66	78,84

Ein Blick auf die geschlechterspezifischen Unterschiede bei der Verfahrensbeendigung der Unter-60jährigen, bestätigt die Annahme, dass die geringere Anklagequote bei den 60-und-mehr-jährigen Frauen kein Ausdruck besonderer Milde gegenüber älteren weiblichen Beschuldigten sein muss. Wie aus *Tabelle 30* erkennbar wird, wurden auch jüngere weibliche Beschuldigte seltener angeklagt als die Männer derselben Altersgruppe.

---

[181] Zu den Fragen der Häufigkeit von Ladendiebstählen, dem durchschnittlichen Wert der gestohlenen Güter und der Anzahl der Vorstrafen innerhalb der Untersuchungsgruppe an späterer Stelle mehr.

II. Anklage

Tabelle 31: Deliktsverteilung der angeklagten Taten bei den 60-und-mehr-jährigen

Missachtetes Gesetz/ Vorschrift	Männlich		Weiblich		Gesamt	
	Anzahl	%	Anzahl	%	Anzahl	%
§ 370 AO (Steuerhinterziehung)	9	3,83	4	7,69	13	4,53
Arbeits- und Wirtschaftssektor (außerhalb StGB)	11	4,68	1	1,92	12	4,18
BtMG	1	0,43	1	1,92	2	0,70
Sonstige Nebengesetze	3	1,28	1	1,92	4	1,39
§ 6 PflVG	0	0,00	1	1,92	1	0,35
Straftaten gegen öffentliche Ordnung und demokratischen Rechtsstaat	3	1,28	0	0,00	3	1,05
Unerlaubtes Entfernen vom Unfallort	31	13,19	12	23,08	43	14,98
Aussagedelikte	7	2,98	1	1,92	8	2,79
Falsche Verdächtigung	2	0,85	0	0,00	2	0,70
Straftaten gegen die sexuelle Selbstbestimmung	10	4,26	0	0,00	10	3,48
Beleidigung	5	2,13	1	1,92	6	2,09
Mord- und Totschlag	2	0,85	0	0,00	2	0,70
Fahrlässige Tötung	1	0,43	1	1,92	2	0,70
Vorsätzliche Körperverletzung	20	8,51	3	5,77	23	8,01
Fahrlässige Körperverletzung	1	0,43	0	0,00	1	0,35
Straftaten gegen die persönliche Freiheit	8	3,40	1	1,92	9	3,14
Diebstahl und Unterschlagung	18	7,66	5	9,62	23	8,01
Begünstigung und Hehlerei	0	0,00	1	1,92	1	0,35
Betrug und Untreue	37	15,74	6	11,54	43	14,98
Urkundenfälschung	4	1,70	1	1,92	5	1,74
Insolvenzstraftaten	3	1,28	1	1,92	4	1,39
Strafbarer Eigennutz	2	0,85	1	1,92	3	1,05
Sachbeschädigung	2	0,85	1	1,92	3	1,05
Verkehrsdelikte (StGB)	24	10,21	9	17,31	33	11,50
Umweltstraftaten	1	0,43	0	0,00	1	0,35
StVG	22	9,36	0	0,00	22	7,67
Verstoß gegen WaffG	8	3,40	0	0,00	8	2,79
Insgesamt	235	100,00	52	100,00	287	100

Im Untersuchungszeitraum wurden 287 Personen angeklagt, die 60 Jahre und älter waren. Davon waren lediglich rund 18 % Frauen. Die prozentualen Angaben beziehen sich auf das jeweilige Geschlecht. Die Taten, die am häufigsten angeklagt wurden, waren das Unerlaubte Entfernen vom Unfallort, Verkehrsdelikte (StGB) sowie Betrug und Untreue. Auch Straftaten nach dem StVG, sowie die vorsätzliche Körperverletzung kamen häufig vor. Gleiches gilt für Diebstahl und Unterschlagung. Diese haben jedoch aufgrund der bei ihnen vorliegenden hohen Einstellungsquote nicht mehr dieselbe prozentuale Relevanz wie noch im Ermittlungsverfahren. Im Vergleich mit dem prozentualen Vorkommen im Ermittlungsverfahren fällt auf, dass nicht nur Diebstahl und Unterschlagung geringe Anklagequoten aufweisen, sondern allen voran die Fahrlässige Körperverletzung verhältnismäßig deutlich seltener angeklagt wird als andere Delikte. Während die fahrlässige Körperverletzung im Ermittlungsverfahren noch 12,01 % der vorgeworfenen Taten ausmachte, sind es nach Anklageerhebung lediglich 0,35 % der Taten. Von den 503 der fahrlässigen Körperverletzung Beschuldigten wurde letztlich nur eine Person auch tatsächlich wegen fahrlässiger Körperverletzung angeklagt.

Das Unerlaubte Entfernen vom Unfallort war bei den Frauen der Untersuchungsgruppe prozentual deutlich häufiger vertreten. Die absoluten Zahlen waren jedoch bei den Männern, aufgrund des geringen Frauenaufkommens im Ermittlungsverfahren und der geringeren Anklagequote bei den Frauen, höher. Auch die Verkehrsdelikte kamen bei den Frauen prozentual häufiger vor als bei den Männern. Ebenso waren Diebstahl und Unterschlagung bei den Frauen die prozentual häufiger angeklagten Taten. Bei den angeklagten Männern wiederum waren die vorsätzliche Körperverletzung sowie Betrug und Untreue häufiger vertreten. Delikte nach dem StVG kamen ausschließlich bei den männlichen Angeklagten vor. Frauen wurden im Untersuchungszeitraum prozentual häufiger wegen Steuerhinterziehung angeklagt, in absoluten Zahlen betrachtet waren jedoch auch hier die Männer stärker vertreten.

Tabelle 32: Alter der Angeklagten

Alter	männlich	weiblich	Gesamt
61	34	6	40
62	27	5	32
63	27	3	30
64	18	2	20
65	8	2	10
66	37	0	37
67	20	7	27
68	18	4	22
69	5	0	5
70	11	5	16
71	3	2	5
72	5	0	5
73	5	1	6
74	4	5	9
75	0	1	1
76	1	0	1
77	2	1	3
78	1	0	1
79	1	3	4
80	2	0	2
81	0	0	0
82	2	3	5
83	1	0	1
84	1	0	1
85	1	1	2
86	0	1	1
87	1	0	1
88 u. älter	0	0	0

Schaubild 6: Alter der Angeklagten, Graphische Darstellung

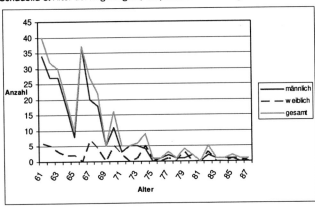

Die Erfassung des Alters der 60-und-mehr-jährigen Angeklagten im Untersuchungszeitraum zeigt ein Abflachen der Kriminalität mit zunehmendem Alter. Dies kann auf das Nachlassen physischer Kräfte, Tod oder das Ausbleiben von Kriminalitätsanreizen zurückzuführen sein. Die meisten Angeklagten waren zwischen 60 und 70 Jahren, der älteste Angeklagte war 87 Jahre alt.

C. Diebstahl

Um herauszufinden, ob die verhältnismäßig geringe Anklagequote bei den älteren Tatverdächtigen überwiegend auf einer staatsanwaltschaftlich geübten Milde oder vielmehr auch auf der geringeren Schwere der mutmaßlichen Tatverwirklichungen beruht, wurden beispielhaft alle verfügbaren Akten der Untersuchungsgruppe von Diebstählen ohne erschwerende Umstände bearbeitet[182]. Dies waren 542 Akten. Davon bezogen sich 348 Verfahren auf männliche und 177 auf weibliche Tatverdächtige. In 17 Fällen fehlten Angaben zum Geschlecht, welches auch nicht mittels anderweitiger Informationen bestimmt werden konnte (Diese 17 Personen werden bei Tabellen mit Geschlechtsangaben sodann auch stets als eigene Gruppe „k.A. –keine Angaben-" aufgeführt). Darüber hinaus wurde der Frage nachgegangen, ob der Diebstahl als Prädilektionsdelikt alter Straftäter tatsächlich als Kriminalität des psychischen Abbaus zu verstehen ist oder ob ältere Täter sich ihres Handels noch überaus bewusst sind.

I. Verhältnis von Ladendiebstahl zu Diebstahl im Übrigen

Tabelle 33: Verteilung der Untersuchungsgruppe auf Ladendiebstahl und sonstigen Diebstahl, Geschlechter im Vergleich

Ladendiebstahl	Gesamt		Männlich		Weiblich		k.A.	
	Anzahl	%	Anzahl	%	Anzahl	%	Anzahl	%
Ja	457	84,32	292	83,91	153	86,44	12	70,59
Nein	84	15,50	55	15,80	24	13,56	5	29,41
k.A.	1	0,18	1	0,29	0	0,00	0	0,00
Insgesamt	542	100,00	348	100,00	177	100,00	17	100,00

Mit 84,32 % macht der Ladendiebstahl im Untersuchungszeitraum deutlich den Schwerpunkt der Diebstähle aus. Auf dem Ladendiebstahl soll deshalb auch das Hauptaugenmerk der nachfolgenden Untersuchungen liegen. Die Fälle des sonstigen Diebstahls entziehen sich einer vergleichenden Untersuchung. Sie unterscheiden sich in ihrer Entstehungsgeschichte, Ausführung und dem Ausmaß des verwirklichten Schadens stark voneinander. Der Vergleich zwischen den männlichen und den weiblichen Beschuldigten der Untersuchungsgruppe ergibt hinsichtlich der Verteilung auf Ladendiebstahl und übrige Diebstähle keine nennenswerten Unterschiede.

---

[182] Neben dem Diebstahl sind zwar ebenso die Straßenverkehrsdelikte quantitativ für die Kriminalität der 60-und-mehr-jährigen höchst relevant. Die Ursachen für die hohen Einstellungsquoten bei den Straßenverkehrdelikten wurden jedoch bereits auf S.56 erörtert. Ferner liegen hier die Hintergründe zur Tatmotivation angesichts des hohen Anteils an fahrlässig begangenen Taten auf der Hand.

II. Alter der Beschuldigten

Schaubild 7: Alter der Beschuldigten nach Geschlecht, Ladendiebstahl

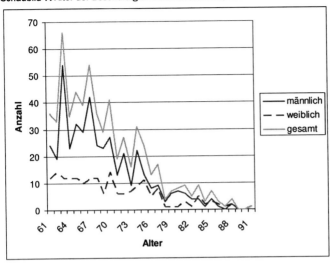

Schaubild 7 stellt das Alter der Beschuldigten bei der Tatbegehung graphisch dar. Die Delinquenz ist mit zunehmendem Lebensalter, wie bereits ausgeführt, absteigend. Dennoch scheint es auch im Alter nochmals Höhepunkte der kriminellen Energie zu geben. Während diese bei den Männern im Untersuchungszeitraum mit 64-65 Jahren erreicht wurden, war anschließend das Delinquenzverhalten deutlich absteigend. Erwartungsgemäß nahm die Anzahl der Beschuldigten ab Erreichen des 80. Lebensjahres rapide ab. Bei den Frauen gab es keinen derartigen Höhepunkt krimineller Betätigung. Dies mag womöglich daran liegen, dass die Mehrheit der männlichen Bevölkerung mit Anfang 60 noch arbeitet und während der Berufstätigkeit nur ein geringer Anreiz zum Ladendiebstahl besteht. Bei den Frauen der älteren Generation sind hingegen viele nicht bis über das 60. Lebensjahr hinaus berufstätig. Für sie existiert nach dem 60. Lebensjahr keine für alle Frauen gleichsam geltende besondere Altersmarke, die statistisch zu eklatanten Veränderungen im Rechtsverhalten führt.

Bei der Interpretation des vorangestellten Schaubildes muss berücksichtigt werden, dass die Kurve der Männer auch deshalb im Alter zwischen 60 und 70 derart ausschlagen kann, weil in diesem Lebensalter im Gegensatz zum höheren Alter auch eine größere männliche Population existiert. Des Weiteren kann eine Kurve mit höheren Fallzahlen Unterschiede stärker vor Augen führen, als eine Kurve mit niedrigeren Fallzahlen. Gleichwohl demonstriert das nachfolgende Schaubild, dass die Altersverteilung bei den Diebstahlsprobanden nicht ausschließlich auf die jeweilige Größe der Bevölkerungsgruppe und Zufälligkeiten zurückzuführen ist.

Schaubild 8: Alter der Beschuldigten nach Geschlecht, alle Delikte

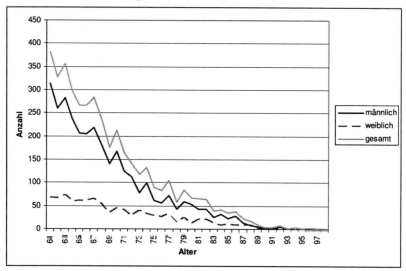

Schaubild 8 veranschaulicht das Alter aller Beschuldigten der Untersuchungsgruppe. Hierbei lässt sich, anders als nur bei den Diebstahlsverdächtigten, ein kontinuierlicher Abstieg im Kriminalitätsverhalten mit zunehmendem Alter erkennen. Ein kurzer krimineller Höhepunkt in Höhe des 64.-65. Lebensjahres existiert nicht. Das Delinquenzverhalten ist vielmehr von Beginn der Darstellung an absteigend. Dies lässt vermuten, dass sich der Eintritt in das Rentenseintrittsalter lediglich beim Diebstahl stark kriminalitätsfördernd auswirkt.

III. Vorstrafen

Tabelle 34: Vorstrafen beim Ladendiebstahl

Vorstrafen (beim Ladendiebstahl)	Gesamt		Männlich		Weiblich		k.A.	
	Anzahl	%	Anzahl	%	Anzahl	%	Anzahl	%
0	399	87,31	247	84,59	140	91,50	12	100,00
1-2	28	6,13	22	7,53	6	3,92	0	0,00
≥3	25	5,47	20	6,85	5	3,27	0	0,00
k.A.	5	1,09	3	1,03	2	1,31	0	0,00
Insgesamt	457	100,00	292	100,00	153	100,00	12	100,00

Bei der Bewertung der dargestellten Zahlen ist zu beachten, dass leichte Verzerrungen durch Mehrfachtäter, sprich Täter die im Untersuchungszeitraum wiederholt aktenkundig wurden, möglich sind. Auffällig ist die mit 87,31 % hohe Anzahl an Ersttätern beim Ladendiebstahl. Ob die beim Ladendiebstahl Ertappten tatsächlich Ersttäter waren, lässt sich indes anhand des BZR-Auszuges zweifelsohne nicht klären[183]. Zu beachten ist an dieser Stelle insbesondere das Institut der Straftilgung, welches die Entfernung einer Eintragung über eine Verurteilung aus dem Bundeszentralregister nach Ablauf einer nach Delikt und Straffolge individuell zu bestimmenden Frist bewirkt. Es ist gleichwohl davon auszugehen, dass zumindest überwiegend keine erhebliche Anzahl unentdeckter Diebstahlstaten bei den vermuteten Ersttätern vorgelegen haben wird. Ohne Aufdeckung bleibt es selten bei einer nur äußerst sporadischen Diebstahlsbegehung. Bei einer über Jahre hinweg häufigen Begehung ist es allerdings unwahrscheinlich, dass in derart vielen Fällen keine Aufdeckung der Tat stattfindet. Anders als z.B. beim Täterkreis der Hehlerei, sind beim Diebstahl überdies nicht zwingend Täter zu erwarten, deren Neigungen, gegen die Rechtsordnung zu verstoßen, zeitlebens groß war[184].

Innerhalb der Gruppe der Vorbestraften handelte es sich in 9 Fällen um Täter, die laut BZR-Auszug erstmalig nach dem 60. Lebensjahr eine Vorstrafe erhielten (Hiervon waren 4 Personen männlich und 5 weiblich). In einem Fall erfolgte die erste Vorstrafe kurz vor dem 60. Lebensjahr. Diese 10 Fälle so genannter Alterskriminalität machen von den Vorbestraften 18,87 % aus. Zu berücksichtigen ist natürlich, dass gleichfalls alle Ladendiebstähle ohne Vorstrafen, zumindest statistisch, Fälle von nach dem 60. Lebensjahr begonnener Kriminalität und somit Alterskriminalität darstellen. Von den Vorbestraften waren 14 Personen (7 männlich/ 7 weiblich) einschlägig vorbestraft, d.h. 26,42 % der Vorbestraften.

Der Vergleich zwischen den männlichen und weiblichen des Ladendiebstahls Verdächtigten ergibt, dass bei den Frauen fehlende Vorstrafen noch häufiger waren. Laut BZR-Auszug waren 91,50 % Ersttäterinnen. Somit war weniger als jede 10. des Ladendiebstahls beschuldigte Frau vorbestraft.

Tabelle 35: Vorstrafen bei den übrigen Diebstahlsfällen

Vorstrafen (übrige Diebstahls-fälle)	Gesamt		Männlich		Weiblich		k.A.	
	Anzahl	%	Anzahl	%	Anzahl	%	Anzahl	%
0	55	65,48	31	56,36	21	87,50	3	60,00
1-2	6	7,14	4	7,27	2	8,33	0	0,00
≥3	23	27,38	20	36,36	1	4,17	2	40,00
Insgesamt	84	100,00	55	100,00	24	100,00	5	100,00

Innerhalb der übrigen Diebstahlsfälle waren weniger Tatverdächtige, nämlich nur 65,48 %, ohne Vorstrafen. Gleichwohl ist jedoch auch dies ein hoher Anteil an statistischen Ersttätern. Die Diebstahlsverdächtigen mit lediglich 1-2 Vorstrafen waren mit 7,14 % ähnlich stark wie beim Ladendiebstahl vertreten. Deutlich höher ist hier vielmehr die Anzahl der Tatverdäch-

---

183   Siehe hierzu ebenso: Kreuzer/Hürlimann, in: Kreuzer/Hürlimann, S.28.
184   Bürger-Prinz/Lewrenz, S.21.

tigen mit 3 und mehr Vorstrafen. Diese ist mit 27,38 % um 21,91 % höher als bei den Ladendiebstahlsfällen. Dies ist nahezu der Prozentsatz der bei den Nichtvorbestraften im Vergleich zur gleichen Gruppe beim Ladendiebstahl fehlt. Von den Vorbestraften innerhalb der übrigen Diebstahlsfälle sind in 4 Fällen die Vorstrafen erst nach dem 60. Lebensjahr verhängt worden (hierbei handelte es sich ausschließlich um männliche Beschuldigte). Dies macht 13,79 % der Vorbestraften unter den übrigen Diebstahlsdelikten aus. Von den Vorbestraften waren 10 einschlägig vorbestraft (hiervon waren 9 Personen männlich und eine Person weiblich). Dies stellt 34,48 % von den Vorbestraften innerhalb der sonstigen Diebstahlsverdächtigungen dar. Auch bei den übrigen Diebstahlsfällen führt der Vergleich zwischen den männlichen und den weiblichen Tatverdächtigen zu dem Ergebnis, dass die beschuldigten Frauen häufiger ohne Vorstrafen waren als die beschuldigten Männer.

IV. Diebstahlsobjekt

1. Art des Diebstahlsobjektes

Tabelle 36: Diebstahlsobjekt beim Ladendiebstahl, Geschlechter im Vergleich

Diebstahlsobjekt	Gesamt		Männlich		Weiblich		k.A.	
	Anzahl	%	Anzahl	%	Anzahl	%	Anzahl	%
Schmuck und Accessoires	24	4,40	11	3,30	11	5,50	2	15,38
Alkohol	22	4,03	12	3,60	10	5,00	0	0,00
Autozubehör	3	0,55	2	0,60	1	0,50	0	0,00
Batterien	25	4,58	23	6,91	2	1,00	0	0,00
Bonusmärkchen von Lebensmittelprodukt	1	0,18	0	0,00	1	0,50	0	0,00
Bücher, Zeitschriften, Zeitungen	12	2,20	10	3,00	2	1,00	0	0,00
Computer/ Multimedia	14	2,56	11	3,30	3	1,50	0	0,00
Einrichtung, Dekorationsartikel, Pflanzen	10	1,83	5	1,50	5	2,50	0	0,00
Gesundheitsartikel	5	0,92	2	0,60	3	1,50	0	0,00
Haushaltsartikel	34	6,23	22	6,61	11	5,50	1	7,69
Heimwerkerbedarf	117	21,43	104	**31,23**	9	4,50	4	30,77
Kleidung	28	5,13	9	2,70	18	9,00	1	7,69
Kosmetik- und Toilettenartikel	72	**13,19**	20	6,01	51	**25,50**	1	7,69
Lebensmittel	62	**11,36**	32	9,61	30	**15,00**	0	0,00
Rasierklingen	15	2,75	12	3,60	2	1,00	1	7,69
Sport, Spiel, Schreibwaren	20	3,66	16	4,80	3	1,50	1	7,69
Süßigkeiten	40	7,33	12	3,60	27	**13,50**	1	7,69
Tiernahrung	7	1,28	5	1,50	2	1,00	0	0,00
Zigaretten	35	6,41	25	7,51	9	4,50	1	7,69
Nicht definierbar	1	0,18	1	0,30	0	0,00	0	0,00
Keine Angaben	1	0,18	1	0,30	0	0,00	0	0,00
Insgesamt	546	100,00	333	100,00	200	100,00	13	100,00

Bei den einzelnen Ladendiebstählen erfolgte mitunter die Entwendung nicht nur einer Sache sondern mehrerer Sachen, welche teilweise unterschiedlichen Kategorien zuzuordnen waren. Aus diesem Grunde liegt die absolute Gesamtzahl der Diebstahlsobjekte auch über der Zahl der im Untersuchungszeitraum registrierten Ladendiebstahlsfälle. Wurden hingegen bei einem Ladendiebstahl mehrere Sachen entwendet, die allesamt derselben Kategorie zuzuordnen sind, so wurde dies lediglich mit einem Zählwert in der entsprechenden Kategorie bedacht.

Bei dem gestohlenen Schmuck und den entwendeten Accessoires handelte es sich um Waren, die eher dem Niedrigpreissegment zuzuordnen waren. Der Gruppe der Accessoires wurden z.B. Schlüsselanhänger und Portemonnaies zugeordnet, welche die Beschuldigten teilweise aus Wühltischen entwendet hatten. Zu dieser Gruppe zählen keine Einrichtungsaccessoires. Diese wurden der Kategorie „Einrichtung, Dekoration, Pflanzen" zugeordnet. Unter den Begriff der Accessoires fällt vorliegend ausschließlich solches Beiwerk, welches unmittelbar am Körper getragen oder zumindest in der Handtasche mitgeführt wird. Mit 4,40 % ist diese Kategorie zwar nicht zu den Favoriten der betagten Ladendiebe zu zählen, sie spielt sich jedoch in einem sichtbaren und nicht vollends unbedeutenden Zahlenbereich ab. Bei den Frauen ist diese Kategorie prozentual leicht häufiger vertreten.

Alkoholische Getränke sind mit 4,03 % in etwa gleich stark vertreten. Bei lediglich 22 von 546 Diebstahlsobjekten handelte es sich um Alkoholika. In diesen Fällen ging es sowohl um das Einstecken größerer Flaschen, als auch um die Entwendung von kleinen, vornehmlich im Kassenbereich befindlichen, hochprozentigen Alkoholfläschchen. Auch hier waren die Frauen prozentual leicht häufiger vertreten. Die Objektgruppe „Batterien" wird als eigenständige Kategorie aufgeführt. Zum einen weil sie mit ihren 4,58 % für sich bereits eine prozentual gewichtige Gruppe darstellt. Zum anderen konnte keine Zuordnung zu einer anderen Kategorie stattfinden, da nicht ersichtlich wurde, für welche konkrete Verwendung die Batterien gestohlen wurden. Von den erfassten 25 Fällen waren die Beschuldigten in lediglich 2 Fällen weiblichen Geschlechts. Bei der Kategorie „Bonusmärkchen von Lebensmittelprodukt" handelt es sich um einen Fall, in dem auf Joghurtbechern befestigte Bonusmärkchen entfernt und eingesteckt wurden. Die Joghurtbecher wurden hingegen wieder zurück in das Kühlregal gestellt. Innerhalb der Gruppe „Computer/Multimedia" lag der Schwerpunkt auf dem Entwenden von DVD's und CD's.

Unter der Kategorie „Gesundheitsartikel" sind Vitaminpräparate und ähnliche Nahrungsergänzungsmittel, die in einem gewöhnlichen Supermarkt erhältlich sind, zu verstehen. Diebstähle in Apotheken kamen im Untersuchungszeitraum überhaupt nicht, Diebstähle in sonstigen kleineren Läden nur ein einziges Mal vor. Dies kann darauf zurückzuführen zu führen sein, dass die Hemmschwelle zur Diebstahlsbegehung im anonymisierten Discounter, insbesondere wegen der Vielzahl sich dort aufhaltender Personen, niedriger liegt. Darüber hinaus besteht bei kleineren Geschäften, wie z.B. auch bei Apotheken, gerade bei alten Leuten oftmals eine intensivere Bindung zum Ladenpersonal, die entweder vor einem Bestehlen zurückschrecken oder zumindest eine Strafanzeige seitens der Geschäftsinhaber unterbleiben lässt. Ein Supermarkt wird in aller Regel nicht mit einer bestimmten Person in Verbindung gebracht, zumal die Ansicht verbreitet sein wird, dass man dem bestohlenen Unternehmen mit der eigenen Tat ohnehin keinen nennenswerten Schaden zufüge. Überdies werden mangels ausreichender Überwachung und fehlender Diebstahlssicherungen, Diebstähle in kleineren Geschäften womöglich seltener aufgedeckt. In nahezu allen hier aufgeführten Ladendiebstahlsfällen, in denen ein Ermittlungsverfahren eingeleitet wurde, hat ein Ladendetektiv bei der Aufdeckung des Diebstahls mitgewirkt.

Die Gruppe „Haushaltsartikel" war mit 6,23 % vertreten. Hierunter fallen nicht nur in der älteren Generation allgemein als typisch weiblich bezeichnete Artikel, wie z.B. Putztücher und Reinigungsmittel, sondern auch Glühbirnen. Da in der älteren Generation noch überwiegend die Männer mit „handwerklichen" Tätigkeiten, wie z.B. dem Glühbirnen auswechseln, betraut sein werden, waren bei den Haushaltsartikeln deshalb die Männer auch prozentual leicht häufiger vertreten. Mit 117 aktenkundigen Verdächtigungen und 21,43 % der Gesamtzahl macht die Kategorie „Heimwerkerbedarf" bei hiesiger Kategorieeinteilung den größten Anteil an Ladendiebstählen aus. Hierbei handelte es sich nahezu ausschließlich um männliche Verdächtige. Von denn 117 Verdächtigten waren 104 männlichen und lediglich 9 weiblichen Geschlechts. 4 Personen fielen unter die Gruppe „keine Angaben". In vielen Fällen waren Diebstahlsobjekte Schrauben und Nägel.

Die Kategorie „Kleidung" war mit 5,13 % vertreten. Die Verdächtigten waren mehrheitlich Frauen. Dass hier die Zahlen nicht höher waren, ist sicherlich auf die Diebstahlssicherung zurückzuführen, die in größeren Bekleidungsgeschäften an jedem Kleidungsstück befestigt ist. In Supermärkten oder Baumärkten zu stehlen, wo zwar Überwachungskameras und/ oder Ladendetektive, jedoch keine derartigen Diebstahlssicherungen eingesetzt werden, erscheint der überwiegenden Anzahl an Ladendieben als deutlich einfacher. Auf diese Weise lässt sich auch erklären, weshalb die 13,19 % an gestohlenen Kosmetik- und Toilettenartikeln vergleichsweise eher im Niedrigpreissegment anzusiedeln waren: Höherpreisige Kosmetik- oder Toilettenartikel, d.h. ab 20 € aufwärts, sind seltener im Supermarktsortiment zu finden. Mit 25,50 % gegenüber 6,01 % wurden Frauen weitaus häufiger verdächtigt Kosmetik- oder Toilettenartikel entwendet zu haben.

Lebensmittel wurden in 62 Fällen entwendet. Dies macht 11,36 % der Gesamtzahl der gestohlenen Güter aus. Die Frauen waren hier prozentual häufiger vertreten. Süßigkeiten waren in 40 Fällen Diebstahlsobjekt (7,33 %). Auch hier waren weitaus häufiger die Beschuldigten weiblichen Geschlechts. Mehrfach wurden bei einem einzigen Diebstahl sowohl gewöhnliche Lebensmittel als auch Süßigkeiten entwendet. Nimmt man beide Kategorien zusammen kommt man auf 102 Fälle und 18,69 % der gesamten Diebstahlsobjekte. Dies würde nach dem Heimwerkerbedarf die zweitgrößte Gruppe darstellen. Der Gruppe „Süßigkeiten" sollte jedoch eigene Bedeutung zugebilligt werden, weil es sich hierbei nicht um die schlichte Deckung des Nahrungsbedarfes handelt. Beim Verzehr von Süßigkeiten geht es im besonderen Maße darum, sich etwas zu gönnen. Die entwendeten Süßigkeiten waren weit überwiegend Schokoladenartikel der höheren Preiskategorie. In vielen Fällen handelte es sich um Pralinenschachteln oder besondere Editionen hochwertiger Marken.

Rasierklingen waren in 15 Fällen Objekt des Diebstahls. Sie werden als eigene Gruppe aufgeführt und nicht zu der Kategorie „Kosmetik- und Toilettenartikel" hinzugeordnet, da diese Gruppe für ein derart spezielles Gut eine relativ hohe Fallzahl aufweist. Die Interpretationsmöglichkeiten für diese Häufung sind zahlreich. Rasierklingen könnten als Männlichkeitssymbol für ältere Männer, die sich häufig in ihrer Männlichkeit gehemmt fühlen, von Bedeutung sein. Nahe liegender ist jedoch, dass die im Alltag dringend notwendigen Rasierklingen ein relativ teures Kosmetikprodukt darstellen, dessen Preis von vielen Kunden nicht akzeptiert wird. Rasierklingen wurden deshalb häufig gestohlen. Aus diesem Grund befinden sich die Rasierklingen inzwischen in vielen Supermärkten in Kassennähe oder werden gar nur auf Verlangen, mitunter an gesonderten Verkaufstellen, herausgegeben. Möglicherweise wären sonst Diebstähle von Rasierklingen noch häufiger. Denkbar ist ebenso, dass das Einstecken der inzwischen erschwert zu stehlenden Rasierklingen gerade für Täter, die beim Stehlen nicht den einfachsten Weg gehen, sondern primär den Nervenkitzel suchen, ein besonders reizvolles Unterfangen darstellt. Zu einem während des Untersuchungszeitraumes ebenfalls häufiger aufgetauchten Diebstahlsobjekt, das gleichfalls in Kassennähe verwahrt wird, zählen mit 35 Fällen und 6,41 % der Gesamtanzahl die Zigaretten. Die Verdächtigten waren hier häufiger männlichen Geschlechts.

Aus den Angaben der *Tabelle 36* sollte nicht ohne weiteres auf die speziellen Vorlieben alter Menschen geschlossen werden. Möglicherweise werden manche Sachen besonders häufig gestohlen, weil sie sich leichter einstecken lassen als andere Sachen und nicht ausschließlich deswegen, weil alte Menschen ein gesteigertes Bedürfnis nach ihnen haben. Bei einigen Produkten, so z.B. bei den Rasierklingen, können sich der Preis und/ oder die Verpackungsgröße kriminalitätsfördernd oder -hemmend auswirken. So sind beispielsweise die häufig gestohlenen Süßigkeiten relativ teure Produkte, die sich aufgrund ihrer geringen Verpackungsgröße zumeist leicht einstecken lassen. Im Rahmen der Gruppe „Heimwerkérbedarf" wurde von den Verdächtigten mitunter vorgetragen, man habe nur wenige Schrauben/Nägel benötigt, die kleinsten Packungen hätten jedoch deutlich mehr Schrauben/Nägel beinhaltet und seien ausgesprochen teuer gewesen.

Was gestohlen wird, ist letztlich auch davon abhängig, welches Angebot es am Tatort gibt. Die bevorzugten Tatorte der Untersuchungsgruppe waren Supermärkte und Baumärkte, weshalb auch die dort erhältlichen Produkte besonders häufig Objekt von Diebstählen waren. Kleidung und Multimediaprodukte lassen sich aufgrund der überwiegenden Diebstahlsicherung schwieriger entwenden. Beim alltäglichen Einkauf ab und an ein kleineres unterhalb der 20 €- Grenze liegendes Produkt zu entwenden, tangiert überdies das Unrechtsgefühl des Stehlenden nicht so sehr, wie wenn er in einem Bekleidungsgeschäft einen teuren Mantel stehlen würde.

Trotz dieser relativierenden Erwägungen, fällt jedoch auf, dass im Untersuchungszeitraum Gegenstände aus der Kategorie „Heimwerkerbedarf" sehr häufig Objekt eines Diebstahls waren. Bei den männlichen Verdächtigen stellen sie mit großem Abstand das favorisierte Diebstahlsgut dar. Bei den weiblichen Verdächtigen ging es am häufigsten um den Vorwurf des Entwendens von Kosmetik- und Toilettenartikeln, Lebensmitteln und Süßigkeiten. Da bei den Frauen kein derartiger Schwerpunkt wie der Heimwerkerbedarf bei den Männer existiert, sind bei ihnen in logischer Folge die Prozentzahlen bei den übrigen Kategorien höher, als sie es bei den männlichen Verdächtigen sein können.

Anhand der gestohlenen Güter ließ sich des Weiteren, zumindest nicht offensichtlich erkennen, dass die Täter in einer relevanten Anzahl von Fällen nicht für sich selbst, sondern z.b. für den Partner oder die Enkelkinder den Diebstahl begangen haben. So stahlen die Frauen, bis auf in zwei Fällen in der Kategorie „Rasierklingen", keine offensichtlichen Herrenprodukte. Andersrum gilt das gleiche für die männlichen Beschuldigten. Dies spricht für ein eher egoistisch gelagertes Motiv des Diebstahls. Bedenkt man, dass die männlichen Tatverdächtigen am häufigsten Heimwerkerbedarf und die weiblichen Tatverdächtigen Kosmetik- und Toilettenartikel entwendet haben sollen, so liegt dieses Motiv vermutlich überwiegend in der Ausübung typisch männlicher und typisch weiblicher Verhaltensweisen. Bei den Männern lässt sich die extreme Konzentration auf Gegenstände des Heimwerkerbedarfs damit erklären, dass Heimwerkertätigkeiten ein favorisiertes Betätigungsfeld eines Großteils der männlichen Ruheständler darstellen und die hierfür benötigten Materialen auf Dauer kostenintensiv sind. *Helga Reimann* weist darüber hinaus darauf hin, dass im Alter die Wohnung

„wegen der zunehmenden Einengung des Aktionsraumes durch Berufsaustritt und sonstigen Verlust an sozialen Funktionen, durch Nachlassen der körperlichen Leistungsfähigkeit und der sinnlichen Wahrnehmungskapazität für den Menschen besonders bedeutsam"

wird[185].

Überdies liegt insbesondere bei den weiblichen Tatverdächtigen die Vermutung nahe, dass neben dem nicht zu unterschätzenden Nervenkitzel als Kriminalitätsfaktor, das „Sich etwas gönnen" eine bedeutende Rolle spielt. Denn auffällig ist, dass beispielsweise in der Gruppe „Kosmetik und Toilettenartikel" keine Deodorants, Zahnpastatuben oder einfache Fettcremes gestohlen wurden. Diebstahlsobjekte waren stattdessen Schminkprodukte, Parfüms und Antifaltencremes, obwohl mitunter ein hautverträgliches De-

---

[185]   Reimann, Helga, in: Reimann/Reimann, S.140.

odorant teuerer sein kann, als Schminkartikel aus dem Discounter, welche größtenteils dem Niedrigpreissegment entstammten. Dies legt die Interpretation nahe, dass zumindest bei den Frauen der psychische und nicht der wirtschaftliche Vorteil, der sich von der Erlangung und Verwendung des Gutes versprochen wird, im Vordergrund stand. Für ein Produkt, mit dem man einen gewissen Luxus verbindet, fällt möglicherweise auch die Grenzüberschreitung leichter, als für einen rein wirtschaftlich lohnenswerten Diebstahl.

2. Durchschnittswert des Diebstahlsobjektes

Tabelle 37: Durchschnittswert des Diebstahlsobjektes, Geschlechter im Vergleich

Durchschnittswert des Diebstahlsobjektes	€
Ladendiebstahl	14,20
übrige Diebstähle	671,44
Ladendiebstahl/ männlich	13,55
Ladendiebstahl/ weiblich	16,16
Gesamt	116,03

Für die Ermittlung des Durchschnittswertes der Diebstahlsobjekte wurden die Werte, in aller Regel die Verkaufspreise, sämtlicher bei einem Diebstahl entwendeter Gegenstände zusammengerechnet. Die Werte der Diebstahlsobjekte bzw. die ermittelten Gesamtwerte wurden auf- oder abgerundet auf 50 Cent hinter der Kommastelle, bzw. auf den vollen Eurobetrag erfasst. Die Berechnung des Durchschnittswertes der Diebstahlsobjekte führte bei den Ladendiebstählen zu einem Wert von 14,20 €. Bei den Frauen war der Durchschnittswert der gestohlenen Objekte um 1,96 € höher angesiedelt. Bei den Männern um 0,65 € niedriger. In den übrigen Diebstahlsfällen wurden deutlich wertvollere Güter, wie z.B. Alteisen, Fahrradanhänger und Computer gestohlen. Hier lag der Durchschnittswert deshalb bei 671,44 €. Angesichts der Tatsache, dass einzelne besonders hochwertige Diebstahlsobjekte den Durchschnittswert stark anheben, kommt diesem nur eine eingeschränkt Aussagekraft zu. Aus diesem Grunde ist eine graphische Darstellung der Werteverteilung der einzelnen Diebstahlsobjekte angebracht.

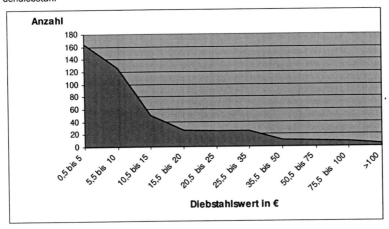

Das dargestellte Schaubild veranschaulicht, dass die beim Ladendiebstahl entwendeten Güter trotz des ermittelten Durchschnittswertes von 14,20 € in den weit überwiegenden Fällen sogar deutlich unter dieser Marke liegen. Die höchsten Fallzahlen liegen im Bereich 0,5 bis 5 € vor. Dies mag wohl primär darin begründet sein, dass im Discounter leicht einsteckbare kleinere Artikel mehrheitlich Produkte aus dem Niedrigpreisbereich sind.

Schaubild 10: Graphische Darstellung des Durchschnittswertes der Diebstahlsobjekte beim Ladendiebstahl, nach Geschlecht

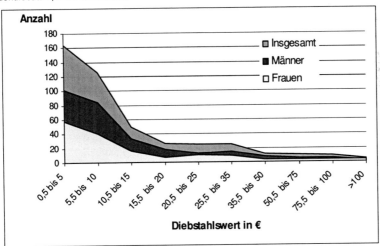

Die graphische Darstellung des durchschnittlichen Wertes der Diebstahlsobjekte nach Geschlecht lässt keine eklatanten Unterschiede erkennen. Bei den weiblichen Tatverdächtigen ist die Verteilung auf die einzelnen Wertbereiche jedoch relativ betrachtet gleichmäßiger. Bei den männlichen Beschuldigten ist der Bereich bis 15 € verhältnismäßig stärker vertreten.

V. Familienstand

Tabelle 38: Familienstand (alle Diebstahlsfälle), Geschlechter im Vergleich

Familienstand	Gesamt		Männlich		Weiblich		k.A.	
	Anzahl	%	Anzahl	%	Anzahl	%	Anzahl	%
Ledig	22	4,06	17	4,89	4	2,26	1	5,88
Verheiratet	223	41,14	160	45,98	57	32,20	6	35,29
Geschieden	58	10,70	32	9,20	24	13,56	2	11,76
(Ehe-) Partner verstorben	57	10,52	16	4,60	40	22,60	1	5,88
k.A.	182	33,58	123	35,34	52	29,38	7	41,18
Insgesamt	542	100,00	348	100,00	177	100,00	17	100,00

Die Erfassung der Angaben über den Familienstand bestätigt zumindest nicht etwaige Vermutungen, ein älterer Straftäter lebe in der Regel ohne feste partnerschaftliche Bindungen[186]. Von den Verdächtigten gaben 41,14 % an, verheiratet zu sein. Nur 4,06 % sagten aus, ledig zu sein. Die 10,52 % an Tatverdächtigen mit verstorbenen Ehegatten bzw. in den letzten Jahren verstorbenen Lebensgefährten sind altersentsprechend und lassen keine Rückschlüsse auf Witwernschaft als Kriminalitätsanreiz zu.

Bei den weiblichen Beschuldigten waren prozentual deutlich weniger Personen verheiratet und bei einem wesentlich höheren Prozentsatz war der Partner in den letzten Jahren verstorben. Letzteres mag vornehmlich darauf zurückzuführen sein, dass Frauen eine höhere Lebenserwartung haben und ihre Partner mehrheitlich überleben. Verstärkend kommt hinzu, dass insbesondere in den heute älteren Generationen Frauen ältere Partner haben. Im Schnitt ist hier der Mann drei Jahre älter als seine Ehefrau. Wenn Männer ihre Partnerinnen überleben, dann geschieht dies überwiegend nur um wenige Jahre, es sei denn, die Männer binden sich erneut[187]. Dementsprechend leben ältere Männer prozentual häufiger in festen Partnerschaften als ältere Frauen. Von letzteren gibt es aufgrund der dargestellten Faktoren im höheren Alter deutlich mehr, weshalb auch rein rechnerisch nicht alle älteren Frauen einen männlichen Lebenspartner derselben Altersgruppe haben könnten, andersherum wäre dies jedoch gleichwohl möglich.

Bürger-Prinz/ Lewrenz schließen aus der hohen Anzahl verheirateter männlicher Beschuldigter, *„daß selbst die Ehe den Mann über 60 Jahre weniger vor Straffälligkeit schützen kann, als im jüngeren Alter"*.[188] Die Anzahl derer, die keine Angaben zum Familienstand tätigten, ist jedoch nicht unbeachtlich, so dass die ermittelten Ergebnisse nicht überbewertet werden dürfen.

---

[186] Vgl. hierzu überdies: Bürger-Prinz/Lewrenz, S.45.
[187] NZZ Folio, 04/07, Till Raether.
[188] Ebenso: Amelunxen, 1960, S.45,46.

VI. Beruf

Tabelle 39: Angaben zum erlernten Beruf

Angaben: Erlernter Beruf	männlich	weiblich	k.A.
Arzt	0	1	0
Beamter	2	2	0
Berufssoldat	2	0	0
Buchdrucker und Schriftsetzter	1	0	0
Buchhalter	0	1	0
Chemiearbeiter	1	0	0
Handwerklicher Beruf	21	0	0
Hausmeister	2	0	0
Ingenieur	6	0	0
Journalist	1	0	0
Kaufmann	3	4	0
Lastwagenfahrer	1	0	0
Krankenpfleger	1	0	0
Laborant	1	0	0
Näher	0	1	0
Schuhmacher	2	0	0
Keinen Beruf erlernt	0	1	0
keine Angaben	304	167	17

Tabelle 40: Angaben zum derzeitig ausgeübten Beruf

Angaben: Derzeitiger Beruf	männlich	weiblich	k.A.
Abteilungsleiter	1	0	0
Angestellter	1	3	0
Arbeiter	1	3	0
Arzt	1	0	0
Busfahrer, Lastwagenfahrer	3	0	0
Schneider	0	1	0
Handwerklicher Beruf	19	0	0
Ingenieur, Konstrukteur	4	0	0
Kaufmann	2	2	0
Koch	1	0	0
Krankengymnast, Heilerziehungspfleger	0	2	0
Kunsthistoriker	0	1	0
Landwirt	1	0	0
Maschinist	1	0	0
Metzger	1	0	0
Regisseur	1	0	0
Reinigungskraft	0	3	0
Verwaltungsangestellter	0	1	0
Werbegestalter, Designer, Einrichtungsberater	1	2	0
Selbstständig	1	0	1
Hausfrau/Hausmann	1	25	0
Arbeitslos	15	3	0
Rentner	206	86	5
keine Angaben	87	44	11

Die Angaben über den erlernten und den ausgeübten Beruf lassen aufgrund der hohen Anzahl derer, die keine Angaben machten, nur geringfügig Interpretationen zu. Die Auswertung zeigt jedoch eine deutliche Tendenz hin zur Schlussfolgerung, dass Kriminalität im Alter in allen Gesellschafts- und Bildungsschichten vorkommt. Verglichen mit jüngeren Beschuldigten ist hier vermutlich die Anzahl von Berufen, die ein gewisses Bildungsniveau voraussetzen und einen gutes Verdienstniveau zur Folge haben gar besonders hoch. Bei den Männern ist lediglich die Gruppe der handwerklichen Berufe etwas ausgeprägter vertreten. Hierbei ist jedoch zu berücksichtigen, dass eine Vielzahl der für Männer der älteren Generation gegebenen Berufsmöglichkeiten unter diese Kategorie fällt. Gleiches gilt für die bei den Frauen etwas stärker vertretene Gruppe der Hausfrauen. Angesichts der hohen Anzahl an Hausfrauen in der älteren Generation wäre hier sogar eine weitaus höhere Zahl zu erwarten gewesen. Denkbar ist jedoch, dass Ehefrauen von Rentnern gleichfalls angeben Rentner zu sein, ohne dass sie in jüngeren Jahren über einen Zeitraum von mehreren Jahrzehnten einer beruflichen Tätigkeit nachgegangen sind.

VII. Vorgetragenes Diebstahlsmotiv

Tabelle 41: Vorgetragenes Diebstahlsmotiv, alle Diebstahlsfälle

Vorgebrachte Begründung (Mehrfachnennung möglich, deshalb erhöhte Gesamtanzahl)	Gesamt		Männlich		Weiblich		k.A.	
	Anzahl	%	Anzahl	%	Anzahl	%	Anzahl	%
Alkoholkonsum	2	1,18	1	1,01	1	1,49	0	0,00
Brauchte nicht gesamte Packung	3	1,78	2	2,02	1	1,49	0	0,00
Frust wegen vorheriger Fehlkäufe	2	1,18	1	1,01	1	1,49	0	0,00
Gegessen/getrunken	8	4,73	3	3,03	5	7,46	0	0,00
Gehörte mir	4	2,37	4	4,04	0	0,00	0	0,00
Kann ich mir nicht erklären, keine Erinnerung	33	19,53	18	18,18	14	20,09	1	33,33
Kein Geld	6	3,55	3	3,03	3	4,48	0	0,00
Leugnen	2	1,18	2	2,02	0	0,00	0	0,00
Mir ging es nicht gut (psychisch/ Kreislauf)	14	8,28	4	4,04	10	14,93	0	0,00
Missverständnis	10	5,92	3	3,03	7	10,45	0	0,00
Politisches Statement	2	1,18	2	2,02	0	0,00	0	0,00
Pornofilm, nicht getraut zu kaufen	1	0,59	1	1,01	0	0,00	0	0,00
Sohn wollte Geld, gedroht	1	0,59	0	0,00	1	1,49	0	0,00
Vergessen, dass noch in der Tasche/Hand etc.	76	44,97	50	50,51	24	35,82	2	66,67
Wollte Personal testen	1	0,59	1	1,01	0	0,00	0	0,00
Wollte erst schauen, ob es passt	3	1,78	3	3,03	0	0,00	0	0,00
Wollte selbst umtauschen	1	0,59	1	1,01	0	0,00	0	0,00
Insgesamt	169	100,00	99	100,00	67	100,00	3	100,00

Die geringe Gesamtanzahl ist darauf zurückzuführen, dass der Anteil derer, die keine Angaben zu ihrer Tatmotivation machen wollten, sehr hoch war. Um aussagekräftige prozentuale Werte zu erhalten, wurde diese Gruppe nicht in die oben aufgeführte Tabelle übernommen.

Die Kategorie „Gegessen/getrunken" bezieht sich auf solche Fälle, in denen die Verdächtigen im Discounter Flaschen geöffnet und daraus getrunken haben, bzw. in einem Fall Pralinen gegessen wurden. Die Flasche bzw. die Verpackung wurde jeweils wieder zurück in die Verkaufsregale gestellt und nicht bezahlt. Nach der Entdeckung gaben die Verdächtigen an, schlichtweg Durst oder Hunger gehabt zu haben und vermittelten mit ihrem Vortrag den Eindruck, dies als genügende Entschuldigung für ihr rechtswidriges Verhalten anzusehen. Bei beiden Geschlechtern wurden die Begründungen, man könne sich die Tat nicht erklären oder habe noch nicht einmal Erinnerungen an die Begehung, sowie man habe schlichtweg vergessen, dass man noch Ware in der Hand oder einer Tasche habe, am häufigsten vorgetragen. Bei den Männern war mit 50,51 % sogar jede zweite Begründung des Inhalts, man habe gänzlich vergessen, dass man noch unbezahlte Ware in der Hand bzw. Tasche habe.

Das demnach der am häufigsten gewählte Vortrag zugleich das Leugnen der Tat darstellt, ist nicht verwunderlich. *Bürger-Prinz/ Lewrenz* gehen davon aus:

> *„daß es für einen Menschen, der ein straffreies Leben hinter sich hat, besonders schwer sein muß, eine Schuld und ein Unrecht einzugestehen, das seine Daseinsbedingungen zerstört und mit dem er gewissermaßen sein ganzes bisheriges Leben desavouiert"*[189]

Die vorgebrachten Begründungen für das Geschehen müssen dabei unter dem Aspekt betrachtet werden, dass die Verdächtigen in der Regel solche Ausreden vortragen, von denen sie annehmen, dass sie ihnen vom Gegenüber am ehesten abgenommen werden. Die betagten Verdächtigen verhalten sich dem gesellschaftlichen Altenbild entsprechend, indem sie sich den vermuteten Erwartungen anpassen. Bei beiden am häufigsten gewählten Ausreden beruft sich der Verdächtige darauf vergesslich oder nicht mehr Herr seiner Sinne zu sein. Ein jugendlicher Ladendieb würde wohl nicht vortragen, sich an nichts mehr erinnern zu können. Er wüsste darüber hinaus, dass ihm die Behauptung, er habe vergessen, dass er noch unbezahlte Ware in der Hand habe, keinesfalls abgenommen werden würde.

Dass mehr weibliche als männliche Verdächtige vortrugen, zur Tatzeit physische oder psychische Probleme gehabt zu haben, entspricht ebenfalls der These vom Anpassen an den gesellschaftlichen Erwartungshorizont. Einer Frau, insbesondere einer älteren, wird schnell abgenommen, dass sie Kreislaufprobleme habe. Letztlich lässt diese geschickte Auswahl des Begründungsvortrages zugleich vermuten, dass auch ältere Straftäter noch in der Lage sind, ihr Handeln zu reflektieren. Anhaltspunkte für die Charakterisierung des Ladendiebstahls als Kriminalität des psychischen Abbaus haben sich nicht ergeben.

---

[189] Bürger-Prinz/Lewrenz, S.14.

D. Zusammenfassung der gewonnenen Erkenntnisse und Schlussbetrachtung

Die bei der Staatsanwaltschaft Darmstadt durchgeführte Erhebung, hat die Annahme bestätigt, dass ältere Menschen deshalb seltener verurteilt werden als jüngere Menschen, weil sie von der Staatsanwaltschaft bereits seltener angeklagt werden. Tatverdächtige aus der Untersuchungsgruppe wurden im Untersuchungszeitraum lediglich halb so oft angeklagt wie jüngere Tatverdächtige. Folgende mögliche Gründe haben sich für diese staatsanwaltschaftliche Vorgehensweise herauskristallisiert: Zunächst kann bei der Abschlussentscheidung zweifellos der Gedanke mitspielen, das Ermittlungsverfahren als solches stelle bereits einen ausreichenden Schock für die überwiegend als statistische Ersttäter agierenden Verdächtigen dar und jede andere Reaktionsmöglichkeit sei im Hinblick auf das Alter der Verdächtigten ungeeignet. Darüber hinaus sind die den 60-und-mehr-jährigen Beschuldigten vorgeworfenen Taten überwiegend von geringerer Schwere und bewirken kein besonderes Strafbedürfnis. Alte Menschen verwirklichen mit Diebstahls- und Verkehrsdelikten Straftaten, die auch in anderen Altersgruppen überwiegend zur Einstellung des Verfahrens führen. Darüber hinaus sind insbesondere die des Ladendiebstahlsverdächtigten 60-und-mehr-jährigen selten vorbestraft und stehlen weit überwiegend Gegenstände aus dem Niedrigpreissegment. Die Annahme, die Staatsanwaltschaft offenbare mit der geringen Anklagequote bei älteren Menschen eine besondere Milde, konnte dementsprechend durch die selbstständig durchgeführte Untersuchung nicht bestätigt werden.

Bei den 60-und-mehr-jährigen Frauen, die in absoluten Zahlen gemessen seltener strafrechtlich in Erscheinung traten, potenzierten sich die genannten Faktoren, weshalb bei ihnen auch konsequenterweise die Anklagequote noch niedriger war. Auch dies entspricht der durchweg in allen Altersgruppen geringeren Anklagequote der Frauen, da delinquente Frauen zeitlebens eine Präferenz für den Diebstahl aufweisen. Die 60-und-mehr-jährigen des Ladendiebstahls verdächtigten Frauen sind nahezu gänzlich ohne Vorstrafen. Dass bei ihnen die Einstellung des Verfahrens noch häufiger als bei den Männern ohne Erteilung von Auflagen erfolgt, überrascht deshalb nicht. Ungeachtet der Frage, ob der häufigen Verfahrenseinstellung gegenüber 60-und-mehr-jährigen Straftätern ausreichend Resozialisierungseffekt zugesprochen werden kann, wäre jedwede andersgeartete Handhabung eine kaum tragbare Überlastung des Justizapparates und eine Missachtung des ultima-ratio Gedankens der Anklage. Dieser wird mit der Existenz von anderweitigen Beendigungsmöglichkeiten des Ermittlungsverfahrens indiziert. Die Erhöhung der Anklagequote gegenüber 60-und-mehr-jährigen Beschuldigten wäre angesichts der häufigen Bagatellkriminalität in dieser Altersgruppe sogar eine Schlechterstellung der älteren gegenüber den jüngeren Beschuldigten.

Die Deliktspräferenz alter Menschen und insbesondere die Auswahl der Diebstahlslokalitäten verdeutlichten, dass die Kriminalität älterer Menschen selten im Rahmen einer direkten Täter-Opfer-Konfrontation erfolgt. Ältere Straftäter sind deshalb am Stärksten beim Diebstahl und im Rahmen des Straßenverkehrs anzutreffen. Hier weisen sie beim Unerlaubten Entfernen vom Unfallort auffallend hohe Fallzahlen auf. Die Diebstahlshäufung bei den Männern im Bereich des Renteneintrittsalters und ihre Konzentration auf Produkte des Heimwerkerbedarfs legen den Schluss nahe, dass bei der späten Delinquenz der Männer zumindest mittelbar Beschäftigungsmöglichkeiten eine große Rolle spielen. Bei den Frauen lässt hingegen die Auswahl der gestohlenen Güter vermuten, dass das Diebstahlsobjekt nicht lediglich Mittel zum Zweck ist, sondern sich von ihm unmittelbar positive Auswirkungen auf das eigene Wohlbefinden versprochen werden. Allen voran scheint es den weiblichen Ladendieben darum zugehen, sich etwas Besonderes zu gönnen[190]. Zumindest bei den Frauen stand der psychische und nicht der von der Erlangung des Produkts versprochene wirtschaftlich Vorteil im Vordergrund. Beide Geschlechter favorisierten zudem Objekte, die der Ausübung allgemein als geschlechtstypisch bezeichneter Verhaltensweisen dienen.

Die Kriterien für die Auswahl des Diebstahlsobjektes waren vermutlich neben den individuellen Vorlieben auch der Preis, die Verpackungsgröße und das Warenangebot am Tatort. Die Diebstahlsobjekte waren mehrheitlich nicht solche, zumindest nicht offensichtlich, mit denen die Verdächtigen selbst nichts anfangen konnten. Das bedeutet zum einen, dass völlig wahlloses Stehlen wohl nicht in einer Vielzahl von Fällen vorgelegen haben wird. Zum anderen, dass das Motiv für den Diebstahl aller Vermutung nach in den überwiegenden Fällen egoistisch gelagert war. Die mögliche Annahme, ältere Straftäter leben in der Regel ohne feste partnerschaftliche Bindungen, konnte nicht bestätigt werden.

Die fortwährende Brisanz des Themas „Alte Straftäter" wurde letztlich durch die Feststellung bestätigt, dass die große Mehrheit der 60-und-mehrjährigen des Diebstahls Beschuldigten keine Eintragungen im Bundeszentralregister aufwiesen. Daraus folgt, dass es die Justiz hier größtenteils mit einem anderen sozialen Hintergrund als bei jüngeren Beschuldigten zu tun hat.

---

[190] Siehe hierzu auch: Albrecht, S.44.

„Diese absolut freudlosen, vom Wesen der Freundschaft nur aus verblaßten Jugendreminiszenzen wissenden Männer seines Schlags und seiner Generation gewahren ihre vollkommene Isolierung erst in einem sehr fortgeschrittenen Zeitpunkt ihres Lebens, und es kann wie bei manchen Frauen im Klimakterium passieren, daß sie mit verdunkeltem Willen das Entbehrte durch Handlungen zu erlangen suchen, die einer Umkehrung ihres bisherigen Charakters gleichkommen."

[Wassermann, Der Fall Maurizius, S. 486]

4. Teil: Das Alter als Moment der Kriminalitätsentstehung und der Strafverfolgung

A. Ursachen der Kriminalität alter Menschen

Kreuzer/ Hürlimann fordern, die Kriminalität alter Menschen „*in ihrer Normalität und Ambivalenz zu erkennen*"[191]. Dieser Appell muss konsequenterweise die Schlussfolgerung beinhalten, dass die allgemeinen Kriminalitätserklärungsansätze für alte in gleichem Maße wie für jüngere Straftäter gelten. Altersbedingt treten jedoch bestimmte Faktoren, welche unabhängig von individuellen Neigungen und Prägungen grundsätzlich das Potential aufweisen, enthemmtes, kriminelles Verhalten zu fördern, gehäuft auf. Interessant sind diese kriminalitätsbegünstigenden Faktoren insbesondere deshalb, weil einerseits mit zunehmendem Alter das Kriminalitätsaufkommen deutlich abnimmt, während andererseits in der Altersgruppe der 60-und-mehr-jährigen die Zahl der Erstkriminellen auffallend hoch ist[192]. Trotz der grundsätzlich allgemeinen Abnahme von Straftaten mit zunehmendem Alter und vorbehaltlich der Heterogenität von Altern und Alter, muss es deshalb speziell im Alter stark kriminalitätsbegünstigende Faktoren geben. Ziel dieses 4. Teils der vorliegenden Untersuchung ist es, erste Ansätze für die Erstellung alterskriminologischer Thesen zu entwickeln. Dabei wird vorangging auf die im 2. und 3. Teil dieser Studie gewonnenen Erkenntnisse zurückgegriffen.

Die Ursachen der Begehung fahrlässiger Straßenverkehrsdelikte werden dabei nicht näher untersucht. Sie sind schlichtweg auf den geistigen und motorischen Abbau im Alter zurückzuführen, allen voran der nachlassenden Reaktionsfähigkeit der älteren Verkehrsteilnehmer[193]. Hinzu kommt, dass alte Menschen aus Gewohnheit oder aus dem Glauben heraus, es sich verdient zu haben, Fahrzeuge von einer Größe führen, der sie schlichtweg nicht mehr gewachsen sind[194]. Tötungsdelikte kommen bei älteren Straftätern prozentual zum Gesamtaufkommen ihrer Altersgruppe seltener vor als

---

[191] Kreuzer/Hürlimann, in: Kreuzer/Hürlimann, S.20.
[192] Vgl. Keßler, S.335.
[193] Siehe hierzu auch: Bürger-Prinz/Lewrenz, S.29.
[194] A.a.O., S.30.

dies dementsprechend bei jüngeren Straftätern der Fall ist, weshalb auch diesbezüglich die Notwendigkeit einer altenspezifischen Ursachenanalyse nicht besteht.

Gleichfalls keine nähere Betrachtung erfahren die Fälle der „*zwangsläufige(n) Alterskriminalität*", bei denen sich die Gelegenheit zur Straftatbegehung erst im fortgeschrittenen Lebensalter ergibt. Hierzu zählen in aller Regel Wirtschaftsdelikte, sowie Machtmissbrauch im politischen und im institutionellen (Kirchen, Universitäten, Stiftungen etc.) Bereich. Dass hier die Kriminalität erstmalig im Alter erfolgt, ist in aller Regel schlichtweg darauf zurückzuführen, dass die Gelegenheit zur lohnenden Delinquenz erst mit Erreichen einer gewissen Machtposition besteht. Diese wird für gewöhnlich erst ab einem höheren Lebensalter erlangt[195]. Den betagten Tätern kommt zugute, dass bei dieser Form des Machtmissbrauchs körperliche Fähigkeiten unbedeutend sind und es vielmehr auf geistige Fähigkeiten, allen voran Erfahrungen, ankommt. Hier wird das Alter gewinnbringend zum Machtmissbrauch genutzt[196].

I.   Vergleich mit Jugendlichen

Viele Menschen, ganz gleich aus welcher Gesellschaftsschicht, haben als Kinder oder Jugendliche einen Diebstahl begangen, ohne im Erwachsenenalter erneut gegen das Gesetz verstoßen oder eine kriminelle Karriere eingeschlagen zu haben. Der Diebstahl in seiner einfachen Ausführung ist als „*Massen- und Bagatellkriminalität*" zu charakterisieren[197]. In einer Internetumfrage unter 1844 Internetnutzern behaupteten 38 % der Befragten und damit mehr als jeder Dritte, als Kind oder Jugendlicher in einem Geschäft etwas gestohlen, jedoch als Erwachsener eine solche Tat nicht wieder begangen zu haben. Von den Befragten gaben 4 % an, gelegentlich in Geschäften zu klauen und 5 % der Befragten konstatierten dort sogar häufig zu stehlen. Jeder Zweite (54 % der Befragten) behauptete, noch nie in einem Geschäft etwas gestohlen zu haben[198]. Bei all diesen Angaben ist darüber hinaus zu berücksichtigen, dass der Nutzerkreis, welcher die Internetseite einer Zeitung aufsucht und dort an einer Abstimmung teilnimmt, bereits ein recht selektiver Personenkreis ist. Zudem ist zu vermuten, dass ein Großteil der Bevölkerung nur eine eingeschränkte Vorstellung vom Stehlen hat und hierbei primär an einen Ladendiebstahl und nicht an Diebstähle im privaten Bereich oder das Naschen vom fremden Kirschbaum denkt. *Schramke* schreibt, dass nach den Ergebnissen der Dunkelfeldforschung die meisten Menschen mindestens einmal in ihrem Leben eine Handlung begehen, die einen Straftatbestand erfüllt. Der Straftäter mit lediglich einer Vorstrafe

---

[195]   Kessler, S.5 (siehe zudem: S.58,59); vgl. zudem: Legat, S.13; Kreuzer, S.69; Kreuzer/Hürlimann, in: Kreuzer/Hürlimann, S.23,24; Bürger-Prinz/Lewrenz, S.18,19.

[196]   Siehe auch: Kreuzer, S.69.

stehe deshalb seinen nicht vorbelasteten Mitmenschen näher, als den Tätern, die bereits eine Reihe an Vorstrafen aufweisen[199].

Gerade Kindern fällt es oftmals schwer abzuwarten, bis sie das nötige Geld zum Erwerb einer Sache beisammen haben oder diese von einer anderen Person geschenkt bekommen. Infolgedessen geschieht es nicht selten, dass sie sich einen materiellen Wunsch durch einen Diebstahl erfüllen. Die Entscheidung zum Diebstahl fällt bei Kindern und Jugendlichen zugleich deshalb, weil ihr Unrechtsbewusstsein noch nicht derart ausgeprägt ist, wie in späteren Jahren[200]. Die Hemmungen, welche die meisten Erwachsenen von der Begehung eines Diebstahls abhalten, sind bei Kindern und Jugendlichen geringer ausgeprägt. Selbst wenn Geld zum Erwerb vorhanden ist, fällt mitunter die Entscheidung zum billigeren und scheinbar einfacheren Weg des Diebstahls. Über Konsequenzen wird weniger reflektiert als in späteren Jahren.

Ähnliches scheint sodann im Alter erneut zu geschehen. Der Sozialwissenschaftler *Pierre Bourdieu* sagte: *„Je älter ich werde, desto größer wird meine Neigung zum Verbrechen"*[201]. Das Unrechtsbewusstsein ähnelt häufig wieder dem der Kinder und jungen Menschen. Die Hemmungen der vorangegangen Jahre existieren bei manchen älteren Menschen nicht mehr[202]. Der zeitlebens bestehende Anreiz zum eigenen Vorteil gegen Regeln zu verstoßen, kommt wieder stärker zum Vorschein. Vielfach wird von altersbedingter Enthemmtheit[203] oder der so genannten Alterstorheit gesprochen. Die Beliebtheit des Diebstahls im Rahmen der Alterskriminalität spricht ebenfalls für die hohe Bedeutung nachlassender Hemmungen als Kriminalitätsfaktor später Delinquenz. Vor allem beim Ladendiebstahl sind es die Hemmungen, welche die meisten Menschen von einer Begehung abhalten. Für eine vorsätzliche Körperverletzung, die bei alten Straftätern kaum eine Rolle spielt, benötigt es hingegen nicht nur einen Hemmungsverlust, sondern auch ein gewisses Maß an Aggressivität. Der altersbedingte Hemmungsabbau führt zum Wiederaufkeimen ubiquitärer Bedürfnisse. Auch dies erklärt weshalb Diebstahl und Fahrerflucht bei den betagten Straftätern so hoch im Kurs stehen. Gleichsam können sich Menschen mittleren Alters bei einem Unfall mit der Situation überfordert fühlen, sie haben jedoch Hemmungen, ihrem natürlich gegebenen Fluchtinstinkt nachzugeben.

197   DER SPIEGEL, 25/1982, 21.06.1982.
198   Welt-online, Juli 2010.
199   Schramke, S.95; siehe auch: Schneider, S.314.
200   Siehe hierzu: Keßler, S.294.
201   Zitiert in: Gutsche/Thiel, Einführung, S.11.
202   Vgl.: Amelunxen, 1960, S.14,17,35.
203   BGH, Urteil vom 14.8.1964 – 4 StR 240/64, erschienen in: NJW 1964, S.2213.

Es gibt sonach einige Parallelen zwischen Jugendkriminalität und der Kriminalität alter Menschen[204]. Dies schlägt sich zum Teil bereits in der tatsächlichen Ausformung der kriminellen Betätigung beider Altersgruppen nieder.

Tabelle 42: Prozentuale Verteilung der TVBZ auf die zentralen Deliktsarten im Jahre 2006, Altersgruppen im Vergleich[205]

Delikt	Bis 14 Jahre	14-18 Jahre	18-21 Jahre	30-60 Jahre	60 Jahre und älter
Diebstahl ohne erschwerende Umstände	**53,3**	**35,6**	18,9	17,8	**38,2**
Diebstahl unter erschwerenden Umständen	6,3	10,5	8,3	2,9	1,0
Betrug	2,9	10,6	21,1	22,6	11,9
Sexualdelikte	0,1	0,3	0,3	0,3	0,1
(Vorsätzliche leichte) Körperverletzung	9,5	13,3	13,4	14,4	9,0
Gefährliche und schwere Körperverletzung	8,6	12,7	12,0	4,9	3,2
Fahrlässige Körperverletzung	0,4	0,3	0,4	1,1	1,6
Beleidigung	3,2	5,4	5,9	8,5	11,2
Sachbeschädigung	17,7	17,3	12,1	4,4	3,9

Tabelle 42 führt auf, wie viel Prozent der TVBZ der jeweiligen Altersgruppe auf das entsprechende Delikt entfallen. Dargestellt wird dabei nur eine Auswahl der am häufigsten verwirklichten Delikte. Aus der abgebildeten Tabelle lässt sich entnehmen, dass die gängige Behauptung, Jugend- und Altenkriminalität ähneln sich in besonderem Maße in der verhältnismäßig geringen verwirklichten Deliktspalette[206], nicht bestandskräftig ist. Andernfalls müssten die prozentualen Anteile der favorisierten Delikte in beiden Altersgruppen höher sein. Ebenso lässt sich die Behauptung, die 60-und-mehr-jährigen Beschuldigten ähneln in der Qualität der verwirklichten Straftaten nicht nur den Jugendlichen, sondern vielmehr den strafunmündigen Unter-14jährigen[207], nicht bestätigen. Die Kriminalität der jüngeren Altersgruppen weist ein höheres körperlich ausgelebtes Aggressionspotential auf. Dies gilt allen voran für die Sachbeschädigung, die mit 3,9 % bei den 60-und-mehr-jährigen nur selten vorkommt. Ältere Täter leben ihre Aggression eher verbal aus. Dies kann aus den erhöhten Fallzahlen der Beleidigung gefolgert werden. Jedoch nur dann, wenn man diesbezüglich der TVBZ überhaupt einen Aussagewert über das tatsächliche Vorkommen von Ehrverletzungen zugesteht.

Eine hingegen mehr als deutliche Gemeinsamkeit weisen die Gruppe der Unter-14jährigen, sowie der 14-18jährigen und die 60-und-mehr-jährigen

---

[204] Vgl. ebenso: Amelunxen, 1960, S.40.

[205] Daten entnommen aus: Polizeiliche Kriminalstatistik 2006, S.88ff.

[206] Siehe z.B.: Keßler, S.294; Gelking, S.31ff.

[207] Keßler, S.292.

mit der verhältnismäßig häufigen Verwirklichung von Diebstählen auf. Diese nehmen in der Kriminalität dieser drei Altersgruppen die zentrale Position ein. Taucht ein solcher doppelter Gipfel innerhalb des kriminellen Verhaltens in „*Auf- und Abbau des menschlichen Lebens*" auf, stellt sich zwingend die Frage nach Veränderungen und Gemeinsamkeiten in der frühen und der späten Lebensphase[208]. Die für alte Menschen kriminalitätsbegünstigenden Faktoren kristallisieren sich demnach besonders gut heraus, wenn man die durchschnittliche Lebenssituation 60-und-mehr-jähriger mit den durchschnittlichen Lebensbedingungen junger Menschen vergleicht. Einige der stabilisierenden Faktoren, die in jungen Jahren nach einer kriminellen Jugend- und Heranwachsendenphase gehäuft zu einem Abebben krimineller Karrieren führen, scheinen im Alter wieder weg zu fallen. Nachfolgend konzentrieren sich die Ausführungen zu den Kriminalitätsanreizen junger und alter Menschen, aufgrund der dort gegebenen ähnlich großen Relevanz, insbesondere auf den Diebstahl.

1. Veränderungsprozess

Jugendliche sowie alte Menschen erleben einen Prozess deutlicher „*biologische(r), psychische(r) und soziologische(r) Umgestaltungen*"[209]. Beide Altersgruppen befinden sich in einem Veränderungsprozess zu einem neuen gesellschaftlichen Status[210]. Eine neue Rollenfindung wird dabei erforderlich. Während diese Umstellungsphase von einigen als positiv empfunden wird, geht sie für andere mit individuell unterschiedlich stark ausgeprägten Gefühlen der Orientierungslosigkeit, Statuskonflikten und erheblichen Einbußen des Selbstwertgefühls einher[211]. Hierbei spielen auch Zukunftsängste eine große Rolle. Nicht selten tritt der neue Rollenfindungsprozess unvorbereitet ein. Bei älteren Menschen vor allem deshalb, weil sie sich oftmals weigern, sich mit dem eigenen Alterungsprozess auseinanderzusetzen.

Allen voran der für den Beginn des Alters charakteristische Eintritt in den Ruhestand geschieht überwiegend abrupt. Denn im Regelfall erfolgt von einem auf den anderen Tag der vollständige Ausstieg aus einem jahrzehntelangen Erwerbsleben. Im Jahre 2005 verabschiedeten sich nur 14 % der in den Ruhestand gehenden Menschen über den Weg der Altersteilzeit von ihrem Arbeitsleben[212]. Nicht selten erweisen sich „*die neue Freizeit sowie die wieder erstarkte Nähe zu dem Partner und/oder der Familie als konfliktträchtiger als*

---

208   Amelunxen, 1960, S.20.

209   Keßler, S.133.

210   A.a.O., S.133; Kaiser, S.493, § 43, Rn.21.

211   Vgl. hierzu auch: Amelunxen, 1960, S.12.

212   Böckler Impuls 11/2007; Altersteilzeit. Männer sind dabei deutlich häufiger als Frauen vor dem Rentenbeginn altersteilzeitbeschäftigt. Frauen haben hingegen häufiger grundsätzliche Teilzeitbeschäftigungsverhältnisse als Männer [siehe: Böckler, Altersübergangs-Report, 2007-2, S.6].

erwartet. Teilweise werden hohe kognitive Anpassungsleistungen verlangt[213]. Dies gilt insbesondere für Personen, die zu Hause auf einen Partner treffen, der schon seit längerem den gemeinsamen Haushalt in alleiniger Verantwortung organisiert hat und von dieser Verantwortung nicht oder nur geringfügig zurücktreten möchte. Nachdem jahrzehntelang der Tagesablauf durch den Beruf gleichmäßig strukturiert war, sind nun gänzlich neue Fixpunkte zu suchen. Berufstätige Menschen definieren ihre Persönlichkeit zu einem wesentlichen Teil über ihren Beruf. Der Eintritt in den Ruhestand kann mit einer erheblichen Einbuße des bisherigen Selbstwertgefühls einhergehen[214].

Sowohl alte als auch junge Menschen sind aufgrund des einschneidenden Veränderungsprozesses *„multiplen Streßsituationen ausgesetzt"*[215]. Jede Veränderung der Lebens-, Gesundheits-, Beziehungs-, Wohn- und Arbeitssituation kann eine Steigerung der Lebensqualität bewirken, genauso kann sie bei einem älteren Menschen aber auch dessen Anfälligkeit für Lebenskrisen verstärken. Hierbei ist u.a. an eine Trennung vom Partner im fortgeschrittenen Lebensalter zu denken, die Auslöser für den Beginn einer späten kriminellen Phase sein kann. Leidet ein älterer Mensch unter Belastungs- und Anpassungsstörungen, kann dies zu Depressivität und Ängstlichkeit führen[216]. Hat ein Mensch das Gefühl, einem nicht mehr zu bewältigenden Stress ausgesetzt zu sein, kann dies eine Eskalation in Form sozialwidrigen oder gar kriminellen Verhaltens bewirken[217].

Bei älteren Menschen bestehen überdies häufig fortschreitende, wirtschaftliche Existenzängste. Denn das gesunde Erreichen eins hohen Alters bedarf ausreichend finanzieller Mittel. So ist es denkbar, dass Diebstähle aus der subjektiven Empfindung heraus erfolgen, aufgrund finanzieller Not zu verhungern zu drohen. Der Täter sodann planlos zusammenrafft, was er bekommen kann[218]. Ein solcher Tathintergrund ist insbesondere bei einem alten Menschen mit Kriegs- und erheblichen Armutserfahrungen denkbar. Die Angst, finanziell oder leistungsbedingt nicht mithalten zu können, kommt sowohl in frühen als auch in späten Lebensjahren häufig vor. Oftmals kommt es deshalb zu einer *„unfreiwillige(n) Individualisierung"*, zu *„Sinnkrisen und Lebensunzufriedenheit"*[219]. Lebenszufriedenheit stellt jedoch einen wesentlichen Garanten für Normtreue dar.

---

213   Keßler, S.334.
214   Zur psychischen Problematik des Berufsaustritts: Rosenstiel, in: Reimann/ Reimann, S.230ff.; siehe ferner: Siegrist/ Wahrendorf, in: Fangerau, S.26.
215   Keßler, S.335.
216   Vgl. hierzu: A.a.O., S.339.
217   Ebenda.
218   Amelunxen, 1960, S.21.
219   Zu alledem: Keßler, S.335.

Zu den einschneidenden Veränderungen im Alter tritt hinzu, dass alte Menschen Schwierigkeiten haben, sich neuen Situationen anzupassen oder mit plötzlich eintretenden Gegebenheiten umgehen zu müssen. Es macht ihnen große Mühe eine innere Haltung zu verändern, ihre geistige Ausrichtung zu überdenken. Dies wäre jedoch nötig, um komplexe Sachverhalte zu erfassen und sich neue Abläufe anzueignen[220]. *„Sie sind Sklaven früher angenommener Gewohnheiten, es fehlt ihnen an Beweglichkeit."* Haben sie sich einmal eine geistige Einstellung angeeignet, so trennen sie sich nur schwer wieder von ihr. *„Selbst bei Problemen, für die es absolut nicht mehr passt, klammern sie sich daran fest"*[221]. Auf diese Weise könnten auch die hohen Fallzahlen des Unerlaubten Entfernens vom Unfallort bei den 60-und-mehr-jährigen Straftätern erklärt werden. Nicht nur die Angst vor Sanktionen oder ein möglicherweise vermindertes Verantwortungsgefühl für Andere, auch die schlichte Überforderung mit der plötzlich entstandenen ungewohnten Situation können die Hemmungen vor einer Fahrerflucht mindern.

Beide Lebensphasen, die des Erwachsenwerdens und die des Eintritts in das Alter, sind zudem mit einschneidenden körperlich-sexuellen Veränderungen verbunden. *„Geschlechtliche Reife/ Erlangen der Vollkraft"* auf der einen, *„geschlechtliche Rückbildung und körperlicher Verfall"* auf der anderen Seite[222]. Beide Altersgruppen streben danach, ihre Männlichkeit bzw. Weiblichkeit und Sexualität zu entwickeln bzw. aufrechtzuerhalten[223]. Bei alten Menschen fällt es der Gesellschaft schwer, diesen überhaupt ein Sexualleben zuzubilligen. Bei Jugendlichen sowie bei alten Menschen klaffen oftmals die tatsächlich gegebenen Möglichkeiten zur Auslebung der Sexualität und die eigenen Wünsche und Bedürfnisse erheblich auseinander. So können beim alternden Mann Potenzstörungen auftreten, obgleich er noch Triebbedürfnisse empfindet. Es stellt sich im Alter ferner oftmals als schwierig heraus, einen geeigneten Sexualpartner zu finden. Die Erektionsfähigkeit des alternden Mannes verlangt zunehmend stärkere äußere Reize, welche die ebenfalls alternde Partnerin oftmals nicht bieten kann. Hinzu kommt, dass der alternde Mann selbst überwiegend ebenso auf andere Menschen nicht mehr anregend wirkt. Zudem erweisen sich Männer mit zunehmendem Alter als weniger kontaktfähig[224].

Wie sehr ein alternder Mensch unter seinen sexuellen Problemen leidet, hängt letztlich auch davon ab, wie offen und selbstbewusst zeitlebens sein Umgang mit der eigenen Sexualität gewesen ist. Leidet er sehr darunter, können daraus Minderwertigkeitskomplexe, Wut, Scham oder verletzte

---

[220] Siehe auch: Amelunxen, 1960, S.10,11.
[221] Beide Zitate: Beauvoir, S.43.
[222] Keßler, S.293; Exner, S.150.
[223] Keßler, S.295.
[224] Amelunxen, 1960, S.29.

Ehrgefühle resultieren, die tatauslösend, bzw. -unterstützend wirken können[225]. Dies gilt gleichermaßen für äußerlich nicht sexualbezogene Delikte wie z.b. Körperverletzung, die Ausdruck der aufgrund der dargestellten Diskrepanz bewirkten Aggressionen sein können. Auch der Ladendiebstahl dient oftmals dazu, dem eigenen Alltag emotionale Höhepunkte zu verleihen und dadurch eine psychische Ersatzbefriedigung zu erlangen[226]. Hinsichtlich der erstmaligen Strafverfolgung wegen eines Sexualdeliktes im Alter, ist jedoch erneut zu betonen, dass hier wie bei keinem anderen Delikt, die Dunkelziffer, der bisher bloß noch nicht Entdeckten sicherlich äußerst hoch ist.

2. Geringe finanzielle Möglichkeiten

Alte Menschen haben in Folge des absinkenden Rentenniveaus immer häufiger, gleichsam wie jüngere Menschen, nur begrenzte finanzielle Möglichkeiten[227]. Beide Altersgruppen tendieren zu Eigentumsdelikten. Dies bedeutet dennoch keinesfalls, dass die Eigentumsdelinquenz aufgrund objektiv gegebener Armut erfolgt[228]. Ausschlaggebend ist vielmehr die relative Bedürftigkeit[229], d.h. die subjektiv als solche wahrgenommene. Sowohl Jugendliche als auch ältere Menschen bekommen im Alltag fortwährend die Geringfügigkeit ihrer finanziellen Ressourcen im Vergleich zu selbigen der arbeitenden, mittleren Altersgruppe vor Augen geführt. So lange die Grundversorgung gesichert ist, lässt einen in der Regel erst der Vergleich mit Anderen die eigene finanzielle Situation als negativ empfinden. Gegen die Annahme tatsächlich bestehender wirtschaftlicher Not als Kriminalitätsmotiv spricht überdies, dass die eigene statistische Erhebung ergeben hat, dass gemeinhin wenig alltägliche Lebensmittel und sonstiger alltäglicher Bedarf gestohlen werden. Es darf überdies bezweifelt werden, ob Armut in einem Staat, der seinen Bürgern einen sozialen Mindeststandart garantiert, überhaupt die alleinige und somit ausschließliche Ursache einer Straftat sein kann.

Vielmehr ist es so, dass sowohl bei Jugendlichen als auch bei älteren Menschen die Ansprüche an den eigenen Lebensstandard oftmals nicht mit den tatsächlich gegebenen finanziellen Möglichkeiten übereinstimmen. Keßler schreibt: *„Beide haben oft weniger Geld als sie glauben zu benötigen"*[230]. Insbesondere ältere Menschen haben, gemessen an ihren finanziellen Möglichkeiten,

[225]   Siehe hierzu auch: Keßler, S.209.
[226]   Siehe hierzu: A.a.O., S.167.
[227]   Siehe hierzu ebenso: Naegele, in Reimann/Reimann, S.167.
[228]   Siehe auch: Schramke, S.50; Feinberg, S.42; Bürger-Prinz/Lewrenz, S.7,45; übliches Beispiel für die massemediale Darstellung der Armut als Motiv für den Ladendiebstahl im Alter: DER SPIEGEL, 1/1993, vom 4.1.1993.
[229]   Vgl. Keßler, S.294 („relative Armut") .
[230]   Ebenda.

kostenintensive Zukunftspläne. Mit dem Eintritt in den Ruhestand verbinden viele Menschen die Verwirklichung lang gehegter Träume, wie z.B. Reisen, eine intensivere Teilnahme am kulturellen Leben oder umfangreichere Heimwerkertätigkeiten. Kostenpflichtige Sportangebote und andere kostenintensive Freizeitbeschäftigungen nehmen nun einen größeren Raum ein. Darüber hinaus haben sich alte Menschen mitunter über Jahrzehnte an einen relativ hohen Lebensstandard gewöhnt, und müssen, trotz gleich gebliebenen Ansprüchen und Bedürfnissen, nun mit deutlich geringeren finanziellen Mitteln auskommen[231]. So betrug bereits im Jahre 2008 das Rentenniveau für kontinuierlich beschäftigte Durchschnittsverdiener lediglich 63 Prozent des ursprünglichen Nettoeinkommens[232].

Die Abkehr vom gewohnten Lebensstandard fällt jedoch verständlicherweise schwer. Dies mag unter anderem an der Annahme liegen, man habe sich nach einem jahrzehntelangen Erwerbsleben, bzw. jahrzehntelanger Versorgung der Familie, einen gewissen Lebensstandard verdient. Körperliche Gebrechen und das Bedürfnis, sich deshalb etwas gönnen zu müssen, können eine solche Einstellung bestärken. Vermutet werden darf, dass die fehlende Bereitschaft, die geringeren verfügbaren finanziellen Mittel zu akzeptieren, in der Gruppe der älteren Menschen zunehmen wird. Bald wird die Gruppe der 60-und-mehr-jährigen überwiegend aus Menschen bestehen, die keinen Krieg durchlitten haben und keine Entbehrungen erleben mussten. Allen voran die „Baby-Boomer-Generation" der Nachkriegszeit, in Zeiten des Wirtschaftswachstums geboren, hat in der Mitte ihres Lebens an einem relativ hohen gesellschaftlichen Wohlstand teilhaben dürfen.

Bisweilen kann hingegen ebenso Angst vor einschneidenden Veränderungen Grund für die fehlende Bereitschaft, die Lebenshaltung den finanziellen Möglichkeiten anzupassen, sein. So kann bei Mietverhältnissen ein Umzug in eine preisgünstigere Wohnsituation von Nöten sein. Die Beziehung zur eigenen Wohnung ist bei vielen älteren Menschen allerdings so stark, dass sie lieber gravierende Nachteile in Kauf nehmen, bevor sie sich den seelischen Belastungen eines Umzuges aussetzen. Auch die physische Belastung eines Umzuges und das häufig schlechtere soziale Umfeld günstigerer Wohnmöglichkeiten, lässt viele ältere Menschen vor einem derartigen Schritt zurückschrecken. Ein Umzug ist deshalb zumeist lediglich ultima Ratio[233]. Das Unterhalten einer Wohnung, die man sich wirtschaftlich eigentlich nicht mehr leisten kann, kann sodann tatsächlich zu finanziellen Engpässen führen und mögliche Diebstahlshemmungen abbauen.

---

[231] A.a.O., S.295.
[232] Böckler Impuls Ausgabe: 06/2008.
[233] Vgl.: Frankfurter Rundschau, vom 7.5.2009, Nr.105, R7 unter Berufung auf eine von der Fachhochschule Frankfurt am Main veröffentlichte Studie zur Suizidrate in der Bundesrepublik Deutschland.

3. Fehlende Aufgabe

Beide Altersgruppen haben im Schnitt, verglichen mit der großen mittleren Altersgruppe, der überwiegend arbeitenden Bevölkerung, viel Freizeit[234]. Sie haben eine verhältnismäßig große Freiheit von beruflichen Verpflichtungen, Zukunftsplanungen und familiärer Verantwortung. Dies gilt, verglichen mit der familiären Verantwortung welche diese während der mittleren Lebensjahre vorwiegend hatten, auch für die Frauen der älteren Generation. Sie haben durch den Wegfall der Kindererziehung im Alter eine größere Freiheit von Verpflichtungen. Anders als bei der arbeitenden Bevölkerung überwiegt im Alltag junger sowie alter Menschen der Konsum und nicht die Produktion[235]. Bei Jugendlichen und bei älteren Menschen ist mangels langfristiger Ziele, das vorherrschende Ziel das tägliche, unmittelbare Leben[236]. Die Konsequenzen einer Tataufdeckung werden deshalb von ihnen beim Diebstahl überwiegend durch den unmittelbar erwarteten Vorteil in den Hintergrund gedrängt.

Im Vergleich mit der arbeitenden Bevölkerung haben Rentner deutlich weniger von außen vorgegebene Tagesstrukturen[237]. Das Fehlen eines bereits durch Dritte vorstrukturierten Tagesablaufs fördert die Entstehung des Gefühls, nutzlos zu sein, wenn man sich die Strukturierung des Tagesablaufs nicht selbst zur Aufgabe macht. Männern fällt diese Selbststrukturierung ihres Alltags oftmals schwerer. Dies liegt zunächst an ihrer häufigeren vorherigen Berufstätigkeit. Des Weiteren resultieren die regelmäßig geringen Probleme der Frauen daraus, dass in der älteren Generation die Frauen in der Regel ihr gesamtes Leben, ungeachtet etwaiger beruflicher Tätigkeiten, den Haushalt führen und somit immer ein gewisses Maß an täglicher Arbeit haben. Darüber hinaus wird den Frauen nachgesagt, leichter soziale Kontakte pflegen zu können, welche ebenfalls ein wichtiges Beschäftigungsfeld im Alter darstellen können, als Männer.

Auch der bei alten Menschen stark erhöhte Medienkonsum lässt auf eine erhebliche Unterbeschäftigung alter Menschen schließen. Untersuchungen haben ergeben, dass der Fernsehkonsum mit zunehmendem Alter kontinuierlich ansteigend ist. Während ein 14-19 Jahre alter Mensch in Deutschland täglich durchschnittlich 93 Minuten fernsieht, kommt ein 60-69 Jahre alter Mensch in Deutschland auf durchschnittlich 276 Minuten Fernsehkonsum. Ab 70 Jahren beträgt die durchschnittliche Zeit des täglichen Fernsehkonsums 282 Minuten[238]. Das durch fehlende Aufgaben bewirkte Gefühl der

---

234   Vgl. Keßler, S.293.

235   Ebenda; zudem: Schramke, S.52.

236   Keßler, S.295.

237   Vgl.: Schramke, S.51; Keßler, S.293.

238   DIE ZEIT, vom 19.2.2009, Nr.9, S.14. Sämtliche Angaben beziehen sich auf das Jahr 2007 und den Bereich Westdeutschland. In Ostdeutschland ist der durch-

Nutzlosigkeit und die damit einhergehend empfundene Langeweile bewirken letztlich Lebensunzufriedenheit als nicht unerheblichen Kriminalitätsfaktor. Für viele ältere Straftäter wird der sich vom Diebstahl versprochene „Kick", die Herbeiführung einer „Jäger-Gejagter"-Situation[239], eines der wenigen Hochgefühle in ihrem erlebnisarmen Alltag sein[240]. Auch für jugendliche Straftäter, sowie für den Diebstahl als solchen, ist der Nervenkitzel als Kriminalitätsmotiv charakteristisch.

Sowohl alte als auch junge Menschen leben in einem, bewusst oder nicht bewusst wahrgenommenen, Konflikt zwischen vorhandenem Potential auf der einen und der mangelnden Nachfrage der Gesellschaft nach diesem Potential auf der anderen Seite. So bietet die Schule nicht allen Jugendlichen die Möglichkeit, ihre Fähigkeit produktiv einzubringen und der Arbeitsmarkt selektiert alte Menschen ohne Rücksicht auf ihre Leistungsfähigkeit aus. *Kröhnert/ Medicus/ Klingholz* schreiben:

> *„Noch nie in der Geschichte der Republik gab es so viele „junge" 60- und 70-Jährige, die sich engagiert und leistungsfähig für die Gesellschaft einsetzen - oder dies zumindest tun könnten. [..] Der individuelle Vorteil eines längeren Lebens schlägt sich bisher allerdings nicht in einem gesellschaftlichen Nutzen nieder."*[241]

Zugleich stellen sie klar, dass sich die Schaffenskraft „*nicht an künstlich gesetzte(n) Grenzen orientiert*"[242]. Die Erfahrungen des Älteren können mögliche motorische Mängel oder etwaige Defizite in Leistungstempo und -volumen ausgleichen. Schon *Jacob Grimm* schrieb Mitte des 19. Jahrhunderts in seiner *Rede über das Alter*: „*[..] warum sollte das alter strengen arbeiten sich nicht mehr gewachsen fühlen, weshalb untauglich dafür geworden sein? seine rüstkammern stehn ja angefüllt, an erfahrungen hat es jahr aus jahr ein immer mehr in sie eingetragen [..]*"[243]. Selbst wenn viele alte Menschen den Eintritt in den Ruhestand nicht als Sanktion empfinden und ihn sogar herbeigesehnt haben, so ist doch noch ein nicht unbeachtliches Leistungspotential vorhanden, das nun nicht mehr beansprucht wird. Von anderen nicht mehr gebraucht zu werden, stellt sich für viele Senioren als äußerst belastend dar. Das Problem, sich in einem Leben mit Aufgaben, die in der Regel selbst auferlegt und von anderen nicht abgefragt werden, zurechtzufinden, wird durch die längere geistige

---

schnittliche Fernsehkonsum jeweils höher, jedoch ebenfalls mit steigendem Alter zunehmend.

239 Dencker, 1983, S.399.
240 Vgl. Legat, S.34.
241 Kröhnert/Medicus/Klingholz, S.34, siehe auch S.35.
242 A.a.O., S.35.
243 Grimm, S.62.

und körperliche Fitness der heutigen Alten, und einem somit längeren zu durchstehenden Zeitraum in Unterbeschäftigung, verstärkt[244].

4. Ausgrenzung, Jugend- und Altendiskriminierung

Mangels Teilnahme am produktiven Gemeinschaftsleben fühlen sich junge, insbesondere jedoch alte Menschen, häufig von der Gesellschaft ausgegrenzt[245] und diskriminiert. Verglichen mit der mittleren Generation haben beide Altersgruppen einen *„niedrigen gesellschaftlichen Status"*[246]. Dem Eintritt in den Ruhestand kommt eine gesellschaftlich desintegrierende Wirkung zu. Nicht nur die tägliche Teilhabe am funktionierenden Gemeinschaftsleben, sondern gleichfalls der tägliche Umgang mit den Berufskollegen fällt, in der Regel ohne einen sozialen Ersatz, weg[247]. Außerhalb des Berufslebens und mit bereits erwachsenen Kindern fällt das Knüpfen neuer freundschaftlicher Kontakte schwerer. Durch die Abnahme generationenübergreifenden Zusammenlebens von Familien steigt die Desintegration alter Menschen im sozialen Umfeld an. Generationenübergreifendes Gemeinschaftsleben muss nun in Wohnanlagen oder Einzelaktionen, wie z.B. Handykursen, künstlich geschaffen werden. Hiermit kann jedoch nur ein geringer Teil der älteren Menschen erreicht werden. Ein Großteil der alten Menschen wird dadurch von der Gesellschaft in ein eingeengtes *„Sozialfeld mit reduzierten Lebensinhalten"*[248] und nur geringen Anregungen gedrängt[249]. Der Teilnahme alter Menschen mit körperlichen Behinderungen am sozialen und kulturellen Gemeinschaftsleben steht überdies nicht selten die fehlende Barrierefreiheit öffentlicher Plätze und Gebäude im Wege[250].

Nicht nur das Jugendbild der Gesellschaft ist ein feindliches - auch das Altenbild der Gesellschaft ist diskriminierend[251]. Beiden Altersgruppen werden allein auf Grund ihres Erscheinungsbildes als junger oder alter Mensch, bestimmte Eigenschaften zugeschrieben. Alte Menschen werden bereits in Kindergeschichten als Hexen oder böse Menschen dargestellt[252]. Beiden

---

[244]   Der Spiegel berichtet von sog. „Silver Entrepreneurs". Dies sind betagte Unternehmensgründer, die statt in Rente zu gehen, nochmals etwas vollends Neues beginnen. Die Anzahl dieser „Silver Entrepreneurs" nimmt stetig zu. Als Grund wird Tatendrang, aber auch wirtschaftliche Not genannt [Der Spiegel, Nr.39, vom 27.9.2010].

[245]   Zu den desintegrierenden Mechanismen des Rückzugs aus dem Berufsleben: Schramke, S.9; Weber, S.59.

[246]   Schramke, S.51.

[247]   Vgl. Lehr, in: Reimann/Reimann, S.219.

[248]   Jähnig, in: Kreuzer/Hürlimann, S.139; siehe ferner: Reimann, Horst, in: Reimann/Reimann, S.112.

[249]   Amelunxen, 1960, S.12.

[250]   Siehe hierzu auch: Jordan,Etzold-Jordan/Seeberger,Braun S.136.

[251]   Siehe hierzu: Fischer/Brandlmeier, S.13ff.

[252]   Vgl. auch: Amelunxen, 1960, S.6.

Altersgruppen wird vorgeworfen, nichts zu tun zu haben und dem gesellschaftlichen Wohlstand im Wege zu stehen. Der demographische Wandel hat den naturgegebenen Generationenkonflikt weiter verstärkt. Im Jahre 2002 betrugen die jährlichen Gesundheitskosten je Einwohner in der Altersgruppe 30-44 Jahre unter 2000 €. In der Gruppe der 45-64jährigen lagen sie bei ca. 3000 €. Bei den 65-85jährigen betrugen die jährlichen Gesundheitskosten je Einwohner 6.000 €, bei den 85-und-mehr-jährigen gar über 12.000 €[253]. Mit der fortschreitenden Überalterung der Gesellschaft werden diese hauptsächlich von der arbeitenden Bevölkerung zu tragenden Gesundheitskosten weiter in die Höhe steigen. Der dadurch innerhalb der arbeitenden Bevölkerung weiter geschürte Unmut gegenüber der älteren Generation wird diskriminierenden Altersbildern ein idealer Nährboden sein.

Zweifellos steht in einer überalterten Gesellschaft altenfeindlichen Gesinnungen wiederum eine starke Lobby der Alten gegenüber. So basiert ein Teil der konstatierten Ausgrenzung und Diskriminierung alter Menschen sicherlich auch auf einer von diesen rein subjektiven wahrgenommen Anfeindung und einer im Alter intensiveren Auslebung des Selbstmitleides. *Kreuzer/ Hürlimann* berichten von einer Meinungsumfrage, nach deren Ergebnis 44 % von 1500 befragten 55-70jährigen angaben, ältere Menschen würden in unserer Gesellschaft nur noch als Belastung empfunden. Jeder zweite war der Ansicht, die Politik kümmere sich nicht um alte Menschen. In einer weiteren Meinungsumfrage stuften 36 % der über-65jährigen Befragten das Verhalten von Behörden ihnen gegenüber als rücksichtslos ein. Sodann folgten auf der Negativskala öffentliche Verkehrsmittel und Geschäfte[254]. Diese subjektive Einschätzung kann mitunter Folge eines negativen Selbstbildnisses alter Menschen sein. Denn nicht nur jüngere Menschen diskriminieren ältere Leute, auch ältere Leute selbst haben oftmals ein schlechtes Bild von alten Menschen. Überdies ziehen sich alte Menschen aufgrund des Gefühls der Überforderung mit den stetigen gesellschaftlichen Veränderungen, insbesondere mit der allgegenwärtigen Technologisierung und Multimedialisierung, oftmals selbst aus dem Gesellschaftsleben zurück[255].

Die gesellschaftliche Isolation vieler junger und alter Menschen führt möglicherweise dazu, dass mit dem Diebstahl, bewusst oder unbewusst, ein gewisser Appellcharakter verbunden sein kann. Dieser kann sich auf die Aufmerksamkeitserlangung von Familienangehörigen (Eltern, Kinder) oder

---

253   Kröhnert/Medicus/Klingholz, S.33: Schaubild „Jährliche Gesundheitskosten je Einwohner nach Altersgruppen in Euro 2002 (Datengrundlage: Statistisches Bundesamt)".

254   Kreuzer/Hürlimann, in: Kreuzer/Hürlimann, S.18 [Hier Verweis auf: Hamburg-Mannheimer-Stiftung für Informationsmedizin, wiedergegeben in: Guttempler Heft 4/1989, S.9].

255   Keßler, S.335.

unbestimmten Personen richten[256]. Mit dem Diebstahl kann ein alter Straftäter gegen seine soziale Isolation rebellieren. Das Gefühl ausgegrenzt zu werden, kann zudem die Motivation bestärken, mit dem Diebstahl Entbehrtes wieder auszugleichen. Man nimmt sich Sachen, weil man der Ansicht ist, man werde vernachlässigt und sie stünden einem zu.

Denkbar ist ferner, dass die Ausgrenzung alter Menschen bisweilen im Wege einer self-fulfilling prophecy zur Alterskriminalität führt[257]. In einer Studie kommen die Sozialforscher *Langer* und *Rodin* zu dem Ergebnis, dass das negative Altenbild und die damit einhergehende Stigmatisierung der Alten tatsächlich zu den negativen Stereotypen und Handlungen führen kann, die den Alten zugeschrieben werden: Kontrollverlust, Enthemmung und Reduzierung der Denkleistung[258]. Ein weiterer Erklärungsansatz ist, dass fehlende Aufgaben und soziale Isolation die Selbstbezogenheit und infolgedessen auch ein mangelndes Empathievermögen alter Menschen fördern können[259]. Beides sind erheblich hemmungsabbauende und somit kriminalitätsbegünstigende Faktoren[260]. Die Annahme gesteigerter Selbstbezogenheit als Diebstahlsmotivation wird durch die bei der Staatsanwaltschaft Darmstadt vorgenommene Erhebung bestärkt. Hier wurden nahezu ausschließlich Objekte gestohlen, die aller Vermutung nach dem eigenen Ver- oder Gebrauch und nicht dem Dritter dienen sollten. Ferner kann die gesellschaftlich geringe Achtung alter Menschen und die daraus resultierende unzureichende Reaktion auf die Straftaten alter Menschen, dazu führen, dass allein die erwartete Milde, alten Menschen die Hemmungen vor einem kleineren Delikt, wie z.B. einem Diebstahl, nimmt. So dass alte Menschen mitunter das gesellschaftliche Bild vom senilen Alten bewusst ausnutzen.

Keßler spricht hinsichtlich der Erstkriminalität im Alter von der *„Aufgabe bisheriger Moral- und Wertvorstellungen"*[261]. Die gesellschaftliche Belohnung für ein angepasstes, normgerechtes Leben hat sowohl in der Jugend als auch im Alter einen geringeren Wert. Nicht zuletzt auch wegen ihrer stärkeren Selbstbezogenheit versprechen sich beide Altersgruppen einen geringeren Nutzen von einem Handeln im Sinne der Gemeinschaft. Die mit einer Entdeckung des Diebstahls verbundenen Folgen erscheinen vielen jungen und alten Menschen angesichts ihrer persönlich eher unbedeutenden Rolle in der Gesellschaft nicht als besonders abschreckend. Junge und alte Menschen haben, da sie gleichsam außerhalb des Berufslebens stehen, weniger zu verlieren als die Mitglieder der mittleren arbeitenden Bevölkerungsgrup-

---

[256] Keßler, S.297; siehe auch: Legat, S.34.
[257] Zum grundsätzlichen Ausrichten des Verhaltens alter Leute an den gesellschaftlichen Erwartungen: Legat, S.14.
[258] Langer/Rodin, S.191ff.
[259] Vgl. ebenso: Amelunxen, 1960, S.12,13.
[260] Vgl. Keßler, S.293; Amelunxen, 1960, S.12,13.
[261] Keßler, S.341.

pe. Der Respekt vor den Regeln der Gemeinschaft ist deshalb in beiden Altersgruppen im Schnitt weniger stark ausgeprägt.

Die Ausgrenzung alter Menschen kann überdies ebenso Folgen anderer Art nach sich ziehen. Durch das gehäufte Abschieben alter Menschen in Altersheime entsteht in diesen Institutionen eine besondere Form der Beengung. Hier kann es bei den altersbedingt gehemmten und an das Alleinleben gewöhnten Menschen zu Aggressionsakten gegenüber anderen Altenheimbewohnern kommen. Menschen mit höchst unterschiedlichen Lebenswegen und Bildungsgraden sind gezwungen, miteinander auf unvorstellbar engem Raum zu leben. Die Rückzugsmöglichkeiten sind begrenzt. Während *Bürger-Prinz/ Lewrenz* 1961 noch schrieben, dass durch die *„weitgehende Auflockerung der zwischenmenschlichen Beziehungen zwischen den alten und jungen Familienmitgliedern [..] auch eine große Motivgruppe zum Köperverletzungsdelikt entfallen dürfte"*, wird sich der dadurch bedingte Rückgang von familiären Konflikttaten mit dem ansteigenden Konfliktpotential im Altersheim die Waage halten[262].

II. Besonderheiten des Alters

Dennoch weisen die Lebenssituationen der Straftäter beider Altersgruppen erhebliche Unterschiede auf. Vielfach wird behauptet, Jugendliche Straftäter würden eher und ältere Straftäter seltener der sozialen Unterschicht angehören[263]. Die These, dass ältere Straftäter nicht mehrheitlich aus der sozialen Unterschicht stammen, wurde durch die eigene statistische Erhebung zumindest nicht widerlegt[264]. Ferner sind ältere Menschen Drogenmissbrauch und Suchtgefahr weniger stark ausgesetzt als junge Menschen[265].

Sonach muss es im Alter besondere Umstände geben, die Menschen mit äußerlich guten Sozialfaktoren zu Ersttätern werden lassen. Lebensunzufriedenheit ist einer der bedeutendsten Kriminalitätsfaktoren. Dass alte Menschen im Schnitt häufiger als Menschen jüngeren Alters ihre Lebenssituation als negativ empfinden, zeigt die Tatsache, dass alte Menschen die selbstmordgefährdetste Bevölkerungsgruppe stellen. Die Suizidalität ist mit zunehmendem Alter eindeutig ansteigend[266].

---

[262]   Bürger-Prinz/Lewrenz, S.34,35.

[263]   Vgl. Keßler, S.297; Schramke, S.50; Ritzel, S.348.

[264]   Keßler, S.297.

[265]   Ebenda.

[266]   Siehe hierzu auch: Schramke, S.177.

Schaubild 11: Suizidrate der BRD im Jahre 2008, prozentual im Verhältnis zur Größe der jeweiligen Bevölkerungsgruppe[267]

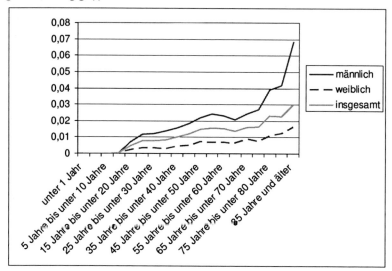

Die in *Schaubild 11* dargestellten Angaben beziehen sich auf den prozentualen Anteil der Menschen, die im Jahre 2008 Selbstmord verübt haben, im Verhältnis zur Größe der dazu gehörigen Altersgruppe. Insbesondere nach dem 75. Lebensjahr steigt die Suizidalität rapide an. Es ist davon auszugehen, dass die Dunkelziffer jedoch gerade bei alten Menschen sehr hoch ist[268]. Zwar lassen sich die höchsten Selbstmordversuchsraten bei den 15-25jährigen feststellen, jedoch gehen Suizidhandlungen im Alter deutlich häufiger tödlich aus[269]. *Schramke* schreibt hierzu:

> *„Erklären läßt sich dies unter anderem mit der – vornehmlich bei den älteren Männern zu beobachtenden – Wahl sogenannter „harter" Suizidmethoden (Erhängen, Erschießen, Schnittverletzungen), ein Indiz für die Ernsthaftigkeit des Selbsttötungsentschlusses"*[270].

Ältere Männer begehen weitaus häufiger Selbstmord als Frauen. Bei den Männern steigt die Suizidalität mit zunehmendem Alter ungleich stärker an.

---

267   Zur Erstellung benötigte Daten entnommen von: Statistisches Bundesamt der Bundesrepublik Deutschland.

268   Frankfurter Rundschau, vom 18.8.2009, 65.Jahrgang, Nr.190, R11, unter Bezugnahme auf eine dort veröffentlichte Studie der Fachhochschule Frankfurt zur Suizidalität alter Menschen.

269   Schramke, S.177.

270   Ebenda.

Bei ihnen scheint es nach dem 75. Lebensjahr gehäuft zu ernsthaften Lebenskrisen zu kommen. Bei den Frauen erfolgt zeitlebens nur ein geringfügiger und gleichmäßiger Anstieg der prozentualen Suizidalitätsrate. Das Suizidverhältnis der Geschlechter von durchschnittlich etwa 1:3 kommt dem Geschlechterverhältnis der TVBZ nahe[271]. Vielfach wird behauptet, das hohe Suizidrisiko gelte insbesondere für Männer, die erst seit kurzem verwitwet sind[272].

Ein Suizid wird als das Resultat einer narzisstischen Krise bezeichnet. Er wird vielfach als Coping-Mechanismus angesichts der subjektiv als nicht mehr zu bewältigen wahrgenommenen Lebenssituation interpretiert[273]. Gleiches kann für die altersbedingte Kriminalität gelten. Eine Alterskrise ist dabei nicht Folge einer einzigen Ursache, sondern der Kumulation diverser *„persönlichkeitsinterner und externer Faktoren"*[274]. Auch unter diesem Aspekt werden nachfolgend besondere altersbedingte Kriminalitätsfaktoren, bzw. die Lebensunzufriedenheit fördernde Umstände untersucht.

1. Absteigender Veränderungsprozess

Konträr zu den Jugendlichen erleben alte Menschen keinen aufsteigenden, sondern einen sozial, wirtschaftlich, physisch und psychisch absteigenden Veränderungsprozess. Von *Winston Churchill* ist der Ausspruch überliefert: *„Das Leben ist wie ein Theaterstück. Zuerst spielt man die Hauptrolle, dann eine Nebenrolle, dann souffliert man den anderen, und schließlich sieht man zu, wie der Vorhang fällt".* Von Jugendlichen wird zukünftiges Engagement in Wirtschaft, Politik und Gesellschaft erwartet, von alten Menschen hingegen der Rückzug aus diesen Bereichen. Bei jungen Menschen werden mit der Zeit der soziale und finanzielle Status sowie ihre Machtposition stärker, bei alten Menschen wird all dies weniger[275]. Die persönlichen Vorbilder der Jugendlichen stammen aus diesem Grunde auch aus den momentanen Machtgruppierungen. Alte Menschen suchen sich hingegen keine Vorbilder aus den momentanen Machtgruppierungen[276], wenn sie denn überhaupt derart intensive „role models" wie Jugendliche haben. Ein Vorbild, dessen Erreichen schon naturgesetzmäßige Altersgrenzen entgegenstehen, ist als solches uninteressant. Dies verdeutlicht, dass bei alten Menschen nicht nur die Angst vor dem geistigen und körperlichen Altern, sondern ab Erreichen eines gewissen Alters ebenso Perspektivlosigkeit zu Lebensunzufriedenheit führen kann.

271 Siehe auch: Keßler, S.339.
272 NZZ Folio, 04/07, Till Raether.
273 So z.B.: Teising, S.49; Schramke, S.178.
274 Keßler, S.341.
275 A.a.O., S.296; siehe auch: Reimann, Horst, in: Reimann/Reimann, S.112.
276 Keßler, S.296; vgl. auch: Schramke, S.52.

Das lange Altern und somit das sich über Jahrzehnte andauernde Befinden in einem Zustand eines intensiv wahrgenommenen körperlichen und geistigen Abbaus ist gesellschaftlich eine neue Situation. Den heutigen Alten fehlt es an ebenfalls sehr alt gewordenen Vorbildern. Nur die Wenigsten haben Eltern, die ihnen vorführen konnten, bzw. können, wie es sich jahrzehntelang als alter, erwerbsloser Mensch in unserer Gesellschaft lebt. Gerade den Männern fehlt es an solchen Orientierung gebenden Vorbildern. Ihre eigenen Väter sind oftmals im Krieg gefallen oder, vom Krieg gezeichnet, nicht besonders alt geworden. Die Altersphase ist inzwischen so lang, dass sie geplant und ausgefüllt sein will. Schließlich macht sie inzwischen für einen Großteil der alten Menschen nahezu ein Drittel ihres Lebens aus.

Alte Menschen blicken mitunter auf gescheiterte Lebenswege zurück. Bei jungen Menschen fehlt es Fehlschlägen an der Endgültigkeit. Die altersspezifische Perspektivlosigkeit und der Rückblick auf den eigenen Lebensweg kann den Gedanken bestärken, sich nun die Dinge selbst nehmen zu müssen, von denen man glaubt, sie werden einem von der Gesellschaft oder der eigenen Familie vorenthalten. Den voranschreitenden gesellschaftlichen Ausschluss, bei gleichzeitig wachsender Abhängigkeit von anderen Menschen, vor Augen, kann mit dem Diebstahl zudem bezweckt werden, die eigene Handlungsfähigkeit unter Beweis zu stellen. Die Lebenssituation alter Menschen führt überdies bei der Vornahme einer Kosten-Nutzen-Rechnung oftmals zu dem Ergebnis, dass von einem kleinen Diebstahl keine erhebliche negative Veränderung der eigenen Lebenssituation erwartet wird. Der alte Mensch kündigt den Gesellschaftsvertrag, an den er sich zeitlebens gehalten hat, auf und verhält sich nun ganz nach seinem Gusto. Was interessieren ihn die Konsequenzen von morgen.

Bei Männern führt der Alterungsprozess weitaus häufiger zu schweren persönlichen Krisen als bei Frauen. Diese gelten zwar grundsätzlich als sensibler und emotionaler, scheinbar gelangen sie jedoch seltener in Lebenskrisen, die so heftig sind, dass sie in einen Selbstmord münden. Dies mag primär daraus resultieren, dass Frauen psychische Probleme durch die Pflege sozialer Kontakte leichter abbauen können. Sie betreiben überwiegend einen offeneren Umgang mit ihren eigenen Ängsten als Männer. Diese neigen eher dazu, Zugriffe auf ihr Seelenleben abzuwehren. Männer haben überwiegend größere Probleme, soziale Kontakte zu knüpfen oder bereits vorhandene zu pflegen. Wie bereits angedeutet, haben Untersuchungen ergeben, dass in den Fällen, in denen in einer Ehe die Frau zuerst stirbt, der männliche Partner diese im Schnitt nur um wenige Jahre überlebt. Während wiederum Frauen, deren Ehepartner vor ihnen stirbt, im Schnitt eine deutlich höhere Lebenserwartung haben. Die Männer sterben ihren Ehefrauen oft schnell „hinterher". Die Ursachen werden in der geringeren sozialen Kompetenz der Männer, aber auch in der geringeren Fähigkeit der Männer der Kriegs- und Nachkriegsgeneration, sich im Alltag selbstständig zurechtzufinden, vermutet. Aus diesem Grunde heiraten auch gut zwei Drittel aller geschiedenen und verwitweten Männer erneut, während dies bei den geschiedenen und verwitweten Frauen nur weniger als die Hälfte tun[277].

Zweifellos trägt ebenso das zahlenmäßige Geschlechterverhältnis im Alter zum relativ höheren Wiederverheiratungsanteil der Männer bei. Bereits rein rechnerisch können gar nicht alle älteren Frauen einen in etwa gleichaltrigen Lebenspartner finden. Infolge der Weltkriege und der um rund 7 Jahre höheren Lebenserwartung[278] der Frauen, ist die Generation der hiesigen Alten zu Zweidritteln eine Frauengesellschaft, im höheren Alter sogar bis zu Dreivierteln[279]. Dies bedeutet zum einen, dass die Gesellschaft zwangsläufig weniger auf die Bedürfnisse und Empfindlichkeiten älterer Männer als auf die älterer Frauen ausgerichtet ist. Zum anderen erleichtert ein derartiges Geschlechterverhältnis älteren Frauen die Selbstständigkeit.

Diese Selbstständigkeit der älteren Frauen und die dadurch bewirkte geringere Notwendigkeit für allein stehende Frauen, eine Partnerschaft eingehen zu müssen, kann bei älteren Männern die Selbsteinschätzung hervorrufen, dass sie bei erwachsenen Frauen keine Chance haben. Eine derartige Einschätzung wird durch die Wahrnehmung des eigenen körperlichen Abbaus bestärkt. Dies kann bewirken, dass zur Befriedigung unerfüllter Zärtlichkeitsbedürfnisse und sexueller Wünsche Kinder als Ersatzobjekte herangezogen werden. Bei ihnen wird von den älteren Tätern der geringste Widerstand und das geringste Risiko *„einer sexuellen Blamage"* erwartet[280]. Ein weiterer Erklärungsansatz kann ein Rückfall in kindliche oder frühpubertäre Verhaltensweisen sein[281]. Möglichkeiten, solche Taten im Nahbereich zu begehen, bestehen für die meisten Täter ohne großen Aufwand zahlreich[282]. Mitunter steht für den Täter jedoch kein sexuelles Interesse im Vordergrund, sondern die Sexualstraftat erfolgt *„nur noch im Dienste männlicher Selbstbehauptung"*[283]. *Wille* behauptet dennoch, dass die Sexualdelinquenz älterer Männer statistisch deutlich abgenommen habe. Dies führt er auf die größere Akzeptanz praktizierter Sexualität in den späteren Lebensjahrzehnten zurück[284].

---

[277] NZZ Folio, 04/07, Till Raether. Es sei zudem bewiesen worden, dass Verheiratete, egal welchen Geschlechts, eine höhere Lebenserwartung haben als Ledige oder Geschiedene.

[278] Ebenda.

[279] Keßler, S.134; siehe auch: Kreuzer/Hürlimann, in: Kreuzer/Hürlimann, S.15; Reimann/Reimann, in: Reimann/Reimann, S.2; Tews, in: Reimann/Reimann, S.34.

[280] Bürger-Prinz/Lewrenz, S.36.

[281] Vgl. Amelunxen, 1960, S.35.

[282] Kröber, S.298; Amelunxen, 1960, S.29.

[283] Bürger-Prinz/Lewrenz, S.38.

[284] Wille, in: Kreuzer/Hürlimann, S.100; ebenso: Kreuzer, S.69.

Das altersbedingte Schwinden körperlicher und geistiger Kräfte kann ferner dazu führen, dass noch aus den Erlebnissen in Kindheit und Jugend herrührende Ängste wieder stärker zum Vorschein kommen und den alternden Menschen gänzlich in Beschlag nehmen. Dies ist u.a. immer wieder an Menschen mit Kriegstraumata oder Missbrauchserlebnissen in früher Kindheit und Jugend zu beobachten. Mitunter entsteht eine Gefühlswelt, die wieder selbiger in der erlebten Notsituation gleicht, obwohl dieses subjektive Empfinden keine Entsprechung in der Realität findet[285]. Dass die lange unterdrückten Ängste nun im Alter wieder verstärkt zum Vorschein kommen, ist auf fehlende Ablenkungsmöglichkeiten zurückzuführen. In früheren Lebensjahren gaben hingegen Arbeit, Familie und körperliche Aktivitäten hinreichend Gelegenheit, sich positiveren Gedanken zu widmen. Das Schwinden körperlicher Kräfte führt zu einer stärkeren Beschäftigung mit dem eigenen Ich und sonach auch zwangsläufig zu einem intensiveren Befassen mit den eigenen Ängsten[286].

2. Einsamkeit

Alten Menschen fehlt als Pendant zum gesellschaftlichen Ausschluss die Auffangfunktion in der eigenen Altersgruppe. Sie haben kein gemeinschaftliches „Wir". Jugendliche formieren sich hingegen in der Regel in „peergroups"[287]. Im Gegensatz zu der Generation der Alten hat die Jugend eine eigene Sozialisation[288]. Sie hat eine gemeinsame Sprache, gemeinsame Kleidung, gemeinsame Vorbilder und Interessen. Durch immer schnellere Formen des Informationsaustauschs, wie z.B. Twittern, die an andere junge Menschen gerichtete Kundgabe von Meinungen und Interessen in Internetforen, Blogs und sozialen Netzwerken, wie z.B. Facebook, wird diese gemeinsame Sozialisation weiter gefestigt. Alte Menschen erleben andere alte Menschen indessen überwiegend nur in ihrem direkten persönlichen Umfeld und sind deshalb isolierter. Darüber hinaus ist der Adoleszenzprozess wesentlich kürzer als der Alterungsprozess. Er verläuft deshalb gleichströmiger. Ein Jugendlicher kennt stets eine Vielzahl an Personen, die sich auf der gleichen Entwicklungsstufe wie er selbst befindet. Der Eintritt in den Ruhestand, der spätere Beginn körperlicher Gebrechen, all dies tritt unter älteren Menschen nicht gleichzeitig ein. Zweifellos entfallen jedoch auch mit der nicht vorhandenen Gruppensozialisation, Gruppenzwang sowie häufige Momente der Versuchung[289]. Jugendkriminalität ist aus diesem

---

[285]   Vgl. hierzu: Kulessa/Seeberger,Braun, S.11,14.
[286]   Vgl. auch: Böhmer/Seeberger,Braun, S.199,200.
[287]   Keßler, S.297, vgl. auch: Kreuzer/Hürlimann, in: Kreuzer/Hürlimann, S.27.
[288]   Keßler, S.296.
[289]   Keßler, S.295; Schramke, S.49; Legat, S.34.

Grunde größtenteils gruppenbezogene Kriminalität, während Alterskriminelle in der Regel als Einzeltäter agieren[290].

Single-Haushalte sind unter Senioren zwar nicht so häufig vertreten, wie die Bevölkerungsstatistik sie ausweist. Denn viele ältere Menschen leben in informellen Partnerschaften[291]. Auch konnte die eigene statistische Erhebung nicht die Annahme bestätigen, ältere Straftäter seien überwiegend allein stehend. Jedoch gibt es auch viele alte Menschen, die sich trotz fester Partnerschaft einsam fühlen. Während Jugendliche in der Regel nicht dauerhaft an einer unglücklichen Beziehung festhalten, kommt eine Trennung vom Partner für ältere Menschen nur selten in Betracht.

Die Stadt Frankfurt am Main hat eine Bedarfsanalyse zum Wohnen im Alter in Auftrag gegeben. Eine von vielen Erkenntnissen war u.a., dass tatsächlich ein Drittel der 50-und-mehr-Jährigen Frankfurter Bürger allein lebt. In der Altstadt sind es sogar mehr als die Hälfte[292]. Im Alter kommt es zum unfreiwilligen Verlust von Bezugspersonen durch deren Tod oder den Umzug in andere Wohnverhältnisse. Anders als bei den Jugendlichen (auch hier kann das Abnabeln von den Eltern zwar selbst gewählt, aber dennoch schmerzlich sein), kommen dem Verlust in der Regel keine neuen, selbst gewählten Bezugspersonen durch den Partner oder Freunde hinzu[293]. Gesellschaftliche Veränderungen wie zunehmende Feminisierung, Singularisierung und Veränderung der Familienstruktur[294], tragen dazu bei, dass die Suche nach neuen Bezugspersonen für alte Menschen erschwert wird.

Da die Frauen in der Bundesrepublik Deutschland immer weniger Kinder bekommen, werden familiäre Strukturen zunehmend vertikaler, statt wie bisher horizontal. Die Bedeutung der Familie als Keimzelle der Gesellschaft nimmt immer weiter ab[295]. Die Pluralisierung und Individualisierung der Lebensformen geht auf Kosten der Normalfamilie. Vorherrschend ist deshalb unter älteren Menschen die Angst, in ein Altersheim ziehen zu müssen. Nie zuvor war das Thema „In Würde altern" allgegenwärtiger; nie zuvor die Angst älterer Menschen derart groß, dass ihnen dies nicht gelingen

---

[290] Kreuzer/Hürlimann, in: Kreuzer/Hürlimann, S.27; vgl. zudem: Fattah, S.244.

[291] Kreuzer/Hürlimann, in: Kreuzer/Hürlimann, S.15.

[292] Frankfurter Rundschau, vom 28.4.2009, Nr.98, R1.

[293] Als Extremfälle sind zu Freiheitsstrafen verurteilte ältere Täter zu nennen, die angeben, ohne jede soziale Bindung zu sein und sich die ersehnte Wärme von einem geregelten Gefängnisalltag zu versprechen [Siehe hierzu: Frankfurter Allgemeine Sonntagszeitung, vom 4.3.07, Nr.9, S.62; Frankfurter Rundschau, vom 15.8.06, Nr.188, S.8]. Hörl/ Rosenmayr schreiben ferner, dass auch junge Menschen ihre Eltern nicht als Bezugspersonen verlieren, sich lediglich die Art der Beziehung wandelt, in: Reimann/ Reimann, S.94.

[294] Keßler, S.134; Tews, in: Reimann/ Reimann, S.34; siehe ferner: Hullen, in: Frevel, S.20.

[295] Vgl. ebenso: Legat, S.177.

könnte. Während in den mittleren Lebensjahren Freiheit und Unabhängigkeit einen hohen attraktiven Wert haben können, sind selbige in späteren Jahren zunehmend mit Ängsten verbunden. Es existieren immer weniger Kinder und Schwiegerkinder, die bereit sind, hilfsbedürftige Eltern oder Schwiegereltern zu pflegen. Die Großelternrolle mit der viele ältere Menschen früher ihren gesellschaftlichen Nutzen unter Beweis stellen konnten, fällt immer öfter weg oder aufgrund der Entfernung zu den Enkelkindern, bzw. dem Vorhandensein weiterer agiler Großeltern kleiner aus[296].

Beziehungen kommen ferner unter anderem nach dem Prinzip der Nutzenmaximierung zustande. Beide Seiten möchten einen Nutzen aus dem Zusammensein ziehen. Ein alter Mensch benötigt jedoch stärker die Hilfsbereitschaft anderer Menschen, als dass er diesen wiederum von Nutzen sein könnte[297]. Die aus der Einsamkeit resultierende Suche nach Ersatzbefriedigung kann in eine erstmalig im Alter gegenüber einem Kind verübte Sexualstraftat münden[298]. Beim Diebstahl muss nicht nur der Appellcharakter Ausdruck der Einsamkeit des Täters sein. Auch Geiz oder Sammeltrieb können Motive sein, die der Kompensation des voranschreitenden Verlusts an persönlichen Bezugspersonen und Lebensqualität dienen[299].

3. Pathologisches Altern

Von der nicht selten vorkommenden altersbedingten Enthemmung sind pathologische Alterungsprozesse zu unterscheiden[300]. So kann es im Alter zu Abbauerscheinungen des Gehirns, Demenz oder anderweitigen schwerwiegenden seelischen Erkrankungen kommen. Die eigene statistische Erhebung beweist jedoch, dass der Anteil der 60-und-mehr-jährigen Täter, die als schuldunfähig eingestuft wurden, äußerst gering ist. Nach der Durchsicht der Diebstahlsakten war ein pathologischer Alterungsprozess lediglich in einem einzigen Fall überhaupt in Erwägung zu ziehen. Bei erstmals im Alter auffälligen Sexualstraftätern sollen hingegen pathologische Alterserscheinungen, die bei diesen Tätern eine Triebkontrolle erschweren oder ausschließen, etwas häufiger vorkommen als bei den anderen Delikten. Ein altersbedingter Hirnabbau kann dazu führen, dass pädophile Interessen, statt in der Pubertät, erst im 7. bzw. 8. Lebensjahrzehnt in Erscheinung treten[301]. Da sich allerdings statistisch die konstatierte hohe Relevanz von Se-

[296] Siehe hierzu: Kröhnert/Medicus/Klingholz, S.33; vgl. ebenso: Amelunxen, 1960, S.13.
[297] Keßler, S.336; siehe hierzu ferner: Siegrist/Wahrendorf, in: Fangerau, S.26.
[298] Schramke, S.50; Jähnig, in: Kreuzer/Hürlimann, S.142; Schulte, S.143.
[299] Vgl. Hentig/Fopp, zitiert bei: Kreuzer/Hürlimann, in: Kreuzer/Hürlimann, S.27.
[300] Keßler, S.333.
[301] Siehe hierzu: Kreuzer/Hürlimann, in: Kreuzer/Hürlimann, S.27; Jähnig, in: Kreuzer/Hürlimann, S.145.

xualstraftaten im Alter nicht bewiesen hat, kann es sich auch hier nur um eine verschwindend geringe Gruppe handeln.

Laut *Kröber* steigt die Wahrscheinlichkeit präseniler oder seniler Hirnabbauprozesse mit zunehmendem Lebensalter deutlich an. Der steile Anstieg beginne im Alter zwischen 75 und 80 Jahren. Dennoch bleibe eine solche Erkrankung eher die Ausnahme[302]. Nach der Baltimore-Studie erkranken lediglich 0,17 % der 65jährigen und 1,34 % der 80jährigen an einer Demenz vom Alzheimer-Typus. Diese geringe Wahrscheinlichkeit, eine hirnorganisch bedingte Enthemmung zu erleiden, werde nochmals erheblich gemindert, wenn all die Alzheimer-Erkrankungen ausgenommen werden, die zuvorderst einen Abbau der intellektuellen Funktionen (Merkfähigkeit, Gedächtnis etc.) bewirken. Relevant wären demnach nur solche Hirnabbauprozesse, die sich *„zunächst, gemeinhin über eine Strecke von 1-2 Jahren, in einer bisher ungekannten Störung der Kritikfähigkeit, einem Verlust moralischer Wertungen, einer erhöhten Impulsivität, affektiven Labilität und Affektinkontinenz äußern"*. Dies könne allen voran bei einer Multiinfarktdemenz oder bei dem klinisch seltenen Frontalhirnsyndrom der Fall sein. Anders als Alzheimer-Demenzen und gefäßbedingte Demenzen würden die beschriebenen Abbauprozesse heute jedoch noch seltener als in den ersten Nachkriegsjahrzehnten auftreten[303].

Dennoch wird in den Medien kolportiert, dass die Zahl der Demenzerkrankungen in der Bundesrepublik Deutschland stetig zunehme[304]. Dies ist jedoch primär auf die ansteigende Zahl alter Menschen in unserer Gesellschaft, sowie das zunehmende Erreichen eines höheren Lebensalters zurückzuführen, in welchem ebenso die Anfälligkeit für Demenzerkrankungen steigt. Es ist allerdings zu berücksichtigen, dass die eigene Erhebung ergeben hat, dass die deutliche Mehrheit der älteren Delinquenten ein Alter zwischen 60 und 70 Jahren aufweist und hier, anderes als bei einem 90jährigen, die Wahrscheinlichkeit altersbedingten Hirnabbaus noch äußerst gering ist. Des Weiteren befinden sich Demenzerkrankte überwiegend in Betreuung anderer Menschen und weisen deshalb lediglich einen eingeschränkten Aktionsradius auf. Ladendiebstähle sind für sich in ständiger Betreuung befindende Menschen deshalb kaum möglich. Möglich sind allerdings Aggressionsdelikte und Diebstähle im privaten Nahbereich, allen voran im Altersheim.

Dass ein pathologischer Alterungsprozess als Ursache rechtswidrigen Verhaltens, allen voran eines Ladendiebstahls, dennoch häufig vermutet wird, mag auf die Nichtakzeptanz der Kriminalität alter Menschen zurückzufüh-

---

[302] Siehe ebenso: Foerster,Dressing/Rösler,Supprian, S.214; Schröder, S.4.
[303] Kröber, S.298.
[304] z.B.: Spiegel-Online, 22.2.2011.

ren sein. So können deshalb auch ältere Straftäter der Polizei oder dem Ladendetektiv vortäuschen, dass die begangene Tat auf

*„Altersverwirrtheit, Vergeßlichkeit oder ähnliche vermeintlich typische Alterser-
scheinungen zurückzuführen sei – ohne daß ihnen eine solche ‚raffinierte' Vorgehensweise zugetraut wird. Bei Jugendlichen ist dagegen Mißtrauen die erste Reaktion"*[305].

Dies erschwert jedoch den älteren Straftätern die Auseinandersetzung mit
dem eigenen Fehlverhalten. Ferner werden alte Menschen bei Verhal-
tensauffälligkeiten allzu schnell als altersverwirrt abgestempelt, anstatt dass
nach eventuell traumatischen Erfahrungen in Kindheit und Jugend gesucht
wird, deren Auswirkungen sich erst verstärkt im Alter zeigen können[306].

Moak/Zimmer/Stein empfehlen in allen Fällen, in denen sich ein Diebstahl
nicht mit sozialen Störungen erklären lasse, stets die Diagnose Kleptomanie
in Erwägung zu ziehen. Ob krankhaftes Stehlen überhaupt eine eigenständige Persönlichkeitsstörung oder lediglich eines von vielen Symptomen einer tief greifenden psychischen Beeinträchtigung ist, ist heftig umstritten[307].
Einigkeit besteht jedoch dahingehend, dass die Annahme einer krankhaften
Stehlsucht ohnehin nur dann in Betracht kommt, wenn rationale Motive für
den Diebstahl nicht ersichtlich sind. So z.B. wenn Dinge gestohlen werden,
die der Täter offensichtlich nicht gebrauchen kann und an denen er anschließend auch keinerlei Interesse zeigt[308].

Ein Diebstahl, der nur des Diebstahls willen geschieht, konnte allerdings in
keinem einzigen Fall der selbst begutachteten Diebstahlsakten eindeutig
festgestellt werden. Ganz im Gegenteil schien der Fokus auf subjektiv wirk-
lich benötigten Gegenständen zu liegen. So wussten die primär im Bau-
markt agierenden Männer sehr genau, welche und wie viele Schrauben oder
welche Zusatzteile sie noch brauchten. Das Vorgehen erschien durchdacht
und sprach deutlich gegen impulsives wahlloses Stehlen[309].

---

305 Keßler, S.334,335.
306 Vgl. Böhmer, S.193,202.
307 Zur Frage der Existenz von Kleptomanie u.a.: Schönke/ Schröder, § 20 StGB,
     Rn.14; OLG Koblenz, Beschluss vom 18.1.2005 – 1 Ss 379/04; Foerster/ Knöl-
     linger, StV 2000, S.457ff.; Beck'scher Online-Kommentar/ Eschelbach, § 20
     StGB, Rn.59; Glatzel, StV 1982, S.40ff.
308 Moak/Zimmer/Stein, S.648ff.; Siehe auch: ICD-10 F63.2; OLG Koblenz, Be-
     schluss vom 18.1.2005 – 1 Ss 379/04.
309 Siehe auch: OLG Koblenz, Beschluss vom 18.1.2005 – 1 Ss 379/04 („Die volle
     strafrechtliche Verantwortlichkeit eines Täters ist sowohl nach dem Gesetz als
     auch in der strafgerichtlichen Praxis die Regel. Dies gilt auch für den weitaus ü-

III. Fazit und abschließende Betrachtung

Alterskriminalität erscheint nur auf den ersten Blick verwunderlich. Hinterfragt man sie genauer, fällt auf, dass alte Straftäter letztlich nichts anderes machen, als das, was viele als Kinder oder Jugendliche auch schon getan haben: Sie haben weniger Hemmungen und weniger Angst vor einem Verstoß gegen die Regeln der Gemeinschaft und neigen deshalb zu Delikten, die sich am ehesten mit dem Ausleben von ubiquitären Bedürfnissen erklären lassen. Um die eigenen Bedürfnisse zu befriedigen, ist deshalb ein Diebstahl eine kleinere Hürde als bei der mittleren Altersgruppe, die eingebunden in berufliche und familiäre Verantwortung, viel mehr zu verlieren hat. Aufgrund der fehlenden sozialen Verantwortung für Andere nimmt die Auslebung eigener Bedürfnisse in der späteren Lebensphase einen größeren Raum ein als in den mittleren Lebensjahren. Auch dies lässt die Hemmungen vor einem Rechtsverstoß abbauen.

Aus diesem Grunde ist es nicht erstaunlich, dass trotz der mit steigendem Alter abnehmenden Kriminalität, die Anzahl der im Alter erstmalig mit kriminellem Verhalten Registrierten sehr hoch ist. Auch dass diese alten Straftäter seltener als jüngere Straftäter aus der sozialen Unterschicht stammen und ebenso Drogen- und Alkoholmissbrauch sowie Gruppenzwang und Versuchung weniger stark ausgesetzt sind als jugendliche Straftäter, erscheint infolgedessen nicht mehr verwunderlich. Schließlich geben eine Vielzahl von Menschen, gleich welcher Gesellschaftsschicht, an, im Kindes- oder Jugendalter schon einmal gestohlen zu haben.

Die Kriminalität älterer Menschen konzentriert sich auf drei Bereiche: Diebstahl ohne erschwerende Umstände, fahrlässige Verhalten im Straßenverkehr und Fahrerflucht. Während sich die fahrlässigen Straßenverkehrsdelikte (im weitesten Sinne) leicht mit der im Alter nachlassenden Reaktionsfähigkeit und dem Abbau sonstiger kognitiver Fähigkeiten erklären lassen, sind Diebstahl und Fahrerflucht Ausdruck zum Vorschein kommender ubiquitärer Bedürfnisse. Genauso wie Kinder und Jugendliche unterdrücken alte Leute ihre Empfindungen, wie materielle Bedürfnisse und Fluchtinstinkte, weniger. Dies hängt mit der Lebenssituation alter Menschen zusammen, die in vielerlei Hinsicht wieder Parallelen zu der in jungen Jahren aufweist und dem Hemmungsabbau sowie dem Verlust moralischer Vorstellungen förderlich ist.

So verliert ein älterer Mensch wieder die Einbindung in das Berufsleben, familiäre Verpflichtungen und mitunter seine sozialen Bindungen, d.h. letztlich seinen gesellschaftlichen Nutzen und von außen vorgegebene Strukturen. Er konzentriert sich daher stärker auf das tägliche unmittelbare

---

berwiegenden Teil der Ladendiebe"); Beck'scher Online-Kommentar/ Eschelbach, § 20 StGB, Rn.59.

Leben und reflektiert weniger über mögliche längerfristige Konsequenzen seiner Taten, da er ohnehin weniger zu verlieren hat. Ältere Menschen versprechen sich deshalb auch weniger von einem gesellschaftlich angepassten Verhalten als die mittlere Altersgruppe. Im Alter tritt mangels Aufgabe und aufgrund sozialer Isolation, die Selbstbezogenheit und damit das Bedürfnis zu eigenen Gunsten gegen gesellschaftliche Regeln zu verstoßen, zwangsläufig stärker in den Vordergrund. Von der Tat wird sich überdies häufig ein Erlebnishöhepunkt im eher erlebnisarmen Alltag versprochen. Gleiches gilt zudem für bisher unterdrückte Ängste, die mangels ausreichender Beschäftigung wieder stärker in den Vordergrund treten und sich dabei negativ auf das Sozialisierungsmoment Lebenszufriedenheit auswirken.

Ältere Menschen durchleben einen Prozess intensiver physischer (sexueller), psychischer, soziologischer und wirtschaftlicher Veränderungen, mit dessen Intensität sie häufig überfordert sind. Der lange Alterungsprozess ist eine gesellschaftlich neue Situation, in der es den heute Alten an Vorbildern im persönlichen Nahbereich mangelt. Zudem fehlen Auffangfunktionen im sozialen Umfeld. Viele alte Menschen fühlen sich daher mit ihren Ängsten alleingelassen. Besonders Männer sind im höheren Alter anfällig für schwere Lebenskrisen, da sie sozial inkompetenter sind als Frauen und bei den heute alten Männern die Umstellung vom Berufsleben auf den Ruhestand in der Regel konfliktreicher ausfällt, als bei den weiblichen Altersgenossinnen. All dies kann Lebensunzufriedenheit, bzw. eine schwerwiegende Lebenskrise bewirken, welche in kriminellem oder sozialwidrigen Verhalten münden kann. Ein Diebstahl kann dabei dem Frustabbau, der Ersatzbefriedigung oder dem Appell gegen den gesellschaftlichen oder familiären Ausschluss dienen. Denkbar ist genauso, dass ein alter Mensch glaubt, dass ihm materielle Dinge vorenthalten werden und er infolgedessen versucht das Entbehrte durch einen Diebstahl zu erlangen.

Nicht ausschließlich physische Motivationen, wie z.B. Hunger, Durst oder sexuelle Befriedigung, sondern allen voran das Bestreben nach sozialer Anerkennung und Zugehörigkeit, sowie das Ausleben von Individualbedürfnissen, spielen bei der Motivation alter Menschen zu kriminellem Verhalten die entscheidende Rolle. Nach der *Maslowschen Bedürfnishierarchie* werden fünf aufeinander folgende Grundbedürfnisse des Menschen, die den Entwicklungscharakter der menschlichen Motivation darstellen sollen, unterschieden:

1. Physiologische Bedürfnisse (z.b.: Nahrung, Sexualität)

2. Sicherheitsbedürfnisse (z.B.: Schutz, Stabilität)

3. Soziale Bedürfnisse (z.B.: Zugehörigkeit, Liebe)

4. Anerkennungsbedürfnisse (z.b.: Geld, Erfolg, Einfluss)

5. Bedürfnisse nach Selbstverwirklichung (z.b.: Individualität, Talententfaltung)

Nach dieser Theorie versucht der Mensch zunächst die Bedürfnisse der niedrigsten Stufe zu befriedigen, bevor er sich der Verwirklichung der Bedürfnisse der nächst höheren Stufe widmet[310]. Ein älterer Mensch, der zum Zeitpunkt des Eintritts in den Ruhestand in der Regel bereits alle Stadien dieser Grundbedürfnisse durchlaufen hat, konzentriert sich notgedrungen wieder verstärkt auf Bedürfnisse der niedrigeren Stufen. Das Bedürfnis nach sozialer Anerkennung und Zugehörigkeit, und somit die Konzentration auf die 3. bzw. 4. Stufe der Bedürfnishierarchie, wird in der Orientierungsphase vom Berufs- zum Altersleben, in dem sich die älteren Delinquenten altersmäßig überwiegend befinden, zur primären Motivation.

Pathologische Alterungsprozesse stellen aufgrund ihrer geringen quantitativen Relevanz, auch bei der erstmaligen Entstehung von kriminellem Verhalten im Alter nur die Ausnahme und nicht die Regel dar. Allen voran deshalb, weil sich die Mehrheit der älteren Delinquenten noch gar nicht in einem Alter befindet, in welchem Demenzerkrankungen für gewöhnlich erstmalig auftreten. Dementsprechend muss der Schluss gezogen werden, dass das Alter (im Sinne eines höheren Lebensalters) als solches im Regelfall keine unmittelbare Bedeutung für die Entstehung später Kriminalität hat. Gleiches gilt für fortgesetztes kriminelles Verhalten trotz höheren Alters.

Es sind stattdessen die typischen Lebensumstände alter Menschen, die kriminelles Verhalten im Alter begünstigen. Dieselben Umstände können jedoch, wenn sie bei einem jüngeren Menschen vorliegen, ebenso kriminalitätsbegünstigend wirken. Die dargestellten „Besonderheiten des Alters" sind dementsprechend lediglich solche Umstände, die gerade für das Leben vieler älterer Straftäter charakteristisch sind. Außer dem Kriminalitätsfaktor des pathologischen Alterungsprozesses können sie gleichwohl in jedem Lebensalter gegeben sein. Ein spezifisches, ausschließlich bei alten Menschen vorherrschendes Moment der Kriminalitätsentstehung gibt es folglich nicht.

---

[310]   Siehe hierzu: Krech/Crutchfield/Livson/Wilson/Parducci, S.35ff.

B. Die Bedeutung des Alters für die Strafverfolgung

I. Einheitliche Strafzumessungsgrundsätze

Außer in den selteneren Fällen der Demenzerkrankung existiert somit keine Kriminalitätsursache, die ausschließlich bei alten Straftätern vorliegen kann. Mangels Vorliegens eines dominierenden, spezifischen Alterskriteriums in der Entstehung später Kriminalität, ergibt sich auf der Entstehungsebene keine Rechtfertigung für eine gesonderte strafrechtliche Behandlung alter Menschen. Es stellt sich deshalb die Frage, worauf sich die Rechtfertigung für eine gesonderte strafrechtliche Behandlung alter Menschen sodann gründen kann.

Zwar wird bei alten Straftätern die Berücksichtigung der Strafzumessungsschuld, aufgrund des überwiegend geringen verwirklichten Schadens, häufig zu einer eher milden Bestrafung führen. Ebenso wird bei alten Delinquenten mehrheitlich in besonderem Maße neben der Resozialisierungserforderlichkeit, die Resozialisierungswirkung von Bestrafungen, insbesondere von Freiheitsstrafen, infrage stehen. Allen voran muss das Fehlen von Vorstrafen, welches bei älteren Delinquenten mehrheitlich gegeben ist, stets strafmildernd Berücksichtigung finden[311]. Ferner hat die Allgemeinheit in der Regel kein erhöhtes Bedürfnis nach einer empfindlichen Bestrafung eines alten Menschen, weshalb gleichfalls die Berücksichtigung des Strafzwecks der positiven Generalprävention in den meisten Fällen nur zu einer milden Bestrafung führen wird. Selbst bei Anerkennung der negativen Generalprävention als gültigen Strafzweck[312], darf auch hier die Abschreckungswirkung der Bestrafung alter Menschen in besonderem Maße fraglich bleiben. Dass alles in allem deshalb überwiegend kein besonderes Strafbedürfnis für die mehrheitliche Bagatell- (Ladendiebstahl) oder Überforderungskriminalität (Straßenverkehr) alter Menschen besteht, haben auch die hohen Einstellungsquoten gegenüber älteren Beschuldigten im Rahmen der eigenen Erhebung offenbart. Nicht eine besondere staatsanwaltschaftlich geübte Milde, sondern das überwiegende Wegfallen von Strafzwecken hat zu den hohen Einstellungsquoten gegenüber älteren, allen voran den weiblichen, Beschuldigten geführt.

All dies ist jedoch lediglich eine Tendenz. Eine Bewertung von Tat und Täter hat gleichwohl stets individuell zu erfolgen. Ungeachtet der spezifischen Ausformung eines jeden Falles, ergeben sich insbesondere deliktsspezifisch erhebliche Abweichungen. Die Unterschiede in Art und Ausmaß des ver-

---

[311] Siehe hierzu: Fischer, § 46, Rn.37a; NStZ 1982,S.376 ; StV 1983,S.237; 1984,S.71; 1996,S.205; NStZ 1988,S.70; BGH, Urteil vom 18.12.1990 – 5 StR 493/90, erschienen in: StV 1991, S.206, 207; Schäfer, Sander, Gemmeren/ Redeker/ Busse, Rn.416.

[312] Zur Thematik eines generalpräventiven Effekts: Walter/Geiter/Fischer, S.17.

wirklichten Schadens sind beispielsweise im Vergleich zwischen einem älteren Ladendieb von geringwertigen Gütern, einem Wirtschaftsstraftäter und dem Täters eines Tötungsdelikts erheblich. Das Alter des Täters bietet zudem nicht in jedem Fall ausschließlich Anlass zur Strafmilderung. Mitunter kann die Berücksichtigung der altersbedingten Besonderheiten von Tat und Täter, statt zu einem Strafmilderungsgrund, vielmehr zu einem Strafschärfungsgrund führen, bzw. zumindest einen Strafmilderungsgrund ausschließen. So kann dem Angeklagten im Rahmen der Strafzumessungsschuld vorgeworfen werden, dass er sich trotz seiner Lebenserfahrung für den Rechtsbruch entschieden hat. Gerade aufgrund seines Alters hätte möglicherweise von ihm erwartet werden können, dass er sich besonnener verhält[313].

Überdies darf nicht stets die Annahme vorherrschen, mit steigendem Lebensalter schwinde auch die vom Täter ausgehende Gefahr, so dass von diesem in Zukunft keine erheblichen Taten mehr zu erwarten sind und das Resozialisierungsbedürfnis überwiegend wegfalle[314]. Es ist beispielsweise zu berücksichtigen, dass ein alter Gewalt- oder Sexualstraftäter, dessen Opfer vornehmlich Kinder aus dem persönlichen Umfeld oder ebenfalls ältere Menschen sind, zur Tatbegehung mitunter nur geringfügige körperliche Kräfte benötigt. Diese Opfer sind nicht nur weniger wehrhaft, sie weisen auch eine erhöhte Vulnerabilität auf. Lebt der Täter zum Beispiel in einem Altersheim, kann seine Gefährlichkeit nur schwer eingedämmt werden. Für seine intensivere Überwachung fehlt es in der Regel an ausreichend Personal oder technischen Überwachungsmöglichkeiten. Der *BGH* hatte im Jahre 2006 über die Sicherungsverwahrung eines damals 72jährigen zu entscheiden, der bereits erheblich geistige Abbauerscheinungen aufwies. Diese führten dazu, dass es in dem Altersheim, in dem der Betroffene untergebracht war, wiederholt zu sexuellen Übergriffen auf Mitbewohnerinnen durch den Betroffenen kam. Er brachte die an ausgeprägten Demenzerkrankungen leidenden Frauen an Orte, die vom Pflegepersonal nicht beobachtet wurden. Dort entkleidete er den Unterkörper der Mitbewohnerinnen um sich daran sexuell zu ergötzen. In einem Fall griff er einer dementen Mitbewohnerin von oben in das T-Shirt und manipulierte an ihrer Brust[315].

Gleiches gilt für den Aspekt der Strafempfindlichkeit älterer Delinquenten, ungeachtet der Frage, inwiefern selbiger überhaupt messbar ist oder angesichts etwaiger Klassenjustiz-Vorwürfe Berücksichtigung finden darf. Allgemein wird konstatiert, alte Straftäter weisen eine durchschnittlich erhöhte Strafverfolgungs- und Strafempfindlichkeit auf. Diese wird in den Faktoren

---

[313] Siehe auch: Streng, JR 2007, S.274.
[314] Siehe hierzu: Ebenda.
[315] BGH 1 StR 476/05 – Urteil vom 23.März 2006.

der mangelnden Ausrichtung des Strafvollzuges auf ältere Insassen, der selbst im Strafvollzug regelmäßig höheren sozialen Isolation älterer Insassen, der erhöhten Anfälligkeit für Hospitalisierungsschäden oder Depressionen, der geringeren Lebensperspektive älterer Menschen und allen voran in dem durchschnittlich häufigeren Entstammen der älteren Delinquenten aus einer höheren sozialen Schicht gesehen[316].

Gleichwohl sagt jedoch auch diese Tendenz nichts über die Strafempfindlichkeit im Einzelfall aus. Ferner können gerade bei jüngeren Delinquenten erschwerende Faktoren hinzu treten, die bei einem älteren Straftäter wiederum in aller Regel nicht gegeben sind. *Streng* verweist auf die hohe psychische Belastung des Vaters eines kleinen Kindes, der bei einer 10jährigen Freiheitsstrafe von der gesamten Kindesentwicklung weitestgehend ausgeschlossen wird. Zudem sei es vor allem in jungen Jahren schwer, über Jahre hinweg die Beziehung zum Partner, bzw. zur Partnerin, aufrecht zu erhalten. Die Einschränkung in der Ausübung der eigenen Sexualität über einen Zeitraum von mehreren Jahren, mag ebenso in jüngeren Jahren schwerer zu ertragen sein, als in späteren Jahren[317]. *Schramke* geht zwar von einer erhöhten Strafempfindlichkeit älterer Menschen aus, muss jedoch zugleich eingestehen, dass dem Alter in Bezug auf die Strafempfindlichkeit ambivalente Wirkung zukomme. So biete z.B. die Lebenserfahrung alter Menschen diesen die Möglichkeit, den Strafvollzug konfliktärmer zu durchstehen[318]. Auch der im Alter als schneller wahrgenommene Zeitablauf erleichtere das Durchstehen des Strafvollzuges[319].

Dergleichen stellt sich dies bei den Themen der Gewährung einer konkreten Chance auf Wiedererlangung der Freiheit trotz hohen Lebensalters[320], sowie der altengerechten Ausgestaltung der Strafaussetzung zur Bewährung

---

[316]   Siehe hierzu u.a.: Schramke, S.130ff.; Legat, S.37ff.; Hermanns, in: Seeberger/Braun, S.119ff; Schäfer, Sander, Gemmeren/ Redeker, Busse, Teil 3, Rn.417.

[317]   Streng, JR 2007, S.272.

[318]   Schramke, S.219.

[319]   A.a.O., S.267.

[320]   Siehe hierzu: BGH, Urteil, v. 27.4.2006 – 4 StR 572/05, erschienen in: NStZ 2006, S.500; NJW-Spezial 2006, S.329; Besprechung der Entscheidung: Nobis, S.489ff; diesem Urteil liegt der Fall der von den Medien als „Opa-Bande" bezeichneten Bankräubergruppe zugrunde, deren drei Mitglieder sämtlich über 60, bzw. über 70 Jahre alt waren[320]. Die drei mehrfach einschlägig vorbestraften Angeklagten waren erstinstanzlich wegen einer Vielzahl von bewaffneten Raubüberfällen auf diverse Geldinstitute zu Gesamtfreiheitsstrafen von zwölf, zehn und neun Jahren verurteilt worden. Bei der Urteilsverkündung hatten sie ein Lebensalter von 65, 74 und 75 Jahren erreicht. Siehe ferner: BVerfG, Urteil vom 21.06.1977 – 1 BvL 14/76, BVerfGE, 45, 187, 245, erschienen in: NJW 1977, S.1525; BVerfG, Entscheidung vom 24.4.1986 – 2 BvR 1146/85, BVerfGE 72, 105, 116, erschienen in: NJW 1986,2241; Streng, JR 2007, S.271ff; Detter, 2006, S.561; BGHR StGB § 46 Abs.1, Schuldausgleich 20.

dar. Auch bei einem jüngeren schwer erkrankten Angeklagten, der sich beispielsweise mit HIV infiziert hat, hat sich das Gericht mit der Frage der Gewährung einer konkreten Chance auf Wiedererlangung der Freiheit auseinanderzusetzen[321]. Die Ausgestaltung der Strafaussetzung zur Bewährung durch Erteilung von Auflagen und Weisungen ist schon von Gesetzes wegen auf maximale Individualisierung ausgelegt und stets bestmöglich auf den jeweiligen Delinquenten, ganz gleich welchen Alters, anzupassen. Es können folglich keine allgemeingültigen Strafzumessungsgrundsätze aufgestellt werden, die bei älteren Straftätern stets herangezogen werden könnten. Denn Kriminalität ist im Alter, wie festgestellt, gleichsam normal und muss deshalb auch stets, in Anerkennung ihrer Heterogenität, individuell bewertet werden.

II. Altersbedingter geistiger Abbau

Als einziges spezifisches Alterskriterium konnten pathologische geistige Alterungsprozesse ausgemacht werden. Altersbedingte Abbauerscheinungen werden in aller Regel unter das Merkmal der *„krankhaften seelischen Störung"* subsumiert. Sie werden zu den so genannten exogenen Psychosen gezählt[322]. Dies sind all solche seelischen Abnormitäten, die nachweisbar auf organischen Ursachen beruhen[323]. So z.B. chronische degenerative Erkrankungen des Zentralnervensystems, wie Alzheimer oder senile Demenz[324] und jede anderweitige *„zum Alterabbau – zum Altersschwachsinn führende Rückbildung von Hirngewebe"*[325].

Auch hier muss der Richter stets in jedem Einzelfall entscheiden, ob erstens, die Voraussetzungen der §§ 20, 21 StGB zu überprüfen sind und zweitens, der Täter tatsächlich in seiner Schuldfähigkeit eingeschränkt war, bzw. diese gänzlich nicht vorhanden war. Ein höheres Alter als solches ist in der Regel nicht ausreichend, um ein Prüfungserfordernis der §§ 20, 21 StGB zu bejahen[326]. Denn zum einen indiziert § 20 StGB die grundsätzliche Unterstellung der vollen Schuldfähigkeit eines erwachsenen Straftäters[327]

---

[321] Siehe hierzu: Dalquen, Die Strafzumessung bei Angeklagten mit geringer Lebenserwartung. Ungeachtet der Gewährung einer konkreten Chance auf Wiedererlangung der Freiheit, kann auch hier die Frage einer etwaigen besonderen Strafempfindlichkeit thematisiert werden, siehe hierzu: Bruns, S.507; Dencker, 1992, S.126; Detter, NStZ 1990, S.222; ders., NStZ 1991, S.275; ders., NStZ 2007, S.627; ders., NStZ 2008, S.266; BGHR StGB § 46 Abs.1, Schuldausgleich 3,7,13,19,25; Theune, NStZ 1987, S.495.

[322] Fischer, § 20, Rn.10; Schönke/Schröder, § 20, Rn.10; siehe auch: Pfister, 2009, S.163 (Bezug auf BGH, Beschluss vom 28.5.2008 – 1 StR 243/08).

[323] Schönke/Schröder, § 20, Rn.10; Theune, NStZ-RR 2006, S.331.

[324] Fischer, § 20, Rn.10; NStZ 1983,S.34; StV 1989,S.102; 1994,S.15.

[325] Schönke/Schröder, § 20, Rn.10.

[326] Vgl. Amelunxen, 1960, S.42.

[327] Fischer, Vorbemerkungen zu §§ 19-21.

und ältere Straftäter sind hiervon nicht ausgenommen. Zum anderen schreibt *Kröber* zutreffend, dass es ohnehin nicht das Alter ist, das sich enthemmend auswirkt. Letztlich dreht sich alles um die Frage, wie groß in einer bestimmten Altersgruppe die Wahrscheinlichkeit präseniler oder seniler Hirnabbauprozesse ist. Diese Wahrscheinlichkeit ist, wie bereits dargestellt, zwar mit ansteigendem Lebensalter zunehmend, allerdings dennoch die Ausnahme und nicht die Regel. Das Vorliegen weiterer konkreter Anhaltspunkte, die auf eine krankhafte seelische Störung hindeuten, ist deshalb in jedem Einzelfall stets erforderlich[328].

Wann derartige konkrete Anhaltspunkte gegeben sind, kann zweifellos von Fall zu Fall verschieden sein. Da es sich beim altersbedingten Geistesabbau jedoch um typische Krankheitsbilder handelt, ist es, anders als bei der Strafzumessung, durchaus möglich, zumindest einheitliche Anhaltspunkte für das Vorliegen altersbedingter geistiger Abbauerscheinungen zu formulieren. Solche Anhaltspunkte müssen dabei, je nach Ausprägung, eventuell kumulativ vorliegen.

1. Konkrete Anhaltspunkte

Anlass das Vorliegen der Voraussetzungen der §§ 20, 21 StGB zu prüfen, besteht bei einem älteren Angeklagten regelmäßig dann, wenn er eine erhebliche Liste an begangenen Straftaten vorweisen kann, mit denen erst im fortgeschrittenen Alter von ungefähr 60 Jahren begonnen wurde und die Kriminalität sich nicht ohne Weiteres aus den Lebensumständen des Angeklagten erklären lässt. Insbesondere dann nicht, wenn sich die Lebensumstände des Angeklagten vor Beginn der späten kriminellen Karriere nicht wesentlich verändert haben. Bei dem Versuch den Rechtsbruch aus den Lebensumständen des Angeklagten zu erklären, können die Ausführungen dieser Untersuchung zu den nicht auf psychischen Altersabbauerscheinungen beruhenden Ursachen später Kriminalität herangezogen werden: Eintritt in den Ruhestand, Verlust von Bezugspersonen, soziale Isolation, fehlende Aufgaben, physische Krankheiten, psychische Probleme mit dem Beginn stärkerer körperlicher Alterserscheinungen und Einschränkung der finanziellen Möglichkeiten.

Eine Prüfung der Voraussetzungen der §§ 20, 21 StGB scheint überdies auch bereits bei bisher einmaliger Delinquenz im Alter angebracht, wenn der Erstdelinquent schon in sehr fortgeschrittenem Alter, sprich über 80 Jahre alt ist. Hier ist schlichtweg die Wahrscheinlichkeit höher, dass der Angeklagte bereits erhebliche geistige Abbauerscheinungen aufweist, die ihn in seiner Einsichts- und Steuerungsfähigkeit stark einschränken. Dass der Täter in einem derart hohen Alter, trotz gewöhnlich starken physischen Abbaus, erstmalig strafrechtlich in Erscheinung tritt, ist bereits ein ausrei-

---

[328] Kröber, S.298.

chender Anhaltspunkt. Umso höher das Alter des Angeklagten ist, umso schwerer wiegt folglich der Anhaltspunkt erstmaliger Kriminalität im Alter. Fehlende Vorstrafen können grundsätzlich als Anhaltspunkte herangezogen werden. Die bisher sozial unauffällige Biographie des Angeklagten ist letztlich das gewichtigste Indiz für die erforderliche Überprüfung der Schuldfähigkeit des Angeklagten. Das Hauptaugenmerk des Gerichts ist auf die Frage zu richten, ob die im Alter begangenen Taten im Widerspruch zum bisherigen Leben des Angeklagten stehen, ihm letztlich wesensfremd sind. Es ist nach Auffälligkeiten, psychischen Erkrankungen und Konflikten im bisherigen Leben des Angeklagten zu suchen.

Ferner wird bei einem älteren Angeklagten die Prüfung der Voraussetzungen der §§ 20, 21 StGB bei erstmalig im Alter ausgeübten Aggressionsdelikten gegen Körper, Leben oder Sachen in der Regel für erforderlich erachtet, wenn eine Freiheitsstrafe als Straffolge droht[329]. Allein die Tatsache, dass ein älterer Mensch erstmalig im Alter Aggressionsdelikte ausübt, kann hier jedoch gleichfalls nicht ausreichend sein. Ein konkreter Anhaltspunkt kann z.B. der starke Widerspruch der Tat zum sonstigen Lebenslauf des Täters und dessen Lebensweise sein. Auch ein jahrelanger Alkohol- und Drogenmissbrauch durch den Täter kann nahe legen, dass hierdurch ein beschleunigter hirnorganischer Altersabbau stattfindet oder bereits stattgefunden hat. Ebenso können negative, einschneidende Erlebnisse im Alter, wie der Tod einer nahe stehenden Person oder der nicht ganz freiwillige Umzug in ein Altersheim, sich beschleunigend auf den Altersabbau auswirken. Überdies kann eine krankheitsbedingte Frühverrentung auf einen beschleunigten und früher als gewöhnlich einsetzenden altersbedingten Abbauprozess hindeuten.

Eine Überprüfung der Schuldfähigkeit drängt sich ferner auf, wenn das Umfeld des erstmalig delinquenten Angeklagten von einer erst seit geraumer Zeit, bzw. erst im Alter erfolgenden starken, negativen Veränderung des Angeklagten in dessen Emotionalität, Antrieb, Interesse, Auffassungsgabe und Beherrschtheit berichtet. Zudem wenn es erhöhte Reizbarkeit, Unruhe, Aggressivität, Depressivität, Ängstlichkeit, veränderte Schlaf- und Wachzeiten, Uneinsichtigkeit, Mangel an Selbstkritik, kompromissloses Verfolgen unrealistischer Ziele, Wahrnehmungsstörungen, verteidigen mit nebensächlichen Gesichtspunkten, mangelnde Flexibilität und plötzliche Schwatzhaftigkeit schildert. Ferner wenn es von dem plötzlichen Bedürfnis des Angeklagten berichtet, jedwede Entscheidung des Alltags dominieren zu wollen. Ebenso, wenn das Verhalten als unvorhersehbar bezeichnet wird und von plötzlichen Stimmungsschwankungen die Rede ist[330].

---

[329] Vgl. auch: Schramke, S.350.
[330] Vgl. zu alledem: Stoppe, S.52; Schröder, S.10; Erwig, S.25ff.

Gleiches gilt, wenn der nicht vorbestrafte Angeklagte in keiner Weise Aufregung oder Scham wegen der nun stattfindenden Strafverfolgung offenbart. Ebenso bei trotz durchgreifender Beweislage hartnäckigem Leugnen der Tat, dem Bagatellisieren oder stumpfen, emotionslosen Schildern der Vorfälle und sonstigen Verhaltensveränderungen in negativer Hinsicht[331]. So z.B. auch, wenn der betagte Straftäter neuerdings zum Ausdruck bringt, sich alleingelassen oder vollends unverstanden zu fühlen und diese Gefühle angesichts der Gesamtumstände völlig unnachvollziehbar erscheinen[332]. Des Weiteren können eine deutliche Veränderung der Handschrift, plötzliche Lese- und Rechenschwierigkeiten, neuerdings grobe sprachliche und grammatische Fehler, sowie ganze Wortausfälle, bis hin zum vollständigen Verlust des Sprechvermögens, die Prüfung der Schuldfähigkeit nahe legen[333].

Darüber hinaus können physische Erkrankungen oder motorische Störungen[334] einen Hinweis auf krankhafte Hirnveränderungen geben. Hier ist insbesondere an Stoffwechselerkrankungen, wie z.B. langjährige schwere Diabetes, oder Leberzirrhose zu denken[335]. Gleiches gilt für gefäßbedingte Erkrankungen, wie Schlaganfälle und Herzinfarkte. Schlaganfallpatienten gelten als besondere Risikogruppe für die Entwicklung einer Demenz[336]. Zweifellos drängt sich bei allen Delikten eine Hinterfragung der Schuldfähigkeit überdies immer dann auf, wenn ganz offensichtlich die typischen Formen des Altersabbaus, wie Verwechslungen, Vergesslichkeit[337], Orientierungsprobleme[338], Überforderung im Alltag oder die Unfähigkeit dem Prozessgeschehen zu folgen, auftreten. Der persönliche Eindruck des Richters vom Angeklagten in der Hauptverhandlung kann hierbei eine Rolle spielen. Der Richter muss auch seinen persönlichen Eindruck vom äußeren Erscheinungsbild des Angeklagten mit in die Frage nach dem Prüfungserfordernis einfließen lassen. Eine schwere Demenzerkrankung kann sich auch im Gesicht des Betroffenen widerspiegeln. Häufig macht das Gesicht eines Demenzkranken einen in besonderem Maße eingefallenen und ausdruckslosen Eindruck, der es vom Gesicht eines geistig gesunden alten Menschen unterscheidet. Wenn der erstmalig Strafverfolgte der Hauptverhandlung ferner gelassen und in abwesendem Eindruck beiwohnt, kann dies zusammen mit dem äußerlichen Erscheinungsbild eines dementen

---

[331] Siehe diesbezüglich: Kröber, S.298; Amelunxen, 1960, S.36,37.
[332] Siehe hierzu auch: BGH, Beschluss vom 14.10.1982 – 1 StR 619/82, in: NStZ 1983, S.34.
[333] Amelunxen, 1960, S.37; Stoppe, S.51, 52; siehe auch: Falk, S.15; Schröder, S.10.
[334] Vgl. Schröder, S.10.
[335] Kröber, S.298.
[336] Stoppe, S.13, 14.
[337] Falk, S.15; Schröder, S.10.
[338] Siehe auch: Kastner/Löbach, S.10; Falk, S.15.

Menschen, bereits ein erhebliches Indiz für die Eingeschränktheit seiner Schuldfähigkeit sein. In der Regel wird der Richter jedoch bereits vor Beginn der Hauptverhandlung, sprich ohne Ansicht des Angeklagten, entscheiden, ob er dessen Schuldfähigkeit überprüfen möchte.

2. Hinzuziehung eines Sachverständigen

Um das Vorliegen einer für die Schuldfähigkeit erheblichen krankhaften seelischen Störung sicher feststellen zu können, ist die Hinzuziehung eines auf den Alterungsprozess spezialisierten Sachverständigen empfehlenswert[339]. Teilweise erscheinen Angeklagte während der Hauptverhandlung noch im vollen Besitz ihrer geistigen Kräfte und gänzlich steuerungsfähig, während die Tat dennoch Ausdruck einer zeitweilig verminderten Einsichts- oder Steuerungsfähigkeit infolge fortschreitender altersbedingter Hirnveränderungen gewesen sein kann[340]. Die Persönlichkeit des Täters kann sich verändert haben, ohne dass dies sein näheres Umfeld bemerken konnte. Sie kann sich u.a. auf lediglich kleinere Bereiche, wie z.B. ein verändertes Sexualverhalten, bei sonst gänzlich intakter äußerlicher Fassade, beziehen[341]. Die Tat kann als „Initialdelikt" den Beginn eines schweren geistigen Verfalls anzeigen[342]. Ferner kann die Schuldfähigkeit des Täters Fluktuationen ausgesetzt sein. Auf Phasen geistiger Desorientierung und fehlender Aufnahmefähigkeit können Phasen völliger geistiger Orientierung und Konzentration folgen, und umgekehrt[343]. Derartige Fluktuationen lassen jedoch nur schwer Schlüsse auf den Geisteszustand während der Tat zu. In der Regel wird hier das Gericht in dubio pro reo entscheiden müssen, dass die Schuldunfähigkeit nicht auszuschließen ist und diese infolgedessen annehmen müssen. Eines Sachverständigengutachtens benötigt es zweifellos dann nicht, wenn die altersbedingt verminderte Schuldfähigkeit offensichtlich erscheint. Eine solche Offensichtlichkeit eines schuldmindernden Altersabbaus wird angesichts der Möglichkeit, der Angeklagte könnte seinen desolaten Geisteszustand nur vorspielen, allerdings selten sein.

---

[339]   Siehe hierzu: Schramke, S.350; Kröber, S.298; BGH, Entscheidung vom 24.08.1993 – 4 StR 452/93, in: StV 1994, S.14 und Kusch, S.227; BGH, Urteil vom 14.8.1964 – 4 StR 240/64, in: NJW 1964, S.2213; BGH, Beschluss vom 9.8.2001 – 4 StR 308/01; BGH, Beschluss, vom 8.11.1988 – 5 StR 499/88, in: StV 1989, 102.

[340]   So auch: BGH, Beschluss vom 9.8.2001, 4 StR 308/01; BGH, Urteil vom 14.8.1964 – 4 StR 240/64, in: NJW 1964, S.2213; BGH, Beschluss vom 25.11.1988 – 5 StR 499/88, in: StV 1989,102.

[341]   Amelunxen, 1960, S.35.

[342]   A.a.O., S.36, Bürger-Prinz/Lewrenz, S.4.

[343]   Vgl. Amelunxen, 1960, S.36.

Selbst für einen Arzt kann es mitunter schwer sein, bei äußerlich voll leistungsfähigem Verhalten des Betroffenen, altersbedingte Hirnveränderungen zu erkennen[344]. So führte der *BGH* in seinem *Beschluss vom 14.10.1982* aus:

> *„Vor allem wäre zu berücksichtigen gewesen, daß die Fähigkeit eines alternden Menschen, der Einsicht in das Unerlaubte seines Tuns gemäß zu handeln, durch einen Altersabbau beeinträchtigt sein kann, ohne daß Intelligenzausfälle oder das äußere Erscheinungsbild auf ein Schwinden der geistigen und seelischen Kräfte hindeuten.“*[345]

Einen schuldmindernden altersbedingten Geistesabbau kann deshalb in der Regel nur ein in gerontologischen Fragen speziell ausgewiesener Sachverständiger sicher erkennen.

Weber schreibt, dass beim Prädilektionsdelikt betagter Täter, dem Ladendiebstahl, nur selten Begutachtungen in Auftrag gegeben werden. Dies führt er darauf zurück, dass sich hier die Richter selbst hinreichend Sachkunde zusprechen[346]. Ein solches Vorgehen der Richter ist nicht zu kritisieren. Jede andere Handhabung würde die Souveränität der Rechtsprechung bei der Bewertung der Tat antasten. Grundsätzlich ist die Bewertung der Tat und das Finden des richtigen Urteils ureigenste Aufgabe des Richters. Ein Sachverständigengutachten darf nicht zum grundsätzlichen Bestandteil eines Prozesses werden. Der Sachverständige soll nur ausnahmsweise dann hinzugezogen werden, wenn der Richter sich die Beurteilung aus gänzlich eigener Sachkunde iSd § 244 Abs.4 S.1 StPO nicht zutraut. Die Hinzuziehung eines Sachverständigen liegt stets im Ermessen des Richters. Liegen keine Anzeichen dafür vor, dass der Angeklagte in geistiger Hinsicht von der Norm abweicht, darf der Richter dessen Schuldfähigkeit aufgrund seiner während der Hauptverhandlung gemachten Beobachtungen und aufgrund seines medizinischen Allgemeinwissens selbst beurteilen[347]. *Schramke* weist überdies daraufhin hin, dass eine obligatorische Begutachtung älterer Angeklagter selbst bei Bagatelltaten, eine Diskriminierung alter Straftäter darstelle und von den Angeklagten auch so wahrgenommen werde[348].

---

[344] Bürger-Prinz/Lewrenz, S.20; siehe auch: Schramke, S.350.
[345] BGH, Beschluss vom 14.10.1982 – 1 StR 619/82, erschienen in: NStZ 1983, S.34; ebenso: BGH, Beschluss vom 8.9.1993 – 3 StR 471/93, in: StV 1994, 15; BGH, Beschluss, vom 8.11.1988 – 5 StR 499/88, in: StV 1989, 102.
[346] Weber, in: Kreuzer/Hürlimann, S.149, siehe auch: 157.
[347] Meyer-Goßner, § 244, Rn.74b; Karlsruher Kommentar/Fischer, § 244, Rn.45.
[348] Schramke, S.350; ebenso: Kreuzer, S.69.

3. Erstmalige Begehung eines Sexualdeliktes im Alter

Der BGH hat sich bereits mehrfach zur Frage des Überprüfungserfordernisses der §§ 20, 21 StGB in den Fällen der erstmaligen Begehung eines Sexualdeliktes im Alter, insbesondere an einem Kind, geäußert[349]. Auch hier taucht stets die Frage nach der obligatorischen Begutachtung der betagten Täter auf. Es wird diskutiert, ob die erstmalige Begehung eines Sexualdeliktes im Alter Anhaltspunkt genug ist, um das Vorliegen der Voraussetzungen der §§ 20, 21 StGB prüfen zu müssen. Eine obligatorische Begutachtung der alten Ersttäter hat der *BGH* in seiner *Entscheidung vom 11.8.1998* jedoch auch für die Sexualdelikte verneint und sich für das Vorliegen konkreter Anhaltspunkte ausgesprochen[350]. So sah er beim Angeklagten Anhaltspunkte zur Überprüfung der Voraussetzungen der §§ 20, 21 StGB nicht gegeben. Neben dem Alter des Angeklagten und dessen Vorstrafenlosigkeit weise der Fall keine weiteren Besonderheiten auf. Zumal der Angeklagte bereits schon einmal einschlägig tätig geworden war. Diese Taten konnten jedoch wegen Verjährung nicht weiter verfolgt werden. Bei der verjährten Erstbegehung war der Angeklagte zwar auch bereits *„deutlich über 50 Jahre"* alt, dies sei jedoch heutzutage kein besonders hohes Alter.

Als denkbare Anhaltspunkte nannte der *BGH* gesundheitliche Probleme, Einsamkeitsgefühle, krankheitsbedingte Frühverrentung und das Feststellen einer *„Zufallstat bei sonst absolut bestehenden Moralvorstellungen"*. All dies lag jedoch im zugrunde liegenden Fall nicht vor. Hinsichtlich der Nennung von Einsamkeitsgefühlen, ist anzumerken, dass diese letztlich gänzlich nachvollziehbare, gesunde Gefühle für einen älteren Menschen, gleichsam auch für einen jüngeren Menschen, sein können. Wie bereits dargestellt resultiert dies oftmals aus der mehrheitlich gegebenen isolierten Lebenssituation alter Menschen. Einen Hinweis auf eine seelische Erkrankung können Einsamkeitsgefühle nur dann liefern, wenn sie besonders stark ausgeprägt sind und sich keinerlei nachvollziehbare Entsprechung in der Lebenssituation des Angeklagten finden lässt[351]. Bei dem Anhaltspunkt der erstmaligen Sexualdelinquenz im Alter ist ferner, angesichts der großen Dunkelziffer in diesem Deliktsbereich, die tatsächliche Erstbegehung stets kritisch zu hinterfragen.

---

[349] So z.B.: BGH, Beschluss vom 6.11.1992 – 2 StR 480/92, erschienen in: StV 1993, 186; BGH, Beschluss vom 12.07.1995 – 5 StR 297/95; BGH, Urteil vom 11.8.1998 – 1 StR 338-98, erschienen in: NStZ 1999, S.297; Pfister, 1999, S.357,358.

[350] BGH, Urteil vom 11.8.1998 – 1 StR 338-98, in: NStZ 1999, S.297; siehe auch: Pfister, 1999, S.357,358; BGH, Beschluss vom 6.11.1992 – 2 StR 480/92, in: StV 1993, 186.

[351] Einsamkeit als grundsätzlichen Anhaltspunkt für die Prüfung verminderter Schuldfähigkeit, nahm der BGH fälschlich in seinem Beschluss vom 24.8.1993 – 4 StR 452/93 (erschienen in: StV 1994, S.14) an.

Der *BGH* räumt jedoch ein, dass es grundsätzlich möglich sei, einen allgemeinen Erfahrungssatz anzuwenden, wonach in den Fällen der erstmaligen Begehung eines Sexualdeliktes an einem Kind in höherem Alter, *„auch ohne erkennbare Anhaltspunkte ein für die Schuldfähigkeit bedeutsamer Altersabbau stets nahe liegt".* Er stellte allerdings zugleich klar, dass eine solche Vermutungsregelung nur bei einem wesentlich höheren Alter denkbar ist, da er annimmt, dass

> *„die für die erhebliche Steigerung der durchschnittlichen Lebenserwartung ursächlichen Gründe auch dazu geführt haben, daß [..] die für die Beurteilung der Schuldfähigkeit möglicherweise bedeutsamen physischen und psychischen Veränderungen in einem wesentlich höheren Alter beginnen, als dies früher der Fall war"*

Ein paar Jahre zuvor, in seinem *Beschluss vom 12.07.1995* hatte der *BGH* hingegen noch ein Alter von 64 Lebensjahren als ausreichend für eine grundsätzliche Erörterungsbedürftigkeit erachtet[352]. Stellt er allerdings nun auf ein wesentlich höheres Alter für die Anwendung einer derartigen Vermutungsregelung ab, entspricht dies ohnehin den allgemeinen Voraussetzungen eines Prüfungserfordernis der §§ 20, 21 StGB. Auch hier wurde dargelegt, dass ein bei Erstbegehung außerordentlich hohes Alter, bereits ein ausreichender konkreter Anhaltspunkt sein kann.

Alle anderen Entscheidungen des *BGH*, selbst die Jahrzehnte zurückliegenden, reihen sich hingegen   vollends in die in der Entscheidung vom *11.8.1998* aufgestellten Grundsätze ein. So auch der *Beschluss des BGH vom 6.11.1992*[353]. Auch hier wurden neben der erstmaligen Sexualdelinquenz an einem Kind in fortgeschrittenem Lebensalter, weitere Anhaltspunkte verlangt, um ein Erörterungsbedürfnis hinsichtlich der §§ 20, 21 StGB bejahen zu können. Diese waren im betreffenden Fall auch gegeben, so dass der *BGH* es für erforderlich erachtete, die Voraussetzungen des § 21 StGB zu prüfen. Der Täter war zur Tatzeit schon über 70 Jahre alt und gesundheitlich geschwächt, insbesondere an Diabetes und möglicherweise auch an *„Vergesslichkeit"* leidend.

Dementsprechend auch der *Beschluss des BGH vom 25.11.1988*[354]. Auch hier bemängelte er die unzureichenden Ausführungen zur Schuldfähigkeit trotz konkreter Anhaltspunkte einer verminderten Schuldfähigkeit. Der nicht vorbestrafte 71 Jahre alte Angeklagte empfand das Sexualleben mit seiner Ehefrau als unbefriedigend. Der sexuelle Übergriff auf das seit langem bei der Familie wie ein Enkelkind verkehrende Kind, sei bei den *„absolut*

---

[352]   BGH, Beschluss vom 12.07.1995 – 5 StR 297/95.
[353]   BGH, Beschluss vom 6.11.1992 – 2 StR 480/92, in: StV 1993, 186.
[354]   BGH, Beschluss, vom 25.11.1988 – 4 StR 523/88, in: StV 1989, 102.

bestehenden Moralvorstellungen" des Angeklagten nicht ohne weiteres erklärbar. Der zur Tatzeit vorhandene Alkoholeinfluss könnte dabei zudem unter Zusammenwirkung mit einer altersbedingten geistigen Rückbildung zu einer Verminderung der Schuldfähigkeit des Angeklagten geführt haben[355]. Zwar ist es zutreffend, dass Alkoholkonsum bei einem Menschen mit bereits eingetretenen geistigen Abbauerscheinungen stärker als üblich enthemmend wirken kann. Dennoch vermischt der *BGH* auch in dieser Entscheidung alterstypische, kriminalitätsbegünstigende Lebensumstände mit psychischkrankhaften Alterserscheinungen. Das unbefriedigende Sexualleben mit der Ehefrau war für den Angeklagten zweifellos kriminalitätsbegünstigend, es macht seine Tat rational erklärbar. Als konkreter Anhaltspunkt für eine verminderte Schuldfähigkeit kann es deshalb gerade nicht herangezogen werden.

4. Fazit und abschließende Betrachtung

Das Prüfungserfordernis der Voraussetzungen der §§ 20, 21 StGB zu bejahen, gelingt jedoch leichter, als letztlich tatsächlich eine Verminderung oder gar den Ausschluss der Schuld anzunehmen. Trotz der mit steigendem Alter auch ansteigenden Wahrscheinlichkeit einen Hirnabbauprozess zu erleiden, bleiben Demenzerkrankungen, allen voran bei den sich in der deutlichen Mehrheit befindlichen 60-70jährigen Delinquenten, die Ausnahme. Dies gilt insbesondere für solche Demenzerkrankungen, die sich primär durch den Abbau intellektueller Funktionen auszeichnen[356]. Auch bei ordnungsgemäßer Begutachtung des Angeklagten wird sich deshalb, wie im Rahmen dieser Untersuchung bereits festgestellt, eine altersbedingt verminderte Schuldfähigkeit oder ein gänzlicher Schuldausschluss aus selbem Grunde nur selten feststellen lassen. Wie dargelegt, sind es weit häufiger die mit dem Alterungsprozess verbundenen Lebensumstände statt altersbedingte geistige Erkrankungen, die zum erstmaligen Rechtsbruch im fortgeschrittenen Alter führen.

Zu denken ist z.B. an Erstkriminalität im Alter in Form einer Körperverletzung, welche durch eine Konfliktsituation im Altersheim hervorgerufen wird. Die mit dem Alter verknüpfte Lebenssituation kann hier den Anlass zum Aggressionsakt gegeben haben. Es muss sich nicht zwangsläufig um das Resultat eines krankhaften, hirnorganischen Alterungsprozesses handeln. Der Täter war möglicherweise noch nie zuvor in seinem Leben gezwungen, mit Personen zusammenzuleben, die ihm ein derartiges Konfliktpotential bieten. Gleiches gilt für die von *Bürger-Prinz/ Lewrenz* getätigte Behauptung, einem alternden Menschen sei es schlichtweg nicht zuzumu-

---

[355] Zum Zusammenwirken von Alkoholeinfluss und altersbedingtem Abbau ebenso:
      BGH, Beschluss vom 24.8.1993 – 4 StR 452/93, erschienen in: StV 1994, S.14.

[356] Kröber, S.298.

ten, seine Untauglichkeit zum Führen eines Kraftfahrzeuges selbst zu erkennen. Er sei somit häufig nicht schuldfähig, wenn es zur Begehung von Straßenverkehrsdelikten komme[357]. Nahe liegender erscheint hingegen, dass ein älterer Mensch in der Regel seine mögliche Unfähigkeit zur sicheren Führung seines Kraftfahrzeuges durchaus erkennen, bzw. zumindest für möglich halten kann. Er wird diesen Gedanken jedoch verdrängen, weil die Aufgabe des Autofahrens für ihn eine erhebliche Mobilitätseinbuße zur Folge hätte. Diese bedeutet überwiegend eine starke Veränderung der Lebensumstände, allen voran der sozialen Kontakte und der eigenständigen Lebensführung. Mit einer altersbedingten krankhaften seelischen Störung hat all dies jedoch wenig zu tun.

Bürger-Prinz/ Lewrenz kritisierten, dass bei alten Straftätern zu hohe Maßstäbe an die Bejahung der Voraussetzungen der §§ 20, 21 StGB geknüpft würden[358]. In Anbetracht dessen, dass die Schuldfeststellung letztlich doch ein moralisches Urteil ist[359], könnte der Eindruck entstehen, dass zu hohe Anforderungen an die sich mental und physisch in einer schwierigen Situation befindlichen alten Menschen gestellt werden. Die Frage liegt nahe, weshalb trotz der vielen Gemeinsamkeiten von Jugend und Alter, mit den §§ 1, 3 S.1 JGG geringere Anforderungen an die Feststellung der Schuldunfähigkeit eines Jugendlichen gestellt werden. Die Schuld wird nach § 3 S.1 JGG nicht durch die begangene Tat indiziert. Sie muss positiv festgestellt werden[360]. Bei der Frage, ob der Jugendliche reif genug war, das Unrecht der Tat einzusehen und nach dieser Einsicht zu handeln, wird mit der Orientierung an der sittlichen und geistigen Reife des Jugendlichen ein altersgerechter Maßstab angelegt.

Dem Stellen geringerer Anforderungen an das Bejahen einer verminderten Schuldfähigkeit bzw. Schuldunfähigkeit durch Anwendung eines milderen, vorgeblich „altengerechteren" Bewertungsmaßstabes, steht jedoch die Heterogenität des Alterungsprozesses im Wege. Jugendlicher nach § 1 Abs.1 JGG ist, wer zur Zeit der Tat 14 aber noch nicht 18 Jahre alt ist. Dies ist eine äußerst kurze Zeitspanne, die angesichts der wenigen Lebensjahre noch große Gemeinsamkeiten der Betroffenen aufweist. Das Alter geht jedoch über Jahrzehnte. Während ein Mensch bereits mit 60 Jahren beginnen kann stark physisch und psychisch zu altern, kann ein anderer wiederum noch weit über das 80. Lebensjahr hinaus im vollen Besitz seiner geistigen Kräfte sein. Eine verallgemeinernde Auslegung der §§ 20, 21 StGB zugunsten der älteren Angeklagten würde jeder Richtigkeit entbehren. *Kröber*

---

[357]   Bürger-Prinz/Lewrenz, S.31, 32.
[358]   A.a.O., S.47.
[359]   Siehe hierzu auch: Fabricius, Psyche, S.1041.
[360]   Vgl.: Eisenberg, § 3, Rn.4; Streng, Jugendstrafrecht, S.30; Laubenthal/ Baier/ Nestler, S.33, Rn.64.

schreibt: „*Ohnehin wird das erkennende Gericht nicht allein vom kalendarischen Alter ausgehen, sondern sich ein Bild vom individuellen Alterungsprozess machen.*"[361] Eine verallgemeinernde Auslegung würde obendrein grundsätzlich das Alter in unzulässigerweise mit einer „*krankhaften seelischen Störung*" gleichstellen. Altern ist jedoch keine Krankheit, sondern ein natürlicher Prozess. Eine derartige erweiterte Auslegung würde ferner die Systematik des § 20 StGB als Ausnahmeregelung sprengen. Es bestünde die Gefahr einer inflationären, strafmildernden Berücksichtigung des Alters.

Krankhafte Altersabbauerscheinungen können problemlos unter das Merkmal der krankhaften seelischen Störung des § 20 StGB subsumiert werden. Um das Vorliegen einer solchen altersbedingten krankhaften, häufig auch nur fluktuativen, seelischen Störung feststellen zu können, benötigt es in der Regel der Hinzuziehung eines speziell gerontologisch geschulten Sachverständigen. Grundsätzlich gilt aber auch für ältere Angeklagte nichts anderes: § 20 StGB ist eine Vermutungsregelung. Grundsätzlich hat der Richter von der voll schuldhaften Tatbegehung auszugehen. Nur bei konkreten Anhaltspunkten für das Vorliegen einer krankhaften seelischen Störung hat er die Voraussetzungen der §§ 20, 21 StGB zu prüfen. Das höhere Alter des Angeklagten, seine Vorstrafenlosigkeit, bzw. der späte Beginn der kriminellen Karriere und die Begehung eines Sexualdeliktes an einem Kind können solche Anhaltspunkte sein. Ohne weitere konkrete Anhaltspunkte sind sie jedoch in aller Regel nicht ausreichend um ein Prüfungserfordernis zu bejahen.

Weitere mögliche konkrete Anhaltspunkte sind: Starker Widerspruch der Tat zum sonstigen Lebenslauf des Täters und dessen Lebensweise, jahrelanger Alkohol- und Drogenmissbauch, sowie aktuelle und vergangene gesundheitliche Beeinträchtigungen, insbesondere Stoffwechsel- oder gefäßbedingte Erkrankungen. Gleiches gilt für negative und einschneidende Erlebnisse im Alter, abnehmendes Interesse sowie Verschlossenheit. Eine Überprüfung der Schuldfähigkeit drängt sich u.a. ferner auf, wenn das Umfeld des erstmalig delinquenten Angeklagten von einer erst seit geraumer Zeit erfolgenden, negativen Veränderung des Angeklagten in dessen Emotionalität, Reizbarkeit und Aggressivität, Ausgeglichenheit sowie von Uneinsichtigkeit, kompromisslosem Verfolgen unrealistischer Ziele und sonstigen Verhaltensveränderungen in negativer Hinsicht berichtet. So z.B. auch, wenn der Angeklagte zum Ausdruck bringt, sich alleingelassen oder unverstanden zu fühlen. Ebenso können heftige Stimmungswechsel, unvorhersehbares Verhalten und emotionsloses Tatschildern, sowie das unaufgeregte Erleben der Strafverfolgung, solche Anhaltspunkte darstellen. Ebenso können im Alter eingetretene Lese-, Schreib-, Rechen- oder

---

[361] Kröber, S.298.

Sprachschwierigkeiten auf den Beginn eines altersbedingten hirnorganischen Abbaus hindeuten.

Zweifellos drängt sich eine Begutachtung der Schuldfähigkeit ferner immer dann auf, wenn ganz offensichtlich die typischen Formen des Altersabbaus wie u.a. Vergesslichkeit, Orientierungslosigkeit, Überforderung im Alltag und die Unfähigkeit dem Prozessgeschehen zu folgen, auftreten. Je nach Ausprägung der einzelnen Anhaltspunkte reicht entweder ein Kriterium oder die Anhaltspunkte müssen kumulativ vorliegen. Grundsätzlich gilt: Je älter der Angeklagte, desto geringer sind die Anforderungen an die Ausprägung der Anhaltspunkte. Extrem hohes Alter bei der Erstbegehung kann unter Umständen schon für sich allein ein Prüfungserfordernis der §§ 20, 21 StGB begründen.

5. Teil: Praktische Anwendung der gewonnenen Erkenntnisse

A. Fall 1: Sicherungsverfahren; Landgericht Darmstadt, Urteil vom 8.10.2010 – 542 Js 18578/1012 - KLS

Sachverhalt:

Das Leben des zur Tatzeit fast 90 Jahre alten, nicht vorbestraften Beschuldigten, verläuft bis ins höhere Alter ohne Auffälligkeiten. Er führt ein glückliches Familienleben und zeigt keinerlei aggressive Verhaltensweisen. Im Alter zieht er gemeinsam mit seiner Ehefrau in ein Altersheim, wo diese nach einigen gemeinsamen Jahren verstirbt. Hierüber ist der Beschuldigte sehr unglücklich. Es erfolgen zahlreiche Erkrankungen: Lungenembolie, Herzinfarkt, Schlaganfall, leichte motorische Sprachstörung, ausgeprägte Herzrhythmusstörungen, Niereninneffizienz, Prostataprobleme, Arterien- sowie Gefäßverstopfungen, Bluthochdruck und Entfernung der Gallenblase. Zur Fortbewegung benötigt er fortan einen Rollator.

Die Interessen des Beschuldigten reduzieren sich stetig. Er wird als immer uneinsichtiger beschrieben. Das Umfeld beobachtet ein zuweilen unbeherrschtes und überwiegend unvorhersehbares Verhalten des Beschuldigten. Insbesondere gegenüber schwachen, dementen Mitbewohnern legt er ein aggressives Verhalten an den Tag, indem er u.a. einen gehbehinderten Mitbewohner mit dem Rollator umstößt. Nachdem der mitte-80jährige Beschuldigte versucht, einen anderen Mitbewohner im Schlaf zu erwürgen, kündigt ihm das Altersheim den Heimvertrag. Die Vollendung der Tat kann nur durch Eingreifen Dritter verhindert werden.

Für die Kündigung des Heimvertrages mag es zudem mitursächlich sein, dass es kurz zuvor einen ungeklärten Todesfall in dem Altersheim gegeben hat. Die verstorbene Heimbewohnerin war am Tag vor der Tat vom Beschuldigten geschubst worden. Er hatte sich auch ihr gegenüber häufig aggressiv gezeigt. In beiden Fällen wünschen weder die Heimleitung noch Opfer, bzw. Angehörige, eine Strafverfolgung des Beschuldigten. Der Beschuldigte hält sich anschließend für kurze Zeit in einer psychiatrischen Einrichtung auf. Hier wird eine leichte vaskuläre Demenz mit aggressiven Verhaltensstörungen gegenüber Dritten festgestellt.

Im neuen Altersheim kommt es wiederum zu einer Tätlichkeit. Mitten in der Nacht sucht der Beschuldigte das Zimmer einer mitte-80jährigen Mitbewohnerin auf. Die in ihrem Bett liegende Mitbewohnerin würgte er sodann mit beiden Händen am Hals. Die Nachtschwester entdeckt den Beschuldigten jedoch noch rechtzeitig. Sie fordert ihn auf, vom Opfer abzulassen. Dem kommt der Beschuldigte anstandslos nach. Der Zustand des Beschuldigten nach der Tat wird von Zeugen als entspannt und zufrieden beschrieben.

Der Beschuldigte lässt sich im Ermittlungsverfahren dahingehend ein, er habe seinem Opfer, dass im Rollstuhl sitzt und ebenfalls bereits stark geistig abgebaut hat, nur den Mund zu halten wollen, da diese so viel rede und eine Besserwisserin sei. Zu der Tat habe er sich nachts beim Fernsehschauen entschlossen. Er habe gewusst, dass er das Opfer mit seinem Handeln in ernsthafte Gefahr bringe, dies sei ihm jedoch egal gewesen. Im Vorfeld des tätlichen Angriffs erfolgten zwei besondere Vorfälle zwischen dem Beschuldigten und dem Opfer, die sich häufig miteinander stritten. Einmal fuchtelte der Beschuldigte am Esstisch vor dem Opfer drohend mit einem Messer herum. Ein anderes Mal bedroht er das Opfer, nachdem es ihm vor dem gemeinsamen Kühlschrank im Wege gestanden hat.

Anklage wird gegen den Beschuldigten wegen der Annahme zumindest stark verminderter und nicht auszuschließender voller Schuldunfähigkeit nicht erhoben. Stattdessen wird das Sicherungsverfahren gegen ihn eingeleitet. Seit der Tat befindet sich der Beschuldigte in der Klinik für forensische Psychiatrie in Haina. Dort ist er in einem Mehrbettzimmer untergebracht. Auf einer Station haben stets nur zwei Personen Dienst. Das Alter der Insassen ist gemischt. Eine Sonderabteilung nur für ältere Untergebrachte ist in Planung. Der Beschuldigte ist in Haina sehr zufrieden. Zu Tätlichkeiten seinerseits kommt es nicht mehr. Die Jüngeren zeigen sich nachsichtiger und lassen den Beschuldigten überwiegend bei der Entscheidung über das Fernsehprogramm gewähren.

Während der Hauptverhandlung vor dem Landgericht Darmstadt wirkt der Beschuldigte äußerst friedlich, jedoch abwesend. Die Fragen nach seinen Personalien kann er jedoch anstandslos beantworten. Weitere Angaben macht er nicht. Auf einen Außenstehenden macht er in keiner Weise den Eindruck, dass er sich der Dramatik seiner Situation, als bisher unbescholtener Mensch in hohem Alter letztlich wegen einer versuchten Tötung vor einem Strafrichter zu stehen, gewahr ist. Bereits sein äußeres Erscheinungsbild, insbesondere seine Gesichtszüge deuten stark auf einen demenzbedingten Altersabbau hin.

Die beiden herangezogenen psychiatrischen Sachverständigen kommen übereinstimmend zu dem Ergebnis, dass die Schuldfähigkeit, in Form der Steuerungsfähigkeit des Beschuldigten, bei der Tatbegehung in jedem Fall erheblich vermindert gewesen ist. Ebenso könne nicht ausgeschlossen werden, dass die Schuldfähigkeit des Beschuldigten gänzlich nicht vorhanden war. Die kalte und emotionslose Schilderung, sowie das Bagatellisieren des Tatgeschehens durch den Beschuldigten im Rahmen der psychiatrischen Begutachtung, seien angesichts des Lebenslaufs des Beschuldigten nur damit zu erklären, dass dieser nicht mehr völlig gesund sei. Derart aggressive Handlungen seien angesichts der Biographie des Beschuldigten für diesen „wesensfremd".

Der völlige Ausschluss der Schuldfähigkeit sei bei einer lediglich leichten Demenz, wie der des Beschuldigten, zwar in der Regel nicht der Fall. Zumal der Beschuldigte in der Lage war, das Tatgeschehen detailliert wiederzugeben. Möglich sei jedoch eine Fluktuation der Schuldfähigkeit. Der Beschuldigte habe Phasen vollständiger Desorientierung, auf die Phasen vollständiger Orientierung folgten, und umgekehrt. So sei er nicht ansprechbar und eingekotet aufgefunden worden, wenige Stunden später sei er jedoch bereits wieder völlig orientiert und alleine auf die Toilette gegangen. In solchen, nicht unüblichen Fällen der extremen Fluktuation des geistigen Zustandes, sei es äußerst schwer, Aussagen über die Schuldfähigkeit zu treffen. Beide Sachverständigen sind der Ansicht, dass derartige Vorfälle vom Beschuldigten auch in der Zukunft zu erwarten sind. Eine mildere Maßnahme als die psychiatrische Unterbringung, sei angesichts der nicht ausreichenden Ausstattung des Altersheims für Fälle wie den vorliegenden, nicht gegeben.

Urteil:

Das Landgericht Darmstadt ist von der Schuldunfähigkeit des Beschuldigten ausgegangen und hat aufgrund der Gefahr der Begehung weiterer erheblicher, rechtswidriger Taten, die Unterbringung des Beschuldigten in einem psychiatrischen Krankenhaus angeordnet. Bei seiner Begründung hat es sich dem Vorbringen der psychiatrischen Sachverständigen angeschlossen.

In dem vom Landgericht Darmstadt zu entscheidenden Fall lagen bilderbuchmäßig zahlreiche Anhaltspunkte dafür vor, die Schuldfähigkeit des Beschuldigten einer intensiveren Begutachtung zu unterziehen. Das gesamte Spektrum möglicher Anhaltspunkte war vorhanden. Zunächst hatte der Beschuldigte bereits beim ersten durch Dritte beobachteten tätlichen Angriff ein recht hohes Alter, nämlich über 80 Jahre. Das Indiz der Vorstrafenlosigkeit wiegt somit aufgrund des äußerst hohen Alters des Beschuldigten besonders schwer. Die tätlichen Angriffe standen im völligen Gegensatz zur bisherigen Biographie des Beschuldigten. Bei Zugrundelegung eines gesunden Alterungsverlaufs wären die Taten nicht zu erklären gewesen.

Die Taten können auch nicht mit den sonst alterstypischen Kriminalitätsursachen erklärt werden. Die schwierige Situation, mit anderen demenzkranken Menschen auf engstem Raum tagtäglich zusammenleben zu müssen, kann allein nicht erklären, weshalb der zeitlebens friedfertige Beschuldigte seine Tischnachbarin, nicht im Affekt, sondern wohlüberlegt, zu erwürgen versucht hat. Der Beschuldigte hat ganz klassisch zahlreiche Erkrankungen im Alter erlitten. Die meisten hatten gefäßbedingte Ursachen. Dass insbesondere vaskuläre Erkrankungen einen beschleunigten hirnorganischen Abbau bewirken können, ist bereits dargelegt worden. Dass sodann tatsächlich auch noch eine leichte Demenz mit aggressiven Verhaltensstörungen festgestellt wurde, drängt die Annahme der nicht vollen Schuldfähigkeit des Beschuldigten auf und hätte bereits als alleiniger Anhaltspunkt genügt.

Ferner lagen Berichte aus dem Umfeld des Beschuldigten von im Alter erfolgten negativen Veränderungen des Verhaltens vor. Der Beschuldigte wurde als aggressiv gegenüber Dritten, uneinsichtig und zunehmend interesselos beschrieben. Die Beschreibungen wurden durch die Schilderung konkreter Vorfälle unterstrichen. Auch wurde geäußert, dass das Durchsetzen seines eigenen Willens beim Beschuldigten einen immer größeren Raum einnehme. Auch hier konnte mit dem Hinweis auf Streitereien bei der Fernsehprogrammbestimmung ein konkretes Beispiel angeführt werden. Ebenso sind die unvorhersehbaren Stimmungswechsel und die immer häufigere Unbeherrschtheit des Beschuldigten, Anhaltspunkte für die Überprüfung der Schuldfähigkeit.

Letztlich kann der Umzug in ein Altersheim und der spätere Tod der Ehefrau, über den der Beschuldigte sehr unglücklich war, neben den zahlreichen Erkrankungen, den körperlichen und geistigen Abbau des Beschuldigten beschleunigt haben. Solche einschneidenden, negativen Veränderungen der Lebenssituation können sich verschlechternd auf die Psyche eines bereits geistig Geschädigten auswirken, bzw. derartige Prozesse einleiten. Die Beschreibung der dramatischen und plötzlichen Schwankungen des Orientierungsvermögens, der Aufnahmefähigkeit und der Selbstständigkeit, lassen kaum den Schluss zu, dass man es hier mit einem geistig noch völlig gesunden Menschen zu tun hat.

Ebenso deutete das Nachtatverhalten des Beschuldigten auf die Erforderlichkeit der Überprüfung der Schuldfähigkeit hin. So wurde der Beschuldigte zum Zeitpunkt des Tatabbruchs als völlig entspannt und unaufgeregt beschrieben. Und dies obwohl er als zeitlebens rechtschaffener Mensch soeben bei einer versuchten Tötung erwischt wurde. Ein derartiges Verhalten lässt sich angesichts des Vorlebens des Beschuldigten letztlich nur mit einer hirnorganischen Erkrankung erklären. Gleiches gilt für das Verhalten des Beschuldigten im Ermittlungsverfahren. Im Rahmen der psychiatrischen Begutachtung schilderte er das Tatgeschehen derart emotionslos, dass auch die Sachverständige daraus nur schließen konnte, dass er nicht mehr bei völliger geistiger Gesundheit ist. Mit dem Bagatellisieren der Tat lag ein weiterer Anhaltspunkt vor.

Auch das zufriedene und abwesende Verhalten in der Hauptverhandlung legte die Überprüfung der Schuldfähigkeit des Beschuldigten nahe. Angesichts der Biographie des Beschuldigten, ist davon auszugehen, dass er in gesundem Zustand, die Situation der Gerichtsverhandlung wesentlich aufgeregter und ängstlicher aufgenommen hätte. Auch das äußere Erscheinungsbild des Beschuldigten, als das eines demenzkranken Menschen, musste für das Gericht ein weiterer Anhaltspunkt sein.

Letztlich steht und fällt jedoch alles mit der Biographie des Beschuldigten, die den Widerspruch zum Verhalten in gesundem Zustand erst offenbar werden lässt. Wären im vorliegenden Fall die Anhaltspunkte nicht derart eindeutig und zahlreich gewesen, wäre es dem Gericht deshalb zu empfehlen gewesen, die Biographie des Beschuldigten genauer zu hinterfragen. So hat es sich ausschließlich auf die Schilderungen des Beschuldigten gegenüber den Sachverständigen und die fehlenden Akteneinträge über den Beschuldigten gestützt. In kritischeren Fällen wäre hier detaillierter beim Beschuldigten und Dritten nachzufragen gewesen. Es bleibt allerdings fraglich, ob Angehörige zuungunsten des Beschuldigten von negativen Vorkommnissen berichten würden.

Die Tatsache, dass der Beschuldigte zuweilen vollends orientierungslos und eingekotet aufgefunden wurde, ließ letztlich keine andere Entscheidung, als die Nichtausschließbarkeit der Schuldunfähigkeit zu. Auch die getroffene Gefahrenentscheidung ist nicht zu beanstanden. Die Gefahr wird angesichts des altersbedingt fortschreitenden körperlichen Abbaus des hoch betagten Beschuldigten vermutlich nicht mehr lange bestehen. So lange die körperliche Kraft aber noch für derartige Tätlichkeiten ausreicht, ist angesichts des Alters und der Demenzerkrankung des Beschuldigten zumindest keine Besserung seines Verhaltens zu erwarten. Hinzu kommt die äußerst leichte Verletzbarkeit der geschwächten und wehrlosen Opfer. Da der Beschuldigte seine Angriffe auf das Würgen am Hals konzentriert zu haben scheint, kann es hier sehr schnell zu gravierenden Schäden kommen.

Zwar wurde der Beschuldigte im psychiatrischen Krankenhaus bisher sogar in einem Mehrbettzimmer untergebracht und die Beaufsichtigung durch lediglich zwei auf der Station diensthabende Personen ist mitnichten intensiver als im Altersheim. Die tätlichen Übergriffe im Altersheim bezogen sich jedoch nur auf körperlich schwache und demente Personen, mit denen der Beschuldigte über einen längeren Zeitraum erhebliche Konflikte ausgetragen hatte. Die Mitinsassen im psychiatrischen Krankenhaus sind dem gehbehinderten Beschuldigten jedoch so offensichtlich überlegen, dass er keine Übergriffe ihnen gegenüber wagen wird. Überdies bieten sie ihm dauerhaft kein derart erhöhtes Konfliktpotential. Die jüngeren Insassen sind kompromissbereiter. Sie sind in der Lage Handlungsabläufe und Gewohnheiten abzuändern, wenn sie anderen damit in die Quere kommen. Die jüngeren Insassen lassen den Beschuldigten in Ruhe und reden nicht pausenlos auf ihn ein. Aus diesem Grunde war es dort bisher auch nicht zu ähnlichen aggressiven Handlungen des Beschuldigten gekommen.

Feststeht allerdings, dass die Unterbringung in einem psychiatrischen Krankenhaus für den Beschuldigten gerade auch deshalb das mildeste Mittel ist, weil die Unterbringungsmöglichkeiten für demente, beaufsichtigungspflichtige alte Menschen, insbesondere in Altersheimen, nicht ausreichend oder ungeeignet sind. Zudem ist seit dem letzten Vorfall kein Altersheim mehr willens, den Beschuldigten aufzunehmen. Die Gefahr der Begehung erneuter erheblicher Straftaten kann letztlich jedoch nur an den gegenwärtigen gesellschaftlichen Sicherungsmöglichkeiten gemessen werden. Der vorliegende Fall lässt dennoch Zweifel an der Richtigkeit altershomogener Unterbringungen aufkommen. Dies gilt ganz besonders für die enge Zusammenführung demenzkranker Personen. Die Ankündigungen der Klinik für forensische Psychiatrie in Haina, eine eigene Abteilung für ältere Insassen einzurichten, lässt deshalb einen faden Beigeschmack zurück.

B. Fall 2: Beginn mit einzelnen Straftaten nach Erreichen des 65. Lebensjahrs; OLG Köln, Beschluss v. 3.4.1990 - Ss 123/90[362]

Sachverhalt:

Die 71jährige Angeklagte führt bis zum Eintritt in das Rentenalter ein rechtschaffenes, strafrechtlich unauffälliges Leben. Mit ungefähr 30 Jahren trennt sie sich von ihrem E-hemann. Das gemeinsame Kind zieht sie allein groß. Sie arbeitet als Krankenpflegerin und als Verkäuferin. Mit 64 Jahren wird sie erstmals wegen Diebstahls verurteilt, weil sie in einem Kaufhaus eine Bluse im Wert von 80 DM entwendet hat. Die Geldstrafe von 10 Tagessätzen bezahlt sie ordnungsgemäß. Ein Jahr später, im Alter von 65 Jahren, wird die Angeklagte erneut verurteilt. Wegen unberechtigten Bezugs von Arbeitslosenunterstützung während der letzten zwei Jahre, wird sie wegen Betruges zu einer Freiheitsstrafe von 6 Monaten auf Bewährung verurteilt. Die Strafe ist inzwischen erlassen. Die unberechtigt erhaltene Arbeitslosenunterstützung zahlt die Angeklagte in Monatsraten in Höhe von 50 DM zurück. Ein paar Jahre später, im Alter von etwa 69 Jahren entwendet sie ein Päckchen Seife im Wert von 4,29 DM. Hierfür wird sie wegen Diebstahls zu einer Freiheitsstrafe von einem Monat verurteilt, deren Vollstreckung auf 4 Jahre zur Bewährung ausgesetzt wird. Die ihr zugleich erteilte Bewährungsauflage, 500 Stunden unentgeltliche Arbeit in einer Kindertagesstätte zu erbringen, erfüllt die Angeklagte.

Mit fast 71 Jahren entwendet die Angeklagte in einem Supermarkt Bananen und Schokoladenkonfekt für insgesamt 3,11 DM. Sie steckt die Waren in ihre Einkaufstasche. Beim Passieren der Kasse bezahlt sie diese nicht. Bei ihrer Tat geht die Angeklagte so ungeschickt vor, dass ihr Vergehen sofort entdeckt wird. Die vom Supermarkt geforderte „Fangprämie" in Höhe von 50 DM zahlt sie alsbald nach der Tat. In der Hauptverhandlung nimmt sie ihre Taten auf die leichte Schulter. Sie bezeichnet sie als „verzeihliche Fehltritte" und „Bagatellen". Das Amtsgericht verurteilt die Angeklagte, die nun zum vierten Mal vor Gericht steht, wegen Diebstahls zu einer unbedingten Freiheitsstrafe von 2 Monaten. Das Landgericht verwirft die Berufung der Angeklagten. Die Angeklagte legt daraufhin Revision gegen das Berufungsurteil des Landgerichts ein.

Urteil:

Das Oberlandesgericht Köln hat das Urteil des Landgerichts im Rechtsfolgenausspruch aufgehoben. Die Revision der Angeklagten hat mit der Sachrüge teilweise Erfolg. Das OLG hat die Rechtsfolgenentscheidung als fehlerhaft angesehen, da das Landgericht es unterlassen hatte, die Voraussetzungen einer verminderten Schuldfähigkeit nach § 21 StGB zu prüfen. Das OLG hat die Ansicht vertreten, dass im vorliegenden Fall mehrere Anhaltspunkte gegeben waren, die eine Überprüfung der Schuldfähigkeit geradezu aufdrängten. Wenn ein Mensch bis zum 65. Lebensjahr einen einwandfreien Lebenswandel vorweist und dann erstmals im fortgeschrittenen Lebensalter straffällig wird, kön-

---

[362]   Schumacher, StV 1992, S.321,322.

ne dies nach Ansicht des OLG ein Anzeichen für einen altersbedingten Abbau der Einsichts- oder Steuerungsfähigkeit sein.

Das OLG hat sich dahingehend geäußert, dass gerade die Diebstahlstaten für eine Frau mit dem Vorleben und dem Alter der Angeklagten in hohem Maße ungewöhnlich, untypisch und nicht mehr nachvollziehbar seien. Selbst wenn man berücksichtigt, dass sich die finanziellen Möglichkeiten der Angeklagten mit dem Eintritt in den Ruhestand wesentlich verringert haben, könne dies die Taten nicht erklären. Denn die Tatsache, dass die Angeklagte die Geldstrafe und die Fangprämie bezahlte, sowie ferner die Arbeitslosenunterstützung zurückzahlte, habe gezeigt, dass diese mit dem ihr zur Verfügung stehenden Geld auskomme. Da die Angeklagte sonach mit den Diebstahlstaten weder einen finanziellen Engpass überbrücken noch einen dringenden Bedarf haben decken wollen, seien die Taten nach rationalen Gesichtspunkten nicht zu erklären.

Dass die Angeklagte ferner zuletzt derart geringwertige Güter stahl und dabei äußerst ungeschickt vorging, mache ihr Verhalten noch unerklärlicher. Auch die von der Angeklagten in der Hauptverhandlung vorgebrachte Reaktion auf ihre Taten, sei bei einer 71jährigen Frau, die die meiste Zeit ihres Lebens straffrei gelebt hat, außergewöhnlich. Nach Alter, Vorbildung und Lebensführung der Angeklagten wäre nach Ansicht des OLG eine Bagatellisierung der Verfehlungen nicht zu erwarten gewesen. Das OLG war überdies der Meinung, dass die sich deshalb aufdrängende Frage der verminderten Schuldfähigkeit, für einen Laien nur schwer feststellbar und deshalb zudem die Hinzuziehung eines psychiatrischen Sachverständigen erforderlich gewesen wäre.

Der Entscheidung des *Oberlandesgerichts Köln* liegt die fehlerhafte Annahme zugrunde, jede erstmalig im Alter ausgeübte Kriminalität lege den Verdacht der verminderten Schuldfähigkeit des Delinquenten nahe, wenn der Täter eigentlich hinreichend Geld zum Erwerb besessen hat. Es übersieht dabei zunächst, dass das Vorhandensein finanzieller Mittel zum Erwerb einer Sache, gleichwohl nichts darüber aussagt, ob man sich den Kauf der Sache ökonomisch betrachtet „leisten kann". Allein das Bezahlen der Geldstrafe in Monatsraten in Höhe von 50 € und das alsbaldige Abeisten der Fangprämie, lassen nicht den Schluss zu, dass die Angeklagte darüber hinaus wesentlich mehr Geld zur Verfügung hatte. Problematisch ist zudem selten die tatsächlich gegebene, sondern die relative Armut. Der Eintritt in den Ruhestand verlangt von einem älteren Menschen, dem Umstellungen überwiegend schwerer fallen, plötzlich mit bedeutend weniger Geld auskommen zu müssen. Die von der Angeklagten ausgeübten Berufe lassen auf eine geringe Rente schließen.

Das gelegentliche Stehlen von Verkaufsgütern, kann dabei helfen, mit den geringeren finanziellen Mitteln zu haushalten, ohne den bisherigen wirtschaftlichen Status bedeutend herabsenken zu müssen. Die von der Angeklagten gestohlenen Güter waren sämtlich nachvollziehbar für ihren eigenen Gebrauch geeignete Gegenstände. Eine Bluse, Seife, Bananen und Schokoladenkonfekt sind gewöhnliche Verkaufsgüter, die für sich genommen kein wahlloses Einstecken von Waren erkennen lassen. Ferner wird ein Richter bei einem jugendlichen Ladendieb aus wohlhabendem Hause sicherlich ebenso wenig automatisch dessen Schuldfähigkeit anzweifeln, bloß weil er eigentlich das zum Erwerb nötige Geld gehabt hätte. Es scheint erneut das Bild vom alten Menschen als moralisch integerer durch: Entweder er benötigt die Gegenstände zum Überleben oder er weiß nicht mehr, was er tut.

Neben dem höheren Alter des Täters werden weitere konkrete Anhaltspunkte verlangt, um das Erfordernis der Überprüfung der Schuldfähigkeit bejahen zu können. Der Beginn mit der Begehung von Straftaten in höherem Lebensalter kann zwar ein Anhaltspunkt für eine verminderte Schuldfähigkeit sein. Dieser ist für sich allein genommen jedoch nur dann ausreichend, wenn der Täter bei der Erstbegehung bereits ein sehr hohes Lebensalter erreicht hat. Dies ist vorliegend mit 64 Jahren, die an der unteren Grenze des Alters liegen, nicht der Fall. Weitere konkrete Anhaltspunkte, welche die Überprüfung der Schuldfähigkeit nahe legen, sind nicht gegeben.

Das *OLG* hat die Taten der Angeklagten aufgrund ihres Alters und ihres Vorlebens für *„ungewöhnlich, untypisch und insgesamt mit rationalen Erwägungen nicht mehr nachvollziehbar"* bezeichnet. Ganz offensichtlich war das *OLG* demnach nicht darüber im Bilde, dass die Kriminalität alter Menschen weit überwiegend, allen voran beim Ladendiebstahl, Erstkriminalität ist. Die Täter kommen dabei, wie in dieser Studie festgestellt, aus allen gesellschaftlichen Schichten. Das Bild, das die Kriminalität der Angeklagten vermittelt, ist vielmehr ein geradezu typisches Bild der Alterskriminalität. Die naheliegendsten Versuche, die Taten der Angeklagten mit rationalen Erwägungen zu erklären, sind die fehlende Beschäftigung aufgrund des Eintritts in den Ruhestand, die dadurch bewirkte soziale Isolation, Einsamkeit, sowie relative Armut. Der Beruf der Krankenschwester ist grundsätzlich eine äußerst zeit- und arbeitsintensive Tätigkeit. Auch hinsichtlich der zeitweiligen Tätigkeit als Verkäuferin ist von langen Arbeitszeiten auszugehen, da die Angeklagte mit diesem grundsätzlich eher geringen Verdienst, sich und ihre Tochter alleine versorgen musste. Nach solch einem Berufsleben mit Mitte 60, einem grundsätzlich noch sehr leistungsfähigen Alter, nun ohne jede Tätigkeit zu sein, kann schwer zu verarbeiten sein und einen Menschen aus der Bahn werfen. Ferner wird auch die intensive Aufopferung für die Tochter, welche die Beschuldigte alleine groß gezogen hat, altersentsprechend weggefallen sein. Der Angeklagten könnte es an befriedigenden Aufgaben fehlen. Auch der äußerst geringe Wert der zuletzt gestohlenen Güter, sowie zuletzt die Konzentration auf Produkte der Kategorie Toilettenartikel, Lebensmittel, sowie im speziellen Süßigkeiten, fügt sich in das im Rahmen der eigenen Erhebung gewonnene typische Bild der Alterskriminalität. Die Taten der Angeklagten sind somit gerade nicht *„ungewöhnlich"* und *„untypisch"*.

Die Taten können demnach aus den altersspezifischen Lebensumständen erklärt werden und stehen nicht derart in Widerspruch zum Vorleben der Angeklagten, wie dies in *Fall 1* gegeben war. Auch die Tatschwere verlangte nicht die Überprüfung der Schuldfähigkeit. Der Wert der gestohlenen Güter bewegte sich auf nahezu geringst denkbarem Niveau. Im Falle der Erstbegehung wäre es sicherlich noch nicht einmal zu einer Hauptverhandlung gegen die Angeklagte gekommen. Wie bereits ausgeführt, kann bei derartigen Bagatell- und Massendelikt wie dem Ladendiebstahl nicht grundsätzlich die Überprüfung der Schuldfähigkeit erforderlich sein. Die Angeklagte hat ferner kein ihr wesensfremdes Aggressionsdelikt verwirklicht. Die Begehung der Massendelikte Ladendiebstahl und Leistungsbetrug wird vermutlich in den seltensten Fällen als offensichtlich wesensfremd angesehen werden können. Des Weiteren traten im Rahmen des Prozesses gegen die Angeklagte keinerlei typische altersbedingte Abbauerscheinungen zum Vorschein. Ebenso wurden keine negativen Verhaltensveränderungen der Angeklagten bekannt. Vielleicht hatte die Angeklagte bereits zeitlebens einen gewissen inneren Anreiz zum Stehlen. Vermutlich war sie jedoch familiär und beruflich derart eingespannt, dass sie diesem nie nachgegangen ist. Ebenso werden sie ihre früher größeren finanziellen Ressourcen von Tatbegehungen abgehalten haben. Zudem hatte sie als berufstätige, allein erziehende Mutter bedeutend mehr zu verlieren. Vermutlich verspricht sie sich als älterer Menschen mit geringen finanziellen Mitteln weniger Vorteile davon, sich an die strengen Regeln der Gemeinschaft zu halten, in die sie nun ohnehin weniger integriert ist.

Grundsätzlich sind die von der Angeklagten begangenen Taten bei weitem nicht so erheblich, dass die Angeklagte damit völlig am Rande der Gesellschaft stünde. Es mutet schon äußerst weltfremd an, bei einem älteren Menschen lediglich aufgrund seines Alters, in der Begehung eines Leistungsbetrugs einen sich aufdrängenden Hinweis für seine verminderte Schuldfähigkeit erkennen zu wollen. Dass die Angeklagte nie zuvor eines Arbeitslosenunterstützungsbetruges bezichtigt wurde, mag vielmehr darauf zurückzuführen sein, dass sie sich bis dahin überwiegend in finanziell günstigeren Situationen befunden hat. Im Alter war es ihr nun womöglich zu mühselig auf ordnungsgemäßem Wege ihren finanziellen Status zu halten. In keinem Falle, und so mutet das Urteil des *OLG* gleichwohl an, darf grundsätzlich der Maßstab angelegt werden, bei jedem, der im Alter eine kleinere kriminelle Karriere beginnt, sei per se die Schuldfähigkeit zu überprüfen. Wie in dieser Studie festgestellt werden konnte, ist lediglich ein verschwindend geringer Teil der im Alter begonnenen kriminellen Karrieren pathologisch bedingt.

Es stellt sich jedoch die Frage, weshalb sich die Angeklagte, anders als die Mehrheit der Alterskriminellen, nicht durch die einzelnen Verurteilungen von weiteren Taten hat abschrecken lassen. Auch das Bagatellisieren der

Taten mutet nachvollziehbar bei einer Frau, die 65 Jahre ihres Lebens nicht mit dem Gesetz in Konflikt geraten ist, etwas überraschend an. Die Frage ist allerdings, ob die wiederholte Delinquenz, sowie das Herunterspielen der ja tatsächlich äußerst bagatellhaften Taten, eine Überprüfung der Voraussetzungen der §§ 20, 21 StGB zwingend erforderlich machen. Ist das Unterlassen der Überprüfung derart unnachvollziehbar, dass deswegen zwingend das Urteil des *Landgerichts Köln* aufgehoben werden musste? Sprich: Lässt das Verhalten in der Hauptverhandlung und die Unbeeindrucktheit von der Strafverfolgung, keinen anderen Schluss zu, als dass die Angeklagte geistig nicht mehr völlig gesund sein könnte und deshalb ihre Schuldfähigkeit überprüft werden muss? Dies ist zu verneinen. Es ist nicht ersichtlich, weshalb bei einer Angeklagten, die die Schwere ihrer Taten zutreffend als verhältnismäßig gering einschätzt, von der verminderten Schuldfähigkeit auszugehen sein sollte, nur weil andere Menschen mit einer ähnlichen Vorgeschichte regelmäßig erschütterter über die begangenen Taten sein werden. Um es auf die Spitze zu treiben. Würde nicht vielmehr die Annahme der Angeklagten, sie habe schweres Unrecht mit dem Stehlen von Gütern im Wert von weit weniger als 2 € begangen, an ihrer Schuldfähigkeit zweifeln lassen? Des Weiteren war die zugrunde liegende Hauptverhandlung nicht mehr das erste Strafverfahren gegen die Angeklagte.

Zwar ist die zuvor nicht vorbestrafte Angeklagte nach Erreichen des 65. Lebensjahres mehrfach straffällig geworden, jedoch wurden die drei Diebstähle über einen Zeitraum von 7 Jahren aktenkundig. In den letzten beiden Fällen betrug der Durchschnittswert 3,70 DM und sonach unter 2 €. Bei einer verminderten Schuldfähigkeit wäre jedoch über solch einen langen Zeitraum ein deutlich intensiveres Stehlverhalten in Art und Ausmaß zu erwarten gewesen. Womöglich hat die Angeklagte die Strafverfolgung auch nicht als derart negativ empfunden, dass diese sie von weiteren Rechtsbrüchen abschrecken konnte. Vielleicht stand sie der ihr dadurch zu Teil werdenden Aufmerksamkeit mitunter positiv gegenüber. Eine unbedingte Freiheitsstrafe hatte sie bisher nicht erhalten und beim Stehlen von Bananen und Schokolade im Wert von weniger als 2 € womöglich auch nicht erwartet. Der erteilten Auflage, 500 Stunden gemeinnützige Arbeit in einer Kindertagestätte zu erbringen, wird sie eventuell sogar positiv gegenüber gestanden haben. Schließlich ist sie in dieser Zeit strafrechtlich nicht in Erscheinung getreten.

C. Fall 3: Erstmalige Strafverfolgung wegen einer Sexualstraftat in fortgeschrittenem Alter; BGH, Beschluss v. 6.11.1992 – 2 StR 480/92[363]

Sachverhalt:

Der nicht vorbestrafte Angeklagte beginnt mit 70 Jahren einen fortgesetzten sexuellen Missbrauch an einem Kind. Der Angeklagte ist bereits zu Beginn der Taten, gesundheitlich geschwächt. Er leidet insbesondere an Diabetes. Vermutlich haben auch schon geistige Abbauerscheinungen, wie z.B. „Vergesslichkeit" eingesetzt. Der Angeklagte fühlt sich einsam. Das Landgericht Bonn verurteilt ihn wegen dieser Taten zu einer Freiheitsstrafe von 3 Jahren. Es äußert sich dabei nicht zu den Voraussetzungen des § 21 StGB. Der Angeklagte legt daraufhin eine ausschließlich gegen den Strafausspruch gerichtete Revision ein.

Urteil:

Die Revision hat mit der Sachrüge Erfolg. Der BGH hat die Auffassung vertreten, dass die Tatsache, dass der Angeklagte erstmals im fortgeschrittenen Alter straffällig wurde, jedenfalls in Verbindung mit den weiteren gegebenen Anhaltspunkten, zu der ausdrücklichen Prüfung hätte drängen müssen, ob bei ihm der Altersabbau bereits ein Stadium erreicht haben könnte, in dem eine erhebliche Minderung der Schuldfähigkeit zumindest nicht ausgeschlossen werden kann. Überdies deute auf einen solchen Zusammenhang die für glaubhaft befundene Einlassung des Angeklagten, die Tat habe sich aus einem Gefühl von Zuneigung und Liebe zu dem Kind entwickelt, hin. Dieses Gefühl von Zuneigung und Liebe sei durch die Vereinsamung des Angeklagten gefördert worden. Es sei ferner typisch für die erstmalige Straftatenbegehung eines Menschen in höherem Lebensalter.

Das Urteil des *BGH* trifft zwar den richtigen Ausspruch, doch sind nicht alle dorthin führenden Erwägungen richtig. Der *BGH* vermischt typische Kriminalitätsanreize der späteren Lebensjahre mit Anhaltspunkten krankhaften, geistigen Altersabbaus, indem er letztlich beides gleichsetzt. Zwar ist es richtig, dass die erstmalige Begehung eines Sexualdeliktes im fortgeschrittenen Alter, gesundheitliche Probleme - allen voran Diabetes -, und ferner altersbedingte geistige Abbauerscheinungen, wie die vom *BGH* genannte „*Vergesslichkeit*", sämtlich Anhaltspunkte für die Erforderlichkeit der Überprüfung der Schuldfähigkeit des Angeklagten sind. In ihrem kumulativen Vorliegen waren sie ausreichend, um ein Urteil, dass sich mit der Schuldfähigkeit des Angeklagten überhaupt nicht näher auseinandersetzt, als fehlerhaft zu charakterisieren. Dass der Angeklagte nicht erst 60, sondern bereits über 70 Jahre alt war, lässt dem Anhaltspunkt der Ersttäterschaft im Alter ein besonders starkes Gewicht zukommen. Jedoch muss an dieser Stelle erwähnt werden, dass zweifellos nicht feststeht, ob die Krimi-

---

[363] Erschienen in: NStZ 1993,332; StV 1993,186.

nalität des Angeklagten tatsächlich erstmalige Sexualdelinquenz gewesen ist. Gerade dies muss bei gegenüber Kindern verübter Sexualdelinquenz in hohem Maße fraglich bleiben. Im Zweifel gilt aber gleichwohl der Grundsatz des in dubio pro reo. Die Schuldfähigkeit des Angeklagten wäre sodann durch einen speziell gerontologisch geschulten Sachverständigen zu begutachten.

Fehlerhaft ist allerdings die vom *BGH* vorgenommene Einordnung, des vom Angeklagten konstatierten Tatmotivs der Einsamkeit, sowie der vorgetragenen Gefühle der Liebe und Zuneigung als ursprüngliche Handlungsantriebe, als Anhaltspunkte für einen altersbedingten krankhaften Hirnabbauprozess. Er stellt zwar zutreffend fest, dass derartige Tatmotive und Gefühle typisch für die erstmalige Begehung eines Sexualdeliktes im Alter sind. Er übersieht dabei jedoch, dass sie die Tat mit rationalen Motiven erklärbar machen und deshalb gerade keine Anhaltspunkte für einen krankhaften Geisteszustand sind. In letzterem Fall ist die Tat nämlich überwiegend nicht mit vernunftgemäßen Erwägungen erklärbar. Einsamkeit ist ein typisches Motiv für die Alterskriminalität, allen voran für erstmalige Sexualdelinquenz im Alter. Auch für einen jüngeren Menschen kann Einsamkeit zweifellos als Kriminalitätsmotiv herhalten. Solange sie aus den Lebensumständen des Täters heraus nachvollziehbar ist, bietet sie keinen Anhaltspunkt für eine Einschränkung der Schuldfähigkeit. Dem Urteil des *BGH* lag vermutlich noch die inzwischen weitestgehend überholte Auffassung von der erstmalig im Alter erfassten Sexualdelinquenz gegenüber einem Kind als grundsätzlich gegebener Ausdruck altersbedingten geistigen Abbaus zu Grunde[364].

---

[364] So auch: BGH, Beschluss, vom 12.07.1995 – 5 StR 297/95; erschienen in: StV 1995, S.633.

Gesamtergebnis der Studie

Die unaufhaltsame Alterung der Gesellschaft in der Bundesrepublik Deutschland verdeutlicht die Dringlichkeit, sich mit etwaigen Besonderheiten der Kriminalität und der strafrechtlichen Behandlung alter Menschen auseinanderzusetzen. Selbst bei Zugrundelegung günstigster, zweifellos höchst unwahrscheinlicher Prognosen hinsichtlich Fertilität, Zuwanderung und Lebenserwartung, werden die 60-und-mehr-jährigen künftig einen stetig größer werdenden Anteil der Bevölkerung der Bundesrepublik Deutschland stellen. Ungeachtet der sozialen Auswirkungen des demographischen Wandels, wird sonach allein schon deshalb das Kriminalitätsaufkommen alter Menschen weiterhin ansteigen, weil ebenso die Anzahl alter Menschen in unserer Gesellschaft zunimmt.

Verglichen mit der sonst intensiven Thematisierung der Auswirkungen der fortschreitenden Überalterung der Gesellschaft, vornehmlich auf dem Gebiet der Altenpflege, sind Umfang und Intensität der Beschäftigung mit der Thematik „Alte Menschen und Kriminalität" bisher vergleichsweise gering ausgefallen. Allgemeiner Tenor dieser wenigen rechtswissenschaftlichen Auseinandersetzungen mit der Thematik war bisher, dass alte Straftäter von der Justiz anders, nämlich regelmäßig milder, behandelt werden müssen. Dies geht sogar so weit, dass mitunter die Einführung eines gesonderten Altenstrafrechts gefordert wurde. Immer wieder scheint die Auffassung durch, alte Menschen, die erstmalig kriminell handeln, seien Opfer eines altersbedingten geistigen Abbaus. Ferner könne man an alte Menschen nicht dieselben rechtlichen Anforderungen stellen, wie an den Rest der Gesellschaft. Das Bild vom senilen alten Erstdelinquenten trat auch im Rahmen der Anwendung der gewonnen Erkenntnisse auf bereits entschiedene Fälle der Praxis hervor. Diese Auffassung muss jedoch allein schon angesichts der Tatsache, dass alte Menschen einen immer größeren Teil unserer Gesellschaft ausmachen und überdies immer länger geistig und körperlich aktiv sind, als nicht mehr zeitgemäß betrachtet werden. Ferner wirft sie die Frage auf, welche vorherrschenden Gemeinsamkeiten die Kriminalität alter Menschen aufweist, die eine grundsätzlich gesonderte, gleichartige strafrechtliche Behandlung alter Delinquenten rechtfertigen könnten.

Die Auswertungen der anerkannten Kriminalstatistiken und der eigens bei der Staatsanwaltschaft Darmstadt vorgenommenen Datenerhebung ergaben ein undramatisches Bild der späten Delinquenz und konnten das Bild vom überwiegend dementen Alterskriminellen nicht bestätigen. In Anlehnung an die Orientierung der Gesellschaft am Arbeitsleben als gesellschaftlicher Integrationsmechanismus und zuzüglich einer praxisbedingten Abrundung, wurde für die Gruppe der alten Straftäter, die der 60-und-mehr-jährigen gewählt. Überwiegend ist die Kriminalität der 60-und-mehr-jährigen von geringerer Schwere und erfolgt seltener im Rahmen einer direkten Täter-Opfer-Konfrontation als die Delinquenz jüngerer Menschen. Trotz des leichten Anstiegs des Frauenanteils im Alter, wird die Kriminalität älterer Menschen mehrheitlich von Männern verübt. Die klassischen Delikte der Kriminalität betagter Delinquenten sind: Einfacher Diebstahl, Betrug, Beleidigung, einfache Körperverletzung und Straßenverkehrsdelikte im weitesten Sinne, allen voran das unerlaubte Entfernen vom Unfallort. Die häufigen Fälle fahrlässiger Körperverletzungen sind dabei mehrheitlich ebenso zur Straßenverkehrsdelinquenz im weitesten Sinne zu zählen. Diebstahlstaten, wobei es sich weit überwiegend um Ladendiebstähle handelt, und Straßenverkehrsdelikte im weitesten Sinne nehmen dabei jedoch den quantitativ ausnehmend größten Teil ein. Die Kriminalität der 60-und-mehr-jährigen ist sonach mehrheitlich durch Bagatellkriminalität auf der einen und Überforderungskriminalität auf der anderen Seite geprägt. Bei den älteren Frauen verläuft die Konzentration auf den Diebstahl prozentual sogar noch weitaus stärker.

In Folge der bei der Staatsanwaltschaft Darmstadt eigenständig durchgeführten Erhebung konnte festgestellt werden, dass betagte Ladendiebe aus allen Gesellschafts- und Bildungsschichten stammen und der Tatanreiz für allein, sowie in einer Partnerschaft lebende ältere Menschen, gleichermaßen besteht. Während bei den männlichen Beschuldigten die Ausübung von Aktivitäten und die Konzentration auf die eigene Wohnung im Vordergrund stand, indem sie mehrheitlich konkret benötigte Heimwerkerartikel stahlen, scheint bei den Frauen durch die Konzentration auf Süßigkeiten und Kosmetikprodukte, der Genuss und das Sich-etwas-Gutes-tun im Vordergrund zu stehen. Der subjektive Hintergrund konnte sämtlich in der Ausübung egoistischer Motive vermutet werden. Anhand der erfassten Diebstahlsobjekte und der vorgebrachten Tatmotive entstand nicht das Bild vom wahllosen Stehlen durch geistig umnachtete Täter. Insbesondere, die sich in der deutlichen Mehrheit befindlichen männlichen Ladendiebe, die Heimwerkermaterial favorisierten, gaben mitunter an, konkrete Arten von Schrauben oder anderen Hilfsmaterialien für Heimerkertätigkeiten benötigt zu haben. Der Preis erschien ihnen jedoch unakzeptabel hoch.

Auffallend ist sodann neben der geringen Schwere der Kriminalität alter Menschen und der starken Konzentration auf den Ladendiebstahl sowie die Delinquenz im Rahmen des Straßenverkehrs, dass die große Mehrheit der 60-und-mehr-jährigen Straftäter laut BZR-Auszug Ersttäter ist. Dies konnte durch die Herausarbeitung von Gemeinsamkeiten mit der Kriminalität im Kindes- bzw. frühen Jugendalter, sowie der kriminalitätsbegünstigenden Besonderheiten der altersbedingten Lebenssituation erklärt werden. Gleichsam wie Kinder und Jugendliche haben viele alte Menschen weniger Hemmungen und weniger Angst vor einem Verstoß gegen die Regeln der Gemeinschaft. Um die eigenen Bedürfnisse zu befriedigen, ist deshalb allen voran ein Diebstahl eine kleinere Hürde als bei der mittleren Altersgruppe, die eingebunden in berufliche und familiäre Verantwortung deutlich mehr zu verlieren hat. Aufgrund der fehlenden sozialen Verantwortung für Andere nimmt das Ausleben eigener Bedürfnisse in der späteren Lebensphase einen größeren Raum ein, als in den mittleren Lebensjahren.

Weitere, bzw. in Teilen auch dementsprechende Anreize, die Hemmungen vor einer Tatbegehung im Alter abzubauen und Moralvorstellungen zu revidieren, sind: Lebensunzufriedenheit aufgrund eines absteigenden sozialen, wirtschaftlichen, physischen und psychischen Veränderungsprozesses, fehlende Aufgaben, gesellschaftliche Ausgrenzung, Altersdiskriminierung, Einsamkeit und geringe finanzielle Möglichkeiten. Tatsächliche gegebene Armut konnte hingegen als alleiniges Kriminalitätsmotiv weitestgehend ausgeschlossen werden, vielmehr ist der Tatanreiz in der relativen Armut zu finden. Die eigene Erhebung hat die für Männer enorme Bedeutung des Eintritts in den Ruhestand, und der damit zusammenhängenden Auswirkungen, als Tatanreiz zur Begehung eines Ladendiebstahls nahe gelegt. Anderes als bei den übrigen Delikten wiesen die älteren Männer beim Ladendiebstahl einen eindeutigen statistischen Höhepunkt rund um das Renteneintrittsalter auf. Der Eintritt in den Ruhestand hat mithin eine besonders einschneidende Bedeutung im Leben der Männer. Er führt zu erheblichen Desorientierungen und letztlich zum Redigieren bisheriger Moralvorstellungen.

Pathologisches Altern bleibt als Kriminalitätsursache, anders als weitläufig angenommen, die Ausnahme. Allen voran deshalb, weil der Schwerpunkt der Altersdelinquenz zwischen dem 60. und dem 70. Lebensjahr auszumachen ist und Demenzerkrankungen, wenn sie denn entstehen, überwiegend erst später eintreten. Ein obligatorisches Prüfungserfordernis der Schuldfähigkeit alter Straftäter ist deshalb, auch bei erstmalig im Alter erfolgter Begehung eines Sexualdeliktes an einem Kind, abzulehnen. Eine Überprüfung ist auch hier nur dann erforderlich, wenn, in der Regel mehrere, konkrete Anhaltspunkte dafür vorliegen, dass der Angeklagte in seiner Schuldfähigkeit eingeschränkt sein könnte. Ist die Überprüfung der Schuldfähigkeit erforderlich, ist regelmäßig ein Sachverständigengutachten einzuholen. Es sei denn, es liegt eine Bagatelltat vor oder die Schuldunfähigkeit drängt sich geradezu auf. Der hinzugezogene Sachverständige sollte speziell gerontologisch geschult sein.

Da es sich bei altersbedingten geistigen Abbauerscheinungen um Krankheitsbilder handelt, konnte anders als im Rahmen der Strafzumessung, hinsichtlich der konkreten Anhaltspunkte ein einheitlicher Kriterienkatalog entwickelt werden. Dieser ist zweifellos in jedem Fall kritisch und unter Anerkennung der Einzigartigkeit eines jeden Krankheitsverlaufs anzuwenden. Zusammengefasst stellt er sich wie folgt dar:

- Verhalten im Ermittlungsverfahren/ in der Hauptverhandlung:
  - Keine Scham wegen der Strafverfolgung bei erstmalig strafrechtlich Verfolgtem
  - Erstmalig strafrechtlich verfolgter Angeklagter macht gelassenen, abwesenden Eindruck
  - Unfähigkeit der Hauptverhandlung zu folgen
  - Hartnäckiges Leugnen trotz erdrückender Beweislast
  - Bei Erstdelinquenz: Bagatellisieren und emotionsloses Schildern der Tat

- Grundsätzlich:
  - Fehlende Vorstrafen oder Vorstrafen, denen sämtlich erst nach dem 60. Lebensjahr begangene Taten zugrund liegen (reicht idR jedoch allein nicht aus)
  - Deutlicher Widerspruch zum bisherigen Lebenslauf, Tat erscheint diesbezüglich wesensfremd, vormals sozial unauffällige Biographie ohne psychische Krankheiten
  - Jahrelanger Alkohol- und Drogenmissbrauch kann einen beschleunigten hirnorganischen Abbau bewirken
  - Krankheitsbedingte Frühverrentung
  - Einschneidende Erlebnisse im Alter, wie z.B. der Tod einer nahe stehenden Person oder der unerwünschte Umzug in ein Altersheim, können sich beschleunigend auf den Altersabbau auswirken
  - Umfeld berichtet von negativen Veränderungen hinsichtlich Emotionalität, Antrieb, Auffassungsgabe, Interesse, Reizbarkeit, Aggressivität, Einsichtigkeit, Selbstkritik, Kompromissbereitschaft und Realitätsbewusstsein; ferner Bericht von zunehmendem Verteidigen mit nebensächlichen Gesichtspunkten, plötzlicher Schwatzhaftigkeit, zunehmendem Bedürfnis Entscheidungen dominieren zu wollen, unvorhersehbarem Verhalten, plötzlichen Stimmungswechsels, abnehmender Flexibilität, Depressivität, Wahrnehmungsstörungen, veränderten Schlaf- und Wachzeiten, Ängstlichkeit und Unruhe
  - Deutliche Veränderung der Handschrift, Lese- oder Rechenschwierigkeiten, grobe sprachliche/ grammatische Fehler, Wortausfälle, gänzlicher Verlust des Sprechvermögens

- Physische Erkrankungen (insbesondere Stoffwechselerkrankungen und gefäßbedingte Erkrankungen), motorische Störungen
- Vergesslichkeit, geistige Überforderung bei einfachen Tätigkeiten des Alltags, Orientierungsprobleme, Verwechslungen
- <u>Rechtsbruch kann nicht aus den altersspezifischen Lebensumständen erklärt werden (Heranziehung der Ausführungen zur Entstehung von Alterskriminalität in vollschuldfähigem Zustand)</u>

Von der Tatverdächtigung, über die Verurteilung, hin zum Strafvollzug, ist die Anzahl der 60-und-mehr-jährigen relativ betrachtet, stärker absteigend als dies bei den Unter-60jährigen der Fall ist. Die strafrechtlichen Folgen für das rechtswidrige Verhalten der 60-und-mehr-jährigen sind demnach im Schnitt vergleichsweise milder. Die Ursachen hierfür konnten auf zwei Ebenen gefunden werden. Hinsichtlich des Ermittlungsverfahrens hat die eigene Erhebung die Annahme bestätigt, dass ältere Straftäter bereits von der Staatsanwaltschaft deutlich seltener angeklagt werden als Beschuldigte jüngeren Alters. Die gegebenen strafrechtlichen Reaktionsmöglichkeiten werden vermutlich von der Staatsanwaltschaft als überwiegend ungeeignet für ältere Straftäter angesehen. Darüber hinaus, und hierin liegt der Hauptgrund für die hohe staatsanwaltschaftliche Einstellungsquote von Strafverfahren gegenüber älteren Beschuldigten, besteht aufgrund der geringen Schwere und den häufig fehlenden Vorstrafen, überwiegend kein besonderes Strafbedürfnis. Da derartige Fälle bei jüngeren Straftätern nicht anders gehandhabt werden, ist die hohe Einstellungsquote im Ermittlungsverfahren somit kein Ausdruck besonderer staatsanwaltschaftlich geübter Milde gegenüber älteren Beschuldigten. Die besonders hohe Einstellungsquote gegenüber alten weiblichen Beschuldigten lässt sich dementsprechend auf deren noch stärkeren Konzentration auf Ladendiebstähle und häufigeren Vorstrafenlosigkeit zurückführen. Zur Anklage gelangen sodann mehrheitlich Straßenverkehrsdelikte im weitesten Sinne, Betrug, Untreue und etwas weniger häufig die vorsätzliche Körperverletzung. Der einfache Diebstahl gelangt in der Regel nur dann zur Anklage, wenn der Wert des gestohlenen Gutes nicht unerheblich oder der Täter bereits vorbestraft ist.

Auf der Ebene des Hauptverfahrens hat bisher zum einen die alten Angeklagten eher wohlgesinnte Häufigkeit der Anwendung der §§ 20, 21 StGB zu einer im Schnitt milderen Behandlung alter Delinquenten geführt. Zum anderen hat auch hier ein mehrheitlich gering ausgeprägter Handlungs- und Erfolgsunwert, die häufig lange Legalbewährung, sowie die regelmäßig geordneten sozialen Verhältnisse des älteren Straftäters in vielen Fällen berechtigterweise eine am unteren Strafrahmenrand angesiedelten Bestrafung zur Folge. Ferner wird älteren Straftätern überwiegend strafmildernd eine besondere Strafempfindlichkeit unterstellt. Ungeachtet der Frage, ob die

Strafempfindlichkeit des Täters überhaupt messbar ist und innerhalb der Strafzumessung Berücksichtigung finden darf, lässt jedoch eine derartige grundsätzliche Unterstellung eine individuelle Strafzumessung vermissen. Die grundsätzliche Unterstellung der besonderen Strafempfindlichkeit älterer Straftäter offenbart ein diskriminierendes Bild vom jüngeren Delinquenten, der infolgedessen als stets strafunempfindlicher dargestellt wird.

Die grundsätzliche strafmildernde Unterstellung einer erhöhten Strafempfindlichkeit alter Delinquenten ist ebenso abzulehnen, wie die Aufstellung allgemeingültiger Strafzumessungsgrundsätze für Taten älterer Straftäter. Kriminalität im Alter ist gleichsam normal und deshalb genauso vielschichtig wie die Delinquenz jüngerer Menschen. Ein betagter Ladendieb und ein alter Wirtschaftsstraftäter haben oftmals nur das fortgeschrittene Alter gemeinsam. Neben den lediglich eine geringere Relevanz aufweisenden pathologischen geistigen Alterserscheinungen kann kein vorherrschendes, spezifisches Kriterium der Kriminalität älterer Menschen ausgemacht werden. Weder im Rahmen der Tathintergründe, noch im Rahmen der Tatbegehung, lässt sich ein Faktor erkennen, der ausschließlich und dominierend bei älteren Delinquenten gegeben ist. Der regelmäßig geringfügige verwirklichte Schaden, sowie die regelmäßig geringe Ausprägung spezial- und generalpräventiver Strafaspekte, sind letztlich nur Tendenzen. Sie können eine Bewertung des Einzelfalls nicht ersetzen.

Das Resultat der vorliegenden Untersuchung steht deshalb im Geiste des zu Beginn der Studie vorangestellten Zitats von *Kreuzer/ Hürlimann*: „*Die Achtung vor Menschen, namentlich vor alten Menschen, gebietet anzuerkennen, daß jeder, also auch der Alte, zu sozial positivem und negativem Verhalten imstande ist.*" Ein stetes Abstempeln später Kriminalität als ein dem geistigen Abbau geschuldetes Handeln, ist keine Wertschätzung, sondern eine Diskriminierung alter Menschen. Ferner zeugt es nicht von einer individuellen Bewertung unter Ansehen von Tat und Täter. Die fortschreitende Alterung unserer Gesellschaft zwingt selbige, sowie Justiz und Rechtswissenschaft mehr denn je dazu, die Normalität der Delinquenz alter Menschen anzuerkennen und alte Rechtsbrecher auch entsprechend dieser Erkenntnis zu behandeln.

Anhang

Erfassungsbogen für die Diebstahlsverfahren gegen 60-und-mehr-jährige Beschuldigte bei der Staatsanwaltschaft Darmstadt

Aktenzeichen	
Geschlecht	
Vorstrafen	
Diebstahlsobjekt	
Familienstand	
Erlernter bzw. ausgeübter Beruf	
Angaben zur Tat	

Literaturverzeichnis

Albrecht, H.-J: Rechtstatsachenforschung zum Strafverfahren, Empirische Untersuchungen zu Fragestellungen des Strafverfahrens zwischen 1990 und 2003. Neuwied [u.a.] 2005

Albrecht, H.J./ Dünkel, F: Die vergessene Minderheit – Alte Menschen als Straftäter. Erschienen in: Zeitschrift für Gerontologie 1981, S.259-273

Amelunxen, C: Alterskriminalität. Hamburg 1960

Aschaffenburg, G: Das Greisenalter in forensischer Beziehung. Erschienen in: Münchener Medizinische Wochenschrift 55/1908, S.1961ff

Bleuler, E./ Bleuler, M: Lehrbuch der Psychiatrie, 15. Auflage. Heidelberg, Berlin und New York 1983

Böhmer, M: Sexuelle Gewalt in der Lebensgeschichte alter Frauen. Erschienen in: Seeberger, B./ Braun, A: Wie die anderen altern – Zur Lebenssituation alter Menschen am Rande der Gesellschaft. Frankfurt 2003, S.193-203

Botwinick, J: Gerontopsychology. Erschienen in: American Review of Psychology 1970, S.239-272

Bruns, M: Aids und Strafvollzug. Erschienen in: StV 1987, S.504-507

Bürger-Prinz, H./ Lewrenz, H: Die Alterskriminalität. Stuttgart 1961

Dalquen, T: Die Strafzumessung bei Angeklagten mit geringer Lebenserwartung. Bonn 2003

de Beauvoir, S: Das Alter, Rowohlt Taschenbuch Verlag, 4. Auflage. Hamburg Januar 2008

Dencker, F: Besprechung von Aufsätzen und Anmerkungen zum Straf- und Strafprozessrecht - Auswahl wichtiger Beiträge aus dem 1. Halbjahr 1982 -. Erschienen in: NStZ 1983, S.398-402

Dencker, F: Strafrecht und Aids – Strafprozesse gegen Sterbende. Erschienen in: StV 1992, S.125 - 134

Detter, K: Zum Strafzumessungs- und Maßregelrecht - 2. Teil -. Erschienen in: NStZ 1990, S.221-226

Detter, K: Zum Strafzumessungs- und Maßregelrecht. Erschienen in: NStZ 1991, S.272-278

Detter, K: Zum Strafzumessungs- und Maßregelrecht. Erschienen in: NStZ 2006, S.560-567

Detter, K: Zum Strafzumessungs- und Maßregelrecht. Erschienen in: NStZ 2007, S.627-634

Detter, K: Zum Strafzumessungs- und Maßregelrecht. Erschienen in: NStZ 2008, S.264-273

Dinkel, R. H: Demographische Alterung: Ein Überblick unter besonderer Berücksichtigung der Mortalitätsentwicklungen. Erschienen in: Baltes, P. B./ Mittelstraß, J./ Staudinger, U.M: Alter und Altern: Ein interdisziplinärer Studientext zur Gerontologie. Berlin 1994, S.62-94

Dünkel, F: Alte Menschen im Strafvollzug. Erschienen in: Zeitschrift für Strafvollzug und Straffälligenhilfe, Heft Nr. 6/ 1991, S.350-357

Eisenberg, U: Jugendgerichtsgesetz, Kommentar, 14. Auflage. München 2010

Erwig, S: Demenz – ein Krankheitsbild als Herausforderung für die sozialpädagogische Betreuung in Einrichtungen der stationären Altenhilfe. Norderstedt 2008

Exner, F: Kriminologie, 3. Auflage. Berlin, Göttingen und Heidelberg 1949

Fabricius, D: Zukunftsängste und Jugendfeindschaft, Die Jugendstrafrechtspflege als Teil des Generationenvertrages. Erschienen in: Schweizerische Vereinigung für Jugendstrafrechtspflege (Hrsg.), Wofür ist das neue Jugendstrafrecht besser?. Jahrestagung in Zürich vom 13.-15. September 2000, Zürich 2001, S.59-90

Fabricius, D: Die Verachtung des Täters ist Grundlage für die Zumessung der Strafe. Erschienen in: Psyche, 62. Jahrgang, September/Oktober 2008, S.1039-1067

Falk, J: Basiswissen Demenz, Lern- und Arbeitsbuch für berufliche Kompetenz und Versorgungsqualität. Weinheim und München 2004

Fattah, E.A: Alterskriminalität. Erschienen in: Sieverts, R./ Schneider, H.J: Handwörterbuch der Kriminologie. Berlin u.a. 1991, S.239-265

Feinberg, G: Profile oft the Elderly Shoplifter. Erschienen in: Newman, E.S./ Newman, D.J./ Gewirtz, M.I./ Elderly Criminals. Cambridge 1984, S.35-50

Feltes, T: Der staatliche Strafanspruch – Überlegungen zur Struktur, Begründung und Realisierung staatlichen Strafens. Tübingen 1991

Fischer, G. C. (Hrsg.), Geriatrie für die hausärztliche Praxis Berlin, Heidelberg u.a. 1991

Fischer, T: Strafgesetzbuch und Nebengesetze, 57. Auflage. München 2010

Foerster, K./ Dressing, H: Psychiatrische Begutachtung, Ein praktisches Handbuch für Ärzte und Juristen. Bearbeiter von 11.: Rösler, M./ Supprian, T, München 2009

Foerster, K./ Knöllinger C: Kleptomanie - Psychopathologisches Syndrom oder obsoleter Begriff?. Erschienen in: StV 2000, S.457-460

Friedreich, I.B: System der gerichtlichen Psychologie, 2. Auflage. Regensburg 1842

Fronmüller, A: Eine vergessene Minderheit?! - Delinquenz und strafrechtliche Sanktion alter Menschen, Institut für Sozialarbeit und Sozialpädagogik. Frankfurt 1989

Gelking, O.-S: Kriminalität und Viktimisierung alter Menschen und die damit verbundenen Probleme für unsere Gesellschaft. Frankfurt a.M. 1994

Glatzel, J: Zur psychiatrischen Begutachtung von Ladendiebstählen. Erschienen in: StV 1982, S.40-45

Glombik, P: Sexueller Missbrauch von Kindern. Norderstedt 2007

Görgen, T: Ältere Menschen als Opfer polizeilich registrierter Straftaten, KFN-Forschungsbericht Nr.93. Hannover 2004 (a)

Görgen, T: Kriminalität und Gewalt im Leben alter Menschen: Opfererfahrungen, Sicherheitsgefühl und Kriminalitätsfurcht älterer Menschen im alltäglichen Lebensumfeld und in häuslichen Pflegekontexten, Antrag an das Bundesministerium für Familie, Senioren, Frauen und Jugend auf Förderung eines Forschungsprojekts, KFN-Forschungsbericht Nr. 94, Kriminologisches Forschungsinstitut Niedersachsen. Hannover 2004 (b)

Görgen, T: Ältere und hochaltrige Gefangene – Herausforderungen (und Entwicklungschancen) für den Strafvollzug. Erschienen in: KrimPäd 2007, S.5-12

Görgen, T./ Greve, W: Alte Menschen in Haft: Der Strafvollzug vor den Herausforderungen durch eine wenig beachtete Personengruppe. Erschienen in: BewHi 2005, S.116-130

Görgen, T./ Greve, W./ Tesch-Roemer, C./ Pfeiffer, C: Kriminalität und Gewalt im Leben alter Menschen: Opfererfahrungen, Sicherheitsgefühl und Kriminalitätsfurcht älterer Menschen im alltäglichen Lebensumfeld und in häuslichen Pflegekontexten, KFN-Forschungsbericht Nr.94. Hannover 2004

Görgen, T./ Herbst, S./ Rabold, S: Kriminalitäts- und Gewaltgefährdungen im höheren Lebensalter und in der häuslichen Pflege: Zwischenergebnisse der Studie „Kriminalität und Gewalt im Leben alter Menschen", Kriminologisches Forschungsinstitut Niedersachsen e.V. Hannover 2006

Görgen, T./ Nägele, B: Ältere Menschen als Opfer sexualisierter Gewalt, KFN-Forschungsbericht Nr.89. Hannover 2003

Goergen, T./ Nägele, B: Nahraumgewalt gegen alte Menschen – Folgerung der wissenschaftlichen Begleitung eines Modelprojekts. Erschienen in: Zeitschrift für Gerontologie und Geriatrie 2005, S. 4-9

Görgen, T./ Newig, A./ Nägele, B./ Herbst, S: „Jetzt bin ich so alt und das hört nicht auf": Sexuelle Viktimisierung im Alter, KFN-Forschungsbericht Nr.95. Hannover 2005

Grimm, H. (Herausg.); Jacob Grimm, Rede auf Wilhelm Grimm und Rede über das Alter. Berlin 1863

Gutsche, G./ Thiel, K: Gesellschaft und Kriminalität im Wandel, Zur Funktionalität des Verbrechens. Mönchengladbach 2001

Heintschel-Heinegg, B. von (Hrsg.), Beck'scher Online-Kommentar, Strafgesetzbuch. München, Stand: 1.3.2010

Heinz, W: Jugendkriminalität in Deutschland, Kriminalstatistische und Kriminologische Befunde, Aktualisierte Ausgabe, Juli 2003. Internetveröffentlichung im Konstanzer Inventar Kriminalitätsentwicklung, http://www.uni-konstanz.de/rtf/kik/Jugendkriminalitaet-2003-7-e.pdf

Hentig, H. v: Inveterationserscheinungen bei europäischen Bevölkerungsgruppen und ihre kriminologische Bedeutung. Erschienen in: Monatsschrift für Kriminologie und Strafrechtsreform 18/1927, S.30-33

Hermanns, K: Knast statt Seniorenheim – Altern im Strafvollzug. Erschienen in: Seeberger, B./ Braun, A. (Hrsg.): Wie die anderen altern – Zur
Lebenssituation alter Menschen am Rande der Gesellschaft. Frankfurt
2003, S.119-128

Hörl, J./ Rosenmayr, L: Gesellschaft, Familie, Alternsprozeß. Erschienen
in: Reimann, H./ Reimann, H: Das Alter: Einführung in die Gerontologie, 3. Auflage. Stuttgart 1994, S.75-106

Hullen, G: Bevölkerungsentwicklung in Deutschland – Die Bevölkerung
schrumpft, altert und wird heterogener. Erschienen in: Frevel, B: Herausforderung demographischer Wandel. Wiesbaden 2004, S.15-25

Jäckle, L: Aspekte der Alterskriminalität in kriminologischer Sicht. Freiburg
1988

Jähnig, H.-U: Zur psychosozialen Struktur von begutachteten Altersdelin-
quenten in der ehemaligen DDR. Erschienen in: Kreuzer, A./ Hürlimann, M. (Hrsg.): Alte Menschen als Täter und Opfer - Alterskriminologie und humane Kriminalpolitik gegenüber alten Menschen, S. 138-
147. Freiburg 1992

Jordan, B./ Etzold-Jordan, G: Alt werden mit körperlicher Behinderung.
Erschienen in: Seeberger, B./ Braun, A: Wie die anderen altern – Zur
Lebenssituation alter Menschen am Rande der Gesellschaft. Frankfurt
2003, S. 129-141

Kaiser, G: Kriminologie: Ein Lehrbuch. Heidelberg 1996.

Karlsruher Kommentar zur Strafprozessordnung, Hannich, R. (Hrsg.).
München 2008.

Kastner, U./ Löbach, R: Handbuch Demenz. München 2007

Kaufmann, F.-X: Schrumpfende Gesellschaft, Vom Bevölkerungsrückgang
und seinen Folgen. Frankfurt am Main 2005

Keßler, I: Straffälligkeit im Alter: Erscheinungsformen und Ausmaße.
Münster 2005

Kohli, M: Altern in soziologischer Perspektive. Erschienen in: Baltes, P.B./ Mittelstraß, J: Zukunft des Alterns und gesellschaftliche Entwicklung. Berlin und New York 1992, S.231-259

Kohli, M../ Künemund, H: Der Alters-Survey: Die zweite Lebenshälfte im Spiegel repräsentativer Daten, in: APuZ B20/2003, S.18-25

Krech, D./ Crutchfield, R.S./ Livson, N./ Wilson, Jr. A./ Parducci, A: Grundlagen der Psychologie, Band 5, Motivations- und Emotionspsychologie. Basel 1985

Kreuzer, A: Mit 70 auf die schiefe Bahn?. Erschienen in: Die ZEIT vom 28.8.1992, S.69

Kreuzer, A./ Hürlimann, M: Alte Menschen in Kriminalität und Kriminalitätskontrolle – Plädoyer für eine Alterskriminologie. Erschienen in: Kreuzer, A./ Hürlimann, M. (Hrsg.): Alte Menschen als Täter und Opfer – Alterskriminologie und humane Kriminalpolitik gegenüber alten Menschen. S. 9-85, Freiburg 1992

Kröber, H.-L: Anmerkung zu BGH, Urteil vom 11.8.1998 – 1 StR 338-98. Erschienen in: NStZ 1999, S.298-299

Kröhnert S./ Medicus F./ Klingholz R: Die demographische Lage der Nation: Wie zukunftsfähig sind Deutschlands Regionen?, Berlin-Institut für Bevölkerung und Entwicklung, 3. Auflage. München 2007

Kühne, H.-H: Kriminalitätsfurcht im Alter. Erschienen in: Kreuzer, A./ Hürlimann, M. (Hrsg.): Alte Menschen als Täter und Opfer – Alterskriminologie und humane Kriminalpolitik gegenüber alten Menschen, S. 89-93. Freiburg 1992

Kulessa, C: Polen, die im KZ geboren wurden oder als Kinder dort interniert waren. Erschienen in: Seeberger, B./ Braun, A: Wie die anderen altern – Zur Lebenssituation alter Menschen am Rande der Gesellschaft. Frankfurt 2003, S.11-26

Kusch, R: Aus der Rechtsprechung des BGH zum Strafverfahrensrecht – August bis Dezember 1993. Erschienen in: NStZ 1994, S.227-230

Langer E./ Rodin J: The effects of enhanced personal responsibility for the aged: A field experiment in and institutional setting. Erschienen in: Journal of Personality and Social Psychology, Nr. 34, S. 191-198, 1976

Laubenthal, K./ Baier, H./ Nestler, N: Jugendstrafrecht, 2. Auflage Berlin, und Heidelberg 2010

Legat, M.-R: Ältere Menschen und Sterbenskranke im Strafvollzug, Eine rechtsstaatliche Analyse des Vollzugsalltags von Gefangenen mit besonderem Pflegebedarf. Frankfurt am Main 2009

Lehr, U: Psychologische Aspekte des Alterns. Erschienen in: Reimann, H./ Reimann, H: Das Alter: Einführung in die Gerontologie, 3. Auflage. Stuttgart 1994, S.202-229

Lietz, J: Ältere Menschen im Hessischen Maßregelvollzug gemäß § 63 StGB - eine empirische Analyse. Erschienen in: Kreuzer, A./ Hürlimann, M. (Hrsg.): Alte Menschen als Täter und Opfer – Alterskriminologie und humane Kriminalpolitik gegenüber alten Menschen, S. 101-117. Freiburg 1992

Littmann, E: Psychodiagnostik im Rahmen forensisch-psychiatrisch-psychologischer Begutachtungen von alten Menschen - Probleme und Ergebnisse. Erschienen in: Kreuzer, A./ Hürlimann, M. (Hrsg.): Alte Menschen als Täter und Opfer – Alterskriminologie und humane Kriminalpolitik gegenüber alten Menschen, S. 118-137. Freiburg 1992

Mayer, A.-K./ Rothermund, K: Altersdiskriminierung. Erschienen in: Beelmann, A./ Jonas, K. J: Diskriminierung und Toleranz, Psychologische Grundlagen und Anwendungsperspektiven. Wiesbaden 2009, S.215-240

Meyer-Goßner, L: Strafprozessordnung, 53. neu bearbeitete Auflage. München 2010

Miyazawa, K: Krise der japanischen Gesellschaft - Krise der japanischen Kriminalpolitik?. Erschienen in: Schwind, H.-D. (Hrsg.), Festschrift für Hans-Joachim Schneider zum 70. Geburtstag am 17. November 1998, S.965-984. Berlin 1998

Moak, G.S./ Zimmer, B./ Stein, E.M: Clinical Perspectives on Elderly First-Offenders. Erschienen in: Hospital and Community, 1988 (39/6), S.648-651

Moser, L: Kriminalität und Verkehrssicherheit, Blutalkohol 20, S.465-469, 1983

Muthmann, P: Der Alte Mensch im Strafvollzug. Erschienen in: Zeitschrift für Gerontologie 1981 (14), S.274-279

Muthmann, P: Der alte Mensch im Strafvollzug. Erschienen in: Zeitschrift für Strafvollzug und Straffälligenhilfe 1982 (31), S.272-275

Naegele, G: Einkommen und Konsum im Alter. Erschienen in: Reimann, H./ Reimann, H: Das Alter: Einführung in die Gerontologie, 3. Auflage. Stuttgart 1994, S.167-201

Neugarten, B: Age Groups in American Society and the Rise of the Young-Old. Erschienen in: The Annals of the American Academy of Political and Social Sciences 1974 (415), S.187-198

Nobis, F: Strafobergrenze durch hohes Alter - Zugleich Besprechung des Urteils des 4. Strafsenats des BGH vom 27.4.2006 (4 StR 572/05). Erschienen in: NStZ 2006, S.489-492

Pfister, W: Aus der Rechtsprechung des BGH zu materiellrechtlichen Fragen des Sexualstrafrechts 1998-1999 – 2. Teil. Erschienen in NStZ-RR 1999, S.353-359

Pfister, W: Die Beurteilung der Schuldfähigkeit in der Rechtsprechung des Bundesgerichtshofs. Erschienen in: NStZ-RR 2009, S.161-166

Pollak, O: The Criminality of Old Age. Erschienen in: Journal of Criminal Psychopathology 1941 (83), S.213-235

Porada, W: Seniorenabteilung: Gemeinsame (altengerechte) Unterbringung älterer Gefangener oder zielgruppenspezifischer Behandlungsvollzug? Erfahrungen und aktuelle Entwicklungen aus der JVA Schwalmstadt. Erschienen in: KrimPäd 2007, S.23-26

Reimann, Helga, Wohnverhältnisse und Wohnbedürfnisse älterer Menschen. Erschienen in: Reimann, H./ Reimann, H: Das Alter: Einführung in die Gerontologie, 3. Auflage. Stuttgart 1994, S.140-166

Reimann, Horst, Interaktion und Kommunikation im Alter. Erschienen in: Reimann, H./ Reimann, H: Das Alter: Einführung in die Gerontologie, 3. Auflage. Stuttgart 1994, S.109-139

Reimann, H./ Reimann, H: Einleitung: Gerontologie: Objektbereich und Trends. Erschienen in: Reimann, H./ Reimann, H: Das Alter: Einführung in die Gerontologie, 3. Auflage. Stuttgart 1994, S.1-29

Rennhak, P: Alte Menschen im Justizvollzug – Erfahrungen aus Baden-Württemberg. Erschienen in: KrimPäd 2007, S.19-22

Reuband, K.-H: Kriminalitätsfurcht im Alter – Empirische Befunde aus ostdeutschen Studien. Erschienen in: Lenz, K./ Rudolph, M./ Sickendiek, U: Die alternde Gesellschaft - Problemfelder gesellschaftlichen

Umgangs mit Altern und Alter, S.209-232. Weinheim und München 1999

Ritzel, G: Untersuchungen zur Altersdelinquenz. Erschienen in: Monatsschrift für Kriminologie und Strafrechtsreform, 1972 (55), S.345-356

Rohlfs, S: Demographischer Wandel und Folgen für die Gesellschaft, Annäherung an die neue soziale Gruppe der „jungen Alten" am Beispiel Internet. Norderstedt 2008

Rosenmayr, L./ Rosenmayr, H. (Hrsg.): Der alte Mensch in der Gesellschaft. Reinbek 1978

Rosenstiel, L. von: Psychische Probleme des Berufsaustritts. Erschienen in: Reimann, H./ Reimann, H: Das Alter: Einführung in die Gerontologie, 3. Auflage. Stuttgart 1994, S.230ff

Rothermund, K./ Mayer, A.-K: Altersdiskriminierung - Erscheinungsformen, Erklärungen und Interventionsansätze. Stuttgart 2009

Rotthaus, K.P: Der alternde Gefangene. Erschienen in: Monatsschrift für Kriminologie und Strafrechtsreform 1971 (54), S.338-344

Schäfer, G./ Sander, M./ Gemmeren, G. (Hrsg.): Praxis der Strafzumessung, 4. Auflage. München 2008

Schneider, H.J: Kriminologie. Berlin und New York 1987

Schneider, U./ Schneider, H.J: Übungen in Kriminologie, Jugendstrafrecht, Strafvollzug. Berlin und New York 1995

Schönke, A./ Schröder H: Strafgesetzbuch, Kommentar, 28. Auflage. München 2010

Schramke, H.-J: Alte Menschen im Strafvollzug: Empirische Untersuchung und kriminalpolitische Überlegungen. Bonn 1996

Schröder, S. G: Psychopathologie der Demenz, Symptomatologie und Verlauf dementieller Syndrome. Stuttgart 2006

Schulte, W: Greise als Täter unzüchtiger Handlungen an Kindern. Erschienen in: Monatsschrift für Kriminologie und Strafrechtsreform, 1959 (42), S.138-149

Schumacher, K.-H: Mitteilung Beschluss OLG Köln vom 3.4.1990 – Ss 123/90. Erschienen in: StV 1992, S.321-322

Schwind, H.-D: Kriminologie, Eine praxisorientierte Einführung mit Beispielen, 20. Auflage. Heidelberg 2010

Siegrist, J./ Wahrendorf, M: Soziale Produktivität und Wohlbefinden im dritten Lebensalter, Vergleichende Untersuchungen in Deutschland, Frankreich und England. Erschienen in: Fangerau, H./ Gomille, M./ Herwig, H./ Horst, C. auf der/ Hülsen-Esch, A. von/ Pott, H.-G./ Siegrist, J./ Vögele, J: Alterskulturen und Potentiale des Alter(n)s. Berlin 2007, S.25-36

Sieverts, R./ Schneider, H.J. (Hrsg.): Handwörterbuch der Kriminologie, Nachtrags- und Registerband. Berlin 1998

Steins, G. (Hrsg.): Handbuch Psychologie und Geschlechterforschung, Bearbeiter von S.203-228: Limbourg, M./ Reiter, K. Wiesbaden 2010

Stoppe, G: Demenz, 2. Auflage. München 2007

Streng, F: Strafzumessung bei Tätern mit hohem Lebensalter, Zugleich Besprechung des Urteils des Bundesgerichtshofs vom 27. April 2006 – 4 StR 572/05. Erschienen in: JR 2007, S.271-275

Streng, F: Jugendstrafrecht, 2. Auflage Heidelberg, München, Landsberg und Berlin 2008

Teising, M: Alt und lebensmüde, Suizidneigung bei älteren Menschen. München und Basel 1992

Tews, H. P: Altern und Alter in unserer Gesellschaft. Erschienen in: Reimann, H./ Reimann, H: Das Alter: Einführung in die Gerontologie, 3. Auflage. Stuttgart 1994, S.30-74

Theune, W: Zum Strafzumessungs- und Maßregelrecht. Erschienen in: NStZ 1987, S.162-167

Theune, W: Zum Strafzumessungs- und Maßregelrecht. Erschienen in: NStZ 1987, S.492-499

Theune, W: Die Beurteilung der Schuldfähigkeit in der Rechtsprechung des Bundesgerichtshofs. Erschienen in: NStZ-RR 2006, S.329-335

Thieme, F: Alter(n) in der alternden Gesellschaft, Eine soziologische Einführung in die Wissenschaft vom Alter(n), 1. Auflage. Wiesbaden 2008

Velladics, K: Generationenvertrag und demographischer Wandel, Konsequenzen des aktiven Alterns für den Arbeitsmarkt am Beispiel Deutschlands und Ungarns. Wiesbaden 2004

Walter, M./ Geiter, H./ Fischer, W: „Halbstrafenaussetzung – Einsatzmöglichkeiten dieses Instituts zur Verringerung des Freiheitsentzugs – Betrachtungen insbesondere aus der Perspektive späterer Legalbewährung". Erschienen in: NStZ 1990, S.16-24

Wassermann, J: Der Fall Maurizius, Vollständige Ausgabe, Deutscher Taschenbuchverlag. Oktober 2007

Weber, J: Spät- und Alterskriminalität in der psychologisch-psychiatrischen Begutachtung. Erschienen in: Forensia 1987 (8), S.57-72

Weber, J: Diagnosen und Prädilektionsdelikte der Alterstäter in der psychiatrischen Begutachtungsstatistik. Erschienen in: Kreuzer, A./ Hürlimann, M. (Hrsg.): Alte Menschen als Täter und Opfer – Alterskriminologie und humane Kriminalpolitik gegenüber alten Menschen, S. 148-158. Freiburg 1992

Weinert, F.E: Altern in psychologischer Perspektive. Erschienen in: Baltes, P.B./ Mittelstraß, J: Zukunft des Alterns und gesellschaftliche Entwicklung. Berlin und New York 1992, S.180-203

Wille, R: Sexualdelinquenz im Alter. Erschienen in: Kreuzer, A./ Hürlimann, M. (Hrsg.): Alte Menschen als Täter und Opfer – Alterskriminologie und humane Kriminalpolitik gegenüber alten Menschen, S. 94-100, Freiburg 1992

Wolfram, H: Senioren-Handbuch: Rechte-Pflichten-Möglichkeiten. Hamburg 2009

Woll-Schumacher, I: Desozialisation im Alter. Stuttgart 1980

Zarncke, L: Psychologische Beiträge zum Verständnis alter Menschen. Erschienen in: Nachrichtendienst des Vereins für öffentliche und private Fürsorge 1955 (7), S.181-189

Studien zu Kriminalität – Recht – Psyche

hrsg. von Prof. Dr. Dirk Fabricius und Dr. Jens Dallmeyer (Universität Frankfurt)

Dirk Fabricius

Kriminalwissenschaften: Grundlagen und Grundfragen

I: Darwins angetretenes Erbe: Evolutionsbiologie auch für Nicht-Biologen

Was bedeutet '"Darwins gefährliche Idee" (Dennett) für Wissenschaft, für das Menschenbild, für das Verständnis von Geist, Gesellschaft und Kultur? Dieser Frage geht der vorliegende Band nach. Ohne die moderne Biologie, zumal die Evolutionstheorie zu kennen, gibt es darauf keine Antworten. Dementsprechend führt der Band in die Biologie ein und behandelt die genannten Felder. Angesprochen sind biologisch interessierte Laien, z.B. Juristen, Gesellschaftswissenschaftler und Philosophen. Doch Volker Loeschcke (Biologe) empfiehlt im Vorwort selbst Biologen die Lektüre.

Bd. 1, 2011, 304 S., 34,90 €, br., ISBN 978-3-643-11327-6

Dirk Fabricius

Kriminalwissenschaften: Grundlagen und Grundfragen

II: Allgemeiner Teil – Grundlegende Kritik, grundlegende Begriffe. III: Besonderer Teil – Einzelne Verbrechen im Rahmen einer evolutionstheoretisch begründeten Kriminalwissenschaft

Was ist Verbrechen – was Schuld – was Strafe? Strafrechtswissenschaft und Kriminologie geben darauf keine solide Antwort, sondern ein unharmonisches Konzert vieler Antworten. Diese sind zudem von der Evolutionstheorie (vgl. Band I), der gesamten modernen Biologie unberührt - so das Ergebnis im 1. Teil von II. Im 2. Teil werden Grundbegriffe – Recht, Verbrechen, Schuld, Strafe – auf der Basis biologischer Erkenntnisse entworfen. III beschreibt anhand von Beispielen – Gewalt, Betrug, Beleidigung, Vergewaltigung und Kindesmissbrauch –, wie eine biologisch fundierte Kriminalwissenschaft bessere Konzepte zu entwickeln vermag.

Bd. 2, 2011, 704 S., 59,90 €, br., ISBN 978-3-643-11328-3

LIT Verlag Berlin – Münster – Wien – Zürich – London

Auslieferung Deutschland / Österreich: siehe Impressumsseite